D1729626

Deutsche Sagen

Band 2: Ostwestfalen – Lippe

HERAUSGEGEBEN VON PETER WOLFERSDORF
Illustriert von Herbert Grabowski und Hans Gerhard Sörensen

Westfälische Sagen

Im Erich Röth Verlag Kassel

Die Illustrationen von Herbert Grabowski Seite 95 und 167 befinden sich im Besitz des Deutschen Märchen- und Wesersagenmuseums in Bad Oeynhausen und wurden uns für diesen Druck freundlich zur Verfügung gestellt; für die Abdruckerlaubnis der Holzschnitte Hans Gerhard Sörensens danken wir dem Verlag H. Aschehoug & Co in Oslo wie auch dem Künstler

CIP-Kurztitelaufnahme der Deutschen Bibliothek
Deutsche Sagen. – Kassel: Röth
Bd.2 Westfälische Sagen. – 1987
Westfälische Sagen: Ostwestfalen-Lippe/hrsg. von Peter Wolfersdorf. –
Kassel: Röth 1987
(Deutsche Sagen; Bd.2)
ISBN 3-87680-348-9
NE: Wolfersdorf, Peter [Hrsg.]

Dieser Band westfälischer Sagen stellt eine Besonderheit dar; denn von den 258 hier abgedruckten Sagentexten sind allein 234 zwischen 1966 und 1986 erzählt und aufgeschrieben worden; sie werden erstmals hier abgedruckt. Das aber heißt nicht mehr und nicht weniger: sie lassen erkennen, welche Vorstellungen und Gestalten des Volksglaubens im Sagenraum noch heute lebendig sind, geglaubt werden oder doch in der Erinnerung gegenwärtig geblieben sind. Diese Volkssagen von heute tauchen den Leser in das eigentümliche Zwielicht von natürlich Begreifbarem und übersinnlichen Mächten, dem er sich nicht entziehen kann. Nur ein Bruchteil der hier vorgelegten Texte wurde gedruckten Sammlungen entnommen, weil einige wichtige Sagentypen nicht fehlen durften oder weil die Region wenigstens annähernd vollständig vertreten sein sollte.

Die Dichte der Belege hängt allerdings nicht allein vom Fleiß der Sammlerinnen und Sammler ab, sondern auch von der Bereitwilligkeit der befragten Menschen, etwas aus ihrem Wissen weiterzugeben, und von der Möglichkeit, überhaupt geeignete Personen zum Nachforschen zu finden. Das zusammengebrachte Material war indessen so groß (der Auswahl lagen rund 500 Sagentexte zugrunde), daß sorgsam gesichtet und nach Qualitätskriterien ausgewählt werden mußte. Wenn Erzähltes einer älteren Fassung in der Literatur gegenüberstand, habe ich ausnahmslos die lebendige Sage für diese Sammlung bevorzugt. Die nicht aufgenommenen Belege wurdem dem Marburger Zentralarchiv der deutschen Volkserzählung übergeben.

Sagen sollte man nicht aus weitgesteckten Landschaftsräumen publizieren, denn das erbrächte nur Proben und letztlich Unverbindliches. Ich habe deshalb bewußt darauf verzichtet, Sagen aus ganz Westfalen bieten zu wollen und mich mit Bedacht auf solche aus dem heutigen Regierungsbezirk Detmold beschränkt. Diese Sagenlandschaft mit den Kreisen Lippe, Minden-Lübbeke, Herford, Bielefeld, Gütersloh, Paderborn und Höxter, ein nur politisches Gebilde, ist im Geschichtlichen wie im Kulturellen so uneinheitlich beschaffen, daß es mehr Unterschiedliches als Gemeinsames gibt. Aber gerade die Vielfalt ist da von besonderem Reiz. Denke man nur an die Konfessionen! Da liegen im Westen die ehemals katholischen

Herrschaften Rietberg, Rheda, Wiedenbrück – *und auch im Pader-bornschen, in und bei Höxter leben genauso wie im Gebiet Minden Menschen katholischen Bekenntnisses. Landschaften und Städte wie Ravensberg, Bielefeld, Herford oder das ehemalige Fürstentum Lippe (Detmold) waren bis 1945 fast ausschließlich von evangelischen Christen, in Lippe calvinistischer Richtung, bewohnt. Aber auch in den zuletzt genannten Gebieten gibt es Familien, zumal bäuerliche, die auch nach der Reformation am alten Glauben festhielten. Die jeweilige Konfession hat sich recht spürbar auf den Sagenbestand ausgewirkt. So erzählt man im katholischen Marienfeld und Verl von Klerikern oder von Freveltaten, die durch ein gutes Werk gesühnt werden müssen. Aus älteren Quellen und dem vorigen Jahrhundert sind aus dem Paderbornschen, aus Höxter und Corvey häufig Geschichten von Heiligen, Wundern und frommen Geistlichen überliefert.*

In den evangelischen Landstrichen – vor allem dort, wo sich die Erwekkungsbewegung durchgesetzt hat – ist eher eine gewisse ›Vernünftigkeit‹ zu erkennen – und das erklärt wohl auch, weshalb aus dem calvinistischen Lippe nur wenige Beiträge aufgezeichnet werden konnten. Schon die Brüder Grimm haben aus diesem Gebiet nur wenige Märchen und Sagen erfahren. Es scheint, als habe die calvinistische Tugend des Arbeitsfleißes dem Bestande an Geschichten eine Einbuße zugefügt, weil zum Erzählen die »unnütze« Muße erforderlich ist. Auch mag die Bilderlosigkeit der reformierten Kirche eine gewisse Nüchternheit in der Vorstellungswelt gefördert haben. Andererseits hätten sich gerade aus dem Lippischen geraffte, trefflich vorgetragene Schwänke beibringen lassen, die sich durch Humor und Selbstironie auszeichnen. Ein Verzicht darauf war hier geboten.

Die Gebietsreform, die ehemals selbständige Gemeinden mit eigen geprägter Tradition zerschlug, zusammenführte oder gar den Städten zuwies, und die Ansiedlung ortsfremder Pendler hat eine Anzahl von Sagen entmythisiert: da hält man eine Erscheinung für den Teufel, in Wirklichkeit aber ist es der Großvater, der einen Pflug auf dem Rücken trägt. Während in älteren Sagensammlungen oft noch der Pater nötig ist, um einen lästigen Wiedergänger zu verbannen, erzählt man heute, der gespenstig wiederkehrende Gutsbesitzer sei von einer Handvoll unerschrockener Männer ins Moor geschafft worden; und so erklärt man zugleich den Ortsnamen Darlaten, wohin man ihn gebracht hat (als dalassen). Allerdings möchte ich nicht unterstellen, in solchen Geschichten schwinde in jedem Falle das Mythische und Unerklärliche – vielmehr ist den Erzählern oder schon deren Vorfahren eine nüchterne Gelassenheit zu eigen gewesen: wenn der Teufel schon da ist, unternimmt man aus eigener Kraft etwas gegen ihn.

Eine berechtigte Frage ist, ob die Leute, die das alles erzählt haben, an diese Seltsamkeiten und das Unbegreifliche auch wirklich glaubten. Nun, ›Spinner‹ sind die Erzählerinnen und Erzähler allesamt nicht, und lebensfremd und verträumt sind sie auch nicht gewesen. Solche Eigenschaften kann sich ein Bauer oder Handwerker nur bedingt leisten; weder einem alten Landarzt noch einem zweiundzwanzigjährigen Industriekaufmann, weder jungen Studenten noch einem Lehrer wird man nachsagen wollen, sie dächten sich Unsinniges aus. Sie haben diese Geschichten erzählt, sie haben sie gern erzählt, und sie wollten etwas Sinnvolles erzählen – etwas, das sie bewegt hat und von dem sie annahmen, es könnte auch anderen Menschen nicht gleichgültig sein.

Damit ist noch nicht gesagt, wie lebhaft der Erzähler von seinem Stoff betroffen war. Vielleicht glaubt er an die Wahrheit seines Berichts, vielleicht zweifelt er an der Möglichkeit des Geschehnisses, das ihm oder einem nahestehenden Menschen widerfahren ist, und manchmal gibt er ungläubig wieder, was ihm einmal mitgeteilt worden ist; er spottet vielleicht gar oder versucht, ›vernünftig‹ zu erklären, was die Schulwissenschaft leugnet. Der Erzähler Georg M. besteht auf der Richtigkeit seiner Angaben über die ›schwarze Frau‹, die ihm begegnet ist: »Aber was ich selbst gesehen habe, das dreht mir keiner um, und wenn tausend Professoren kommen!« An der Existenz der »Nachtmahrt« hingegen zweifelt er: »Ob das nun wahr ist – da denke ich mir, das ist wohl meist so 'n Alpdruck, sozusagen.« Ein Student schickte voraus, schon seine Vorfahren hätten nicht an Überwirkliches geglaubt: »Mein Vater hat das in der Schule gehört, aber meine Großmutter weiß nichts davon, die sagt, das wäre wohl so eine Erfindung und habe mit Schwanewert gar nichts zu tun. Aber die Geschichten von dem schwarzen Hund habe sie auch gehört.«

Wenn es stimmt, daß die Erinnerungsfähigkeit des Volkes kaum weiter als drei Generationen zurückreicht, dann ist auch zu verstehen, weshalb Gründungssagen oder historische, die weiter zurückreichen als bis in das zweite Drittel des vorigen Jahrhunderts, als ausgestorben gelten müssen. Daneben gibt es Erinnertes, das nur die Fragen einer Sammlering wieder zutage förderte, weil die Gewährsperson davon nur in der Schule gehört hatte. Wirklich lebendig sind eigentlich nur solche Geschichten, die aus eigenem Erleben hervorgegangen sind, die eigene Familie oder die Nachbarschaft betreffen und wenig weiter als bis zum nächsten Dorf oder größeren Ort ausholen. Gerade dort, wo Reste mythischen Empfindens anstelle des Nur-Rationalistischen durch die Erzählung hindurchklingen, haben die Sammlerinnen und Sammler eine reiche Ernte an Sagen einbringen können. Voraussetzung dafür war aber immer: sie nahmen die Menschen, die erzählten, ernst und achteten deren Weltsicht. Nur dann konnten die Erzähler ihren Befragern trauen – auch wenn wohl ein Mikrofon auf dem Tisch stand oder ein Stenogramm mitgeschrieben wurde oder gar jemand als Gast in die Runde geriet und etwas wissen wollte. Gleichgestimmtheit muß nämlich zwischen den Anwesenden bestehen, vor allem Aufnahmebereitschaft ohne aufdringliche Neugier beim Zuhörer. Ihm ist einfühlsame Zurückhaltung geboten, denn man spricht oft vom Allerinnersten.

Peter Wolfersdorf

SPUKORTE und SPUK gehören wohl zum Urtümlichsten, was der Beiglaube hervorbringt und was auch wegen der Gestaltlosigkeit der ›Geister‹ spontan entstehen kann. Da ›kommt etwas‹ bei Nacht, und man bekämpft es mit Bohnenstangen und trifft nur einander selbst; man hört Pferdegetrappel und Tanzmusik auf der Diele – aber wer das ist, weiß niemand. Gegenstände fliegen durch die Luft – es mag die Rache einer jungen Hexe sein, deren Liebe ein Bursche nicht erwidert hatte.

Ein Dornbusch brennt im Morgengrauen lichterloh, aber er steht später unversehrt, allerdings vom Fleck gerückt, immer noch da. Der Leser mag sich an Moses, der Gott im flammenden Dornbusch sah, erinnert fühlen – aber der Gewährsmann, der als Bauer und Schäfer und auf Grund seines Alters für Mythisches aufgeschlossen sein müßte, erklärt sein Erlebnis rationalistisch, das seien Dünste aus der Erde gewesen.

Tiere sind geistersichtig oder haben das Zweite Gesicht: Pferde gehen nicht über die Stelle, an der sich ein Mensch das Leben genommen hat, und der Hund wagt dort nicht zu bellen. Lautstark gibt sich ein Spuk hingegen, der sich um vergrabenes Kirchengut herum abspielt; auch hier bleibt ›es‹ gesichtslos.

Manchen Orten eignet eine besondere Kraft: ein hüpfender Misthaufen verwirrt die nächtlich heimkehrenden Handwerker und läßt sie den vertrauten Weg nicht finden. Da ist es an manchen Stellen nicht geheuer: nähert man sich einem Tier, das da sitzt, einem Hasen oder einer Gans, dann ist man flugs entrückt und findet sich weit entfernt in einsamer Gegend wieder.

Anderswo geht plötzlich eine furchterregende Gestalt neben einem her. Besonders Brücken und Friedhöfe sind verrufen und gefährlich, wenn man sie nachts betritt oder zu übermütig Geister oder sogar Tote herausfordert.

9

1 NÄCHTLICHER GEISTERTANZ

Hagenbrocks Hedwig, die kann sich noch gut erinnern, daß ihr Vater erzählte... mit ernster Miene. Das war doch wahr, nech. Ja. Ihr Vater hatte das immer erzählt. Sie hätten dann abends immer zusammen gesessen und wären mit Gänsehaut ins Bett gegangen, aber hören wollten sie es. Da wäre jede Nacht um 12 Uhr die Deelentür von draußen, 'ne viertürige, vierteilige Tür, die wär losgegangen, die hätte sich geöffnet. Also, das Geräusch... gesehen haben die nix. Dann kamen Pferd und Wagen reingefahren, richtig das Getrappel von den Pferden. Und dann gab es Tanzmusik. Dann tanzten sie. Sie hörten richtig die Kleider rauschen, wie zu der Zeit, nech. Bis 1 Uhr in der Nacht. Und dann hörten sie die Pferde wieder wegfahren, das Lachen hinterher, und dann schlossen sich die Türen wieder.

Ja, die haben nichts gesehen, aber immer bloß das Geräusch. Und das hatte der Vater mit so ernster Miene erzählt, sagt sie, nech. Also, das wäre ihr noch so in Erinnerung geblieben. Aber ihre Geschwister, die wüßten noch viel.

VERL   mdl.

2 TEIKE

Oben in Dünne, kennen Sie die Ortschaft? Also ein Ortsteil heißt da Randringhausen. Und ungefähr so auf der Grenze von dem eigentlichen Dorf zu diesem Nebendorf, Ortsteil sagen wir mal, da war ein Platz, ein größeres Gelände, das wurde im Volksmund der »Teikeplatz« genannt. Und Teike, das war so eine Phantasiegestalt, die da nachts herumspukte.

Nun war es in den alten Zeiten allgemein üblich, daß ...das junge Volk am Abend auf diesen Bauernhof zog, und dann nahmen sie ihre Spinnräder mit, (und es) wurde gesponnen und so. Vor allen Dingen waren das ja die Mädchen, und die Jungens saßen dabei, machten Dönkens und allerlei, machten die Mädchen vielleicht noch bange und alle so was. Und bei dieser Unterhaltung kam es denn jetzt auch auf diese Spukereien.

Ich weiß nicht so recht, wie soll ich das nun ausdrücken ...also dieser Teike jedenfalls existierte nun so in der Phantasie, (man wußte) aber auch dabei, daß man diesen guten Mann – oder den bösen Mann, wollen wir mal lieber sagen – nicht locken durfte. Und jetzt machten ein paar eine Wette: dieser eine, der so'n bißchen großspurig war, der sollte jetzt dahin gehen auf diesen Platz und sollte diesen Teike rufen. Und zwar ...also das ist da so ein Ausdruck:»Teike, Teike, bisse roä?« Das heißt: bist du fertig (roä– hat sich rege gemacht)? (Ist) also so ein alter Ausdruck – hat man also seine Arbeit erledigt und hat sozusagen Feierabend, das bedeutet das ungefähr. Und das mußte er dreimal rufen, wenn er nicht schon beim erstenmal eine Antwort erhielt. Und so ruft er denn dreimal:»Teike, Teike, bisse roä?« Und beim dritten Mal bekommt er die Antwort:»Bis auf eine Schuhnaht!« oder»Up oäne Schaunaht!« mot ick seggen up platt, weil das andere auch so war. Und in dem gleichen Augenblick, da hört er ein Getrappel, wie ein – na, man könnte sagen, ein durchgehendes Pferd. Er dreht sich um und läuft und läuft nach dem Haus zurück, wo er nun hergekommen war.

Die Leute hatten schon die Deelentür offen, weil sie schon von vornherein mit irgendetwas gerechnet hatten. Und dann schafft es dieser gute Mann auch gerade noch, daß er hereinkommt, und der andere reißt die Tür zu. Indem ist dieses Pferd, wollen wir mal sagen, da und hat dann noch mit dem Huf an die Tür geschlagen. Na ja, der gute Mann, der war halb tot, hat sich dann aber doch wieder erholt.

Am andern Tag hat dann der Tischler rangemußt, wieder ausflicken die Tür, alles in Ordnung. Am nächsten Morgen war das Stück Holz wieder raus. Der Tischler hat es noch einmal eingesetzt – am andern Tag war es wieder raus! Also man hat die Tür nicht wieder fertig gekriegt, man hat die ganze Tür rausreißen müssen und mußte eine ganz neue Tür bauen. Da hat es gehalten.

BÜNDE   mdl.

11

3 DIE RACHE DER JUNGEN HEXE

Hier bei uns der Nachbar, der war bei Nagels... war der als Knecht, und der heiratete. Da bin ich auf der Hochzeit gewesen, weil er ins Nachbarhaus zog. Und wie sie alle weg gewesen sind – die Letzten sind weggegangen... Hinterm Haus ging der Weg runter. Da hat einer ans Fenster geklopft. Und da haben sie das Fenster aufgemacht, haben (aber) keinen Menschen gesehen, haben gedacht, da wäre noch von den Gästen einer – da ist aber kein Mensch gewesen! Aber die haben keine Ruhe und Rast im Haus gehabt. Nein, die Gäste konnten nicht (mehr) da sein. Nun, Meiers Willem, das war doch 'n strammer Kerl, der hat da mit geschlafen. Da ist es rund gegangen: Eimer... alles ist geflogen, (hat) rumklabastert im Haus.

Der Mann, der hatte mit einem Mädel verkehrt, die hatte schon vorher immer so 'ne Kunststücke gemacht; die hat Kaffeebohnen kaputtgekaut – hat sie mir gezeigt –, runtergeschluckt, und dann hat sie sie heile (ganz) wieder ausgespuckt. Und die soll das gemacht haben – die war bei Siekmanns in Falkendiek als Magd, das Mädel. Und da hat er die nicht gefreit, sondern hat diese hier gefreit. Ja, die (andere) konnte da nicht im Hause sein, so war das da. Ist aber Tatsache gewesen! Auf 'm Balken... überall hat das klabastert gehabt.

LÖHNE   mdl.

4 MIT BOHNENSTANGEN GEGEN GEISTER

H's Hof, hast du den gekannt? Da war doch so'n kleiner Kurzer, und da wohnten Peeks drin. Das waren so 'ne aufrichtigen Leute, denen hat man das bestimmt zu glauben. Das war auch wahr, Peeks Johanne hat das nicht gelogen, Elise – alle haben sie's mitgemacht. Jeden Abend oder nachts ist das gewesen, dann ist was gekommen, und dann haben sie sich mit Schnippelbohnenstangen, mit diesen Fiezebohnenstangen, haben sie sich mit abgekämpft. Und es ist tatsächlich morgens gewe-

12

sen: sie sind ganz verkratzt im Gesicht gewesen, ganz verkratzt haben sie ausgesehen, alle nach der Reihe, wie Elise verheiratet war; da war Johanne noch da, da ist die Johanne da noch dran gewesen.

LIPPINGHAUSEN   mdl.

5 DER LAUFENDE BUSCH

Hat's mir für wahr erzählt, der alte Mann!
Er kommt einmal am Abend bei Herbsttage aus dem Feld mit seinem Spitz, wo der Pfad gerade ins Kleine Feld mündet. Sollte man's glauben? Es kommt ihm entgegen wie ein rauhlaubener Busch (Hainbuche), der sich rund um und um kugelt. Wär' er vom Pfade gegangen, so war er verloren.
Aber mein Spitz – wo war der geblieben? Reißt aus wie nichts und setzt ins Feld. Und der Busch kommt ihm immer näher, und weil der Mann nicht ausweicht, läuft er um ihn herum, und der Spuk war vorbei.

DRINGENBERG   schr.

6 DORNHECKE AUF DEM HAGEN

Aber hier, der dicke Willi erzählte... den kennst du vielleicht auch, den Brandt? Na, na, der ist nun schon etwas älter als ich...
Der war da so 'n Junge gewesen von sechzehn, siebzehn Jahren... Sie hatten Osterfeuer hier gehabt in Hävern. Eggerings hatten da noch Dornhecken in der Weide... wo das nach Windheim geht. Und da ist auch ein Hagen, und da hat auch ein Haufen Dornbusch gelegen. Sie hatten aber immer gesagt: »Steckt mir aber die Dornen nicht an!« Und da hat er zu Meiers Wilhelm und Meiers Friedrich gesagt: »Wenn das andere große Feuer richtig zugange ist, dann gehen wir beiden dahin und stecken das just auch noch an!«

Na ja, die beiden denn los, fahren dahin, und mit einmal sehen sie da immer sowas am Hagen wippen. Und da mit 'm Mal fällt Meiers Friedrich in die Knie und kann nicht mehr vorwärts. »Junge!« sagt er, »da haben wir aber nicht mehr an unser Dornanstekken gedacht, da aber Reißaus!«

Das hat er oft erzählt.

HÄVERN   mdl.

7 BRENNENDER DORNBUSCH

Dann habe ich erlebt: an der Weser – ich bin ja mit Schafen auf Wanderschaft gewesen – da hat ein Dornenbusch des Morgens um vier hellerlicht gebrannt, brannte wie verrückt. Am andern Morgen stand er aber noch da, 'n Ende von mir weg.

Das sind denn Dünste aus der Erde, dadurch da kommt das alles so.

BISCHOFSHAGEN   mdl.

8 DIE GLÄSERNE KUTSCHE

Auf der Landeschaussee von Lemgo nach Detmold soll auf einer bestimmten Stelle bei Brake in den Nächten bei Neumond eine gläserne Kutsche auf- und abfahren. Wer dieser Kutsche begegnet, ist dem Tode verfallen.

BRAKE   schr.

9 TIERE ERKENNEN FREVELORT

Mein Onkel hat immer gesagt, er glaube an Spuk. Der war bei der Brennerei Diekmann Kutscher. Er brachte den Schnaps mit Pferd und Wagen in die Wirtschaften. Einmal war er noch spät nachts unterwegs

und kam auch über den Reckerdamm. Da hatte sich mal einer aufgehängt. Wie er an die Stelle kam, wurden mit einem Mal die Pferde
ganz unruhig und blieben stehen. Er kriegte sie einfach nicht von der
Stelle. Und der Hund, der sonst immer bellte, der hatte keinen Mucks
von sich gegeben. Erst am nächsten Morgen konnte er weiterfahren.

VERL   mdl.

10 DER SCHIMMEL ›SIEHT‹ ETWAS

Reinkings von Ilserheide hatten ein Pferd gekauft, und zwar 'n Schimmel. Und den Schimmel hatte Schragen Konrad von Jössen gehabt,
der kaufte Eier und Butter. Und da konnte er nicht mehr, da verkaufte
er den Schimmel. Und was dem seine Frau war, das war meine Cou-
sine; die war hier aus Kampschusters Haus. – Na, nun muß ich auf das
Thema kommen.
Nun hatten die den Schimmel gekauft, nun wollten die nach Neuenknick hin – no, und das waren alle schwere Brocken, diese drei. Da saßen sie alle vorne auf'm Wagen und wollten nach Neuenknick, und
hier auf dem Kreuzweg – da sagt der Schimmel: »Ich tu es nicht
mehr!« Und er geht da nicht rüber! Da faßt ihn einer am Kopf und
zieht – er kommt nicht! Und die andern beiden, die schieben ihn rüber, den Wagen, und da kommen sie in 'n Graben. Ja, und das Pferd –
das haben sie nicht wieder aus dem Graben kriegen können. Da ist das
Pferd hinter dem Graben runtergegangen – 200 Meter –, bis es wieder
rausgekommen ist.
Ob da das alte Weib wieder gestanden hat – oder was? Sie sagen ja alle:
»Na, da war es nicht reine. Das alte Weib, das hat da wohl gestanden…
oder ob es vorbeigekommen ist?« Das war immer so. Die haben dort
was erlebt mit ihrem Pferd!
Das ging da nicht rüber…

ILSERHEIDE   mdl.

15

11 VERGRABENES KIRCHENGUT

Als Eduard mit Klara verlobt war, kam er oft mit dem Fahrrad aus Kaunitz, um sie in Bornholte zu besuchen. Abends wurde es natürlich immer ziemlich spät. Eduard mußte dann an Fries' Wäldchen vorbei, wo es ihm ganz unheimlich zumute wurde. Denn in dem Wäldchen da spukte es. Ein fürchterliches Heulen trieb ihm jedesmal den Angstschweiß auf die Stirn. Bis in die Nähe von Kaunitz verfolgte es ihn. Es muß leider gesagt werden, daß er eine sehr furchtsame Natur hatte. Da war seine Klara schon couragierter. Nachdem er ihr nämlich von seinen Beklemmungen erzählt hatte, begleitete sie ihn immer ein gutes Stück des Weges, bis für seine Sicherheit nichts mehr zu befürchten war.

Dieser Spuk währte jahrelang. Und jeder vermied es nach Möglichkeit, abends an Fries' Wäldchen vorbeizugehen. Eines Tages aber stießen die Bauern beim Torfstechen ganz in der Nähe auf einen Schatz. Sie fanden wertvolles goldenes Kirchengerät, Kelche, Leuchter und anderes. Und man erinnerte sich an den Kirchenraub in Kaunitz, der vor etlichen Jahren verübt worden war. Schleunigst brachte man die Schätze in die Kaunitzer Kirche zurück. Das Heulen wurde dann von niemand mehr gehört.

KAUNITZ   mdl.

12 DER JUNGFERNBORN

Bei Alverdissen im Lippeschen ist ein Brunnen, der heißt der Jungfernborn, weil sich dort ein paar weiße Jungfern sehen zu lassen pflegen; man hütet sich, in die Nähe desselben zu kommen, da es nicht recht geheuer dort ist.

Einmal kommt einer in der Nacht vorbei, da sieht er ein rotes Sieb, das drehte sich auf dem Brunnen rundum, und eine der Jungfern saß dabei; ein andermal stand ein Haspel mitten im Wege, der vorbeiführt. Besonders aber soll es als Fuchs und Hase dort umgehen. So kommt auch einmal einer des Abends spät vorbei, da sieht er den Fuchs und den Hasen, und es scheint ihm so, als wolle der Fuchs eben nach dem Hasen greifen; da denkt er: ›Du sollst ihn doch auch nicht haben‹ und schlägt mit dem Stock nach ihm, aber augenblicklich hebt es ihn auf, und als er wieder etwas zur Besinnung kommt, ist er oben auf dem Berg, wohl eine halbe Stunde von Alverdissen. Mühsam hat er sich nach Hause geschleppt, ist leichenblaß dort angekommen, hat von dem Tag an gesiecht und ist bald danach gestorben.

ALVERDISSEN

13 VON EINER GANS ENTFÜHRT

Ein Kühlser Bauer aus der Familie Pasters-Prott ging vor langer Zeit von Altenheerse über Esseröden nach Hause. Es war schon Dämmerung.

Oben im Walde sieht er eine Gans auf dem Boden sitzen. »Gäseken, wutte mihe (willst du mit)?« sagt er. Da erhebt sich der Vogel, nimmt ihn auf seinen Rücken und fliegt mit ihm über die Bäume hin weg. Dabei tut er die Flügel so breit wie eine Schmachtharke – weit auseinander. Die Baumspitzen schlugen dem Mann vor die Beine, daß sie schmerzten. Ihm vergingen die Sinne.

Am andern Morgen findet er sich unter einem Baum, vom Schlaf erwachend, wieder. Er war ganz marode. Seine Handschuhe wurden später in einer anderen Gegend des Waldes aufgefunden.

KÜHLSEN   schr.

14 AM MISTHAUFEN VERIRRT

Mein Onkel, was meinem Vater sein Bruder war, sagte immer: »Wer'n Teufel schlafend findet, der laß ihn schlafen!« Der hatte Schuster gelernt, und zwar bei dem alten Bergschuster in Loh. Naja, da hat er das Schustern gelernt. Und da sind sie von Jössen gekommen, weil sie da auch immer von Haus zu Haus gingen – zum Schustern. Und da ist es denn abends auch spät geworden, nicht? Und da sind sie hier im Ilser Feld – da vor dem Wasserwerk sind sie. Sie hätten denn ja rechts ab müssen, nach Loh herein, nach der Mühle zu, damit sie nach Hause kämen. Wie sie da sind, da sagt der Bergschuster: »Teufel, ja! Hier hat einer gedüngt, Mist gefahren – aber heute morgen noch nicht, nee.« No, mein Onkel, der konnte ja auch so erzählen. Da hat er gesagt: »Das will ich untersuchen.« Er geht da heran, stößt den Haufen an... Ja, da ist er weitergehüpft, der Misthaufen! Ja, und sie gehen weiter und gehen weiter und gehen und gehen – (und) kommen überhaupt nicht in Loh und in Ilse an! Da sind sie – auf'm Wolfhagen, bei Pöttkers gelandet!

Der Misthaufen, wo der geblieben ist, das weiß ich nicht, aber sie haben sich dadurch verbiestert.

Ja, darum sagte mein Onkel immer: »Ich sage ja, wer'n Teufel schlafend findet, der laß 'n schlafen!«

ILSE   mdl.

15   VERBIESTERT

Ich war ja Schäfer von Beruf, und ich lag mit meinen Schafen bei Kämpers oben auf dem Bischofshagen, und morgens mußte ich umschlagen (den Pferch umsetzen), um halb vier. Und da rief einer: »Wilhelm, wann kriege ich 'n Lamm?« Ich lag wach, ich wollte aufstehn... wie das denn so ist, dann legt man sich auf den Rücken und die Hände untern Kopf, noch so'n bißchen. Ich dachte: ›Och, wenn er was will, dann sagt er das nochmal.‹ – Ne, der meldete sich nicht wieder.

Ich stand auf, nahm meinen Hund, ging nach den Hecken, und wie ich vor die Hecken kam, kamen mir die Schafe entgegengebraust und wollten ausbrechen. Ich konnte sie bis zuletzt gar nicht abwehren; der Hund machte nix mehr, der stand still. Da habe ich die eine Ecke aufgerissen und habe die Schafe auf das andere Stück Land laufen lassen, und da blieben sie stehen. Und da habe ich umschlagen können, und das Vieh ließ sich nieder.

Und wie das fertig war, bin ich nach meinem Karren und hab meinen Mantel da rausgekriegt und den Stock. Und dann bin ich losgegangen auf dem Land, runter bis unten in den Weg rein. Das ist ja so'n kleiner Hohlweg, und wie ich da so'n Ende drin war, ging hier rechts nach Löhne zu ein Mann mir entgegen mit einem schwarzen Bart – und den konnte ich erkennen durch das Licht vom Löhner Bahnhof – und der ging mit mir mit, soweit bis daß der Weg flacher wurde.

Und da bin ich querfeld abgegangen nach Löhne zu, und da kam ich dann an eine ganz tiefe Furche. Und mein Vater, der hat immer gesagt: »Junge, wenn du dich verbiesterst, dann setz dich hin, kneif die Augen zu, bleib ein bißchen sitzen, und dann machst du die Augen auf, und dann weißt du, wo du bist.« Und da wußte ich auch Bescheid, ging in der Furche retour nach dem Weg und kam (auch richtig) in den Weg rein. Und dann ging da 'n Grasweg runter: dieser Weg hatte sich 'n bißchen gedreht in den Grasweg runter, und daher bin ich gar nicht drauf runter gekommen.

Mit einem Mal saß ich wieder in so 'ner tiefen Furche – da war viel Wasser damals; es war noch nicht drainiert, und daher machte der Kämper immer so tiefe Furchen, damit das Wasser sich dadrin sammeln konnte.

Wieder hingesetzt, 'n Augenblick gewartet, und dann bin ich in der Furche aber längs gegangen und kam wieder auf den Grasweg. Wie ich den Grasweg so'n Stück runter war, war doch der Mann plötzlich wieder bei mir. Und da wurde ich ärgerlich und schlug mit meinem Knüppel um mich und habe gekloppt und gewettert und höre nichts dabei. Und da war's vorbei.

Dann bin ich nach Hause gekommen. Frag mal meine Frau, was die gesagt hat, als ich morgens reinkam. Ich war ganz verwirrt. Das sind Tatsachen, und nachher stellte sich heraus, daß da doch wohl einer war, der mehr konnte.

LÖHNE   mdl.

19

16 DIE WEISSE GESTALT

Ich wollte, vergesse es auch nie, das Pferd vom Homberg holen, als
Willi Hochzeit hatte. Da hatten wir auch von Hohmeyer in Salzuflen
die Möbel geholt; Fritz hieß er, ›Frittken‹.
Und ich bin hinten bei deinem Lande auf der Mergelkuhle... nicht
ganz so weit, da weiß ich heute noch die Stelle, kann ich dir heute
noch zeigen, wo es war. Ich war noch 'n junger Bengel und laufe – mit
einem Mal kommt da gut in Menschenlänge 'ne ganz weiße Gestalt so
vor mir her, aber ganz ruhig. Abends um halb sechs, so was... aber
ganz ruhig. Ich hab sie so deutlich gesehen, wie ich auch dich sehe. So,
jetzt kommst du! Das ist aber kein Märchen!

Bischofshagen   mdl.

17 DIE SCHWARZE FRAU

Aber was ich selbst gesehen habe, das dreht mir keiner um, und wenn
tausend Professoren kommen! Also, meine Schafe lagen bei Quest, der
andere wollte nach Paderborn nach'm Markt. Paderborner Markt war
immer am 12. September... war einmalig, wunderschön. Und bei
Greffs Frittken war zufällig abends Ernst aus dem Falkendiek, und als
der nun da war, wurde für mich Schlag zwölf bestimmt, daß ich bei
Frittken wegkam. Ich mußte aber nach Woädaobens Hof. »Wenn 's
heute wäre«, sagte ich, »(doch) was soll das? Ich laß die Klamotten liegen – 'n andern Morgen ungefähr um vier Uhr.«
Und mein Vater war daheim. Der wollte um – wer weiß wann – mit
'm Zug fahren. Da lief der erst zwei Stunden bis nach Herford, und
von da fuhr er (dann) nach Paderborn.
Ich komme (also) über die Egge und bei Ahning runter. Das ist aber
kein Märchen! Es war aber so hell, mondhell... also bald wie hier in
der Stube. Wunderschön! Die Hunde bellen, es war ganz herrlich! Ich
bin unter Reitmeier und Ahning – mit einem Mal... du kannst es glau-

ben, kannst es lassen, Dietrich, du kannst lachen oder weinen, ist mir gleich! Da kommt mir 'ne große schwarze Frau entgegen – 'n schrecklich großes Getier. Ich denk, Menschenskind – ich aber ganz käseweiß dagegen an, just ging es. Mein G(ott), wie mir das alles entgegenkam! Das ist so 'n schmaler Weg. Ich denk – na nix, die Haare steifen sich so 'n bißchen, das ist klar, der Hut auch so'n bißchen... Nebenher – ab! Ging neben mir her, die schnurrte neben mir her und war weg. Die kannst du denn bloß so 'n paar Meter sehen, dann siehst du aber schon nichts mehr. So viel habe ich davon gesehen.

BISCHOFSHAGEN   mdl.

18 »EIN FESTE BURG«

Meine Großmutter erzählte:
Die Eickhorster Kinder mußten immer nach Hille zum Konfirmandenunterricht. Wenn sie dann über die Hiller Brücke kamen, lag da etwas Weißes an der Seite. Sie kamen dann jedesmal zum Unterricht zu spät. Dem Pfarrer fiel das auf, und er sagte zu den Kindern, sie sollten, wenn sie wieder über die Brücke gingen, das Lied singen »Ein feste Burg ist unser Gott«.
Am folgenden Unterrichtstag lag es wieder da. Sie sangen nun das Lied, und seit der Zeit war alles verschwunden, und sie kamen früh genug zum Unterricht.

EICKHORST   schr.

19 DIE RÄMMELKENBRÜCKE

Im sogenannten »Schwarzen Holz«, welches übrigens mehrfach im Rufe steht, daß unnatürliche Wesen dort hausen, befindet sich eine alte Brücke, mit der der Volksaberglaube eine seltsame Geistergeschichte verknüpft. Unter diese Brücke sollte vor Zeiten ein böser

Geist verbannt sein, der die Passanten der Brücke belästigte. Ein Mittel gab es, sich vor Überfällen dieses bösen Geistes zu schützen, nämlich daß der Vorübergehende ein Sprüchlein hersagte, das lautete:

Rämmelken, Rämmelken, rüesele di,
bist du von Guott, kumm tau us,
bist du von'n Düwel, bliew von us!

Dann war der Unhold machtlos, denn er war vom Teufel. Nun kamen eines Abends zwei Bauern betrunken heim und mußten auch über diese Brücke. Sie sagten auch das Sprüchlein, aber der Rausch hatte sie übermütig gemacht, und sie drehten den Spruch um, indem sie den Geist herausforderten:

Rämmelken, Rämmelken, rüesele di,
bist du von'n Düwel, kumm tau us,
bist du von Guott, bliew von us!

Da kam dann eine undefinierbare Gestalt unter der Brücke hervor mit einem fürchterlichen Gebrüll und Sausen und ging auf die beiden Bauern los, die voll Angst in das nahe Haus des einen Bauern liefen und sich dort verrammelten. Der Spuk sauste noch lange um das Haus herum und hing am andern Morgen vertrocknet in einem Baum.

Diese Geschichte wird auch jetzt noch viel in der Umgegend erzählt, und sie soll den Großvätern zweier noch dort lebender Bauern passiert sein. Der Volksglaube hält überzeugt an ihrer Wahrheit fest, und die Rämmelkenbrücke ist noch heute ein verrufener Ort.

RHEDA   schr.

20 DAS FURCHTLOSE MÄDCHEN

In Lothe unterhielten sich die jungen Burschen und Mädchen einmal spät abends in der Spinnstube mit allerlei Geschichten, recht gruseliger Art. Eins der Mädchen sagte, sie fürchte sich nicht vor Gott und dem Teufel, und wenn es darauf ankäme, wollte sie sogar auf den Kirchhof gehen und von dort einen Schädel holen.

Nun hatten die Lother damals noch keinen eigenen Friedhof, sie kamen vielmehr nach Schwalenberg. In stichdunkler Nacht machte sich das Mädchen auf den Weg nach dem über eine halbe Stunde entfernten Kirchhof und brachte den Schädel nach Lothe, wo die Gesellschaft noch beieinander war und erleichtert aufatmete, als die Genossin endlich erschien.

Das mutige Mädchen wurde wohl angestaunt, aber auch mit großer Scheu betrachtet, weil man in dem Unterfangen eine Entheiligung des Kirchhoffriedens wie der Totenruhe und eine Herausforderung der Geister sah. Aber noch war das Mädchen nicht lange zurück, als draußen ein merkwürdiger Lärm losging. Stimmen wurden laut, und es klopfte ans Fenster, immer stärker und heftiger; Totengerippe wiegten sich vor den Scheiben hin und her, drohten mit grinsenden Gesichtern und ballten die knochigen Hände. Tonlose Stimmen verlangten, man sollte ihnen das Ihrige wiedergeben: »Giffet wier heer! Giffet wier heer!« so klang es anhaltend schaurig.

Die jungen Leute in der Stube erfaßte Schrecken und Graus. Das vordem so mutige Mädchen wurde bleich wie der Kalk an der Wand. Es mußte dem Verlangen der Geister folgen, den Schädel wieder zurücktragen und lief wieder in die dunkle Nacht hinaus. Die Geister eilten hinter ihr her, stießen hohlklingende Drohrufe aus und schlugen das Mädchen mit ihren Knochenhänden auf den Rücken. In Schweiß gebadet erreichte es endlich den hochgelegenen Kirchhof und warf den Schädel wieder an seine Stelle. Dann hörten die Verfolgungen der Geister auf.

Wie das Mädchen wieder nach Lothe zurückgekommen ist, wußte es später selbst nicht mehr anzugeben. Es war in kalten Angstschweiß gebadet, halbtot vor Angst und Schrecken und sank erschöpft auf der Schwelle nieder. Es fiel in eine schwere Krankheit, und als es nach Wochen wieder davon genas, war alle Lebenslust von ihr gewichen; die vordem so blühenden Rosenwangen blieben bleich, bis es zu denen versammelt wurde, die es herausgefordert hatte.

LOTHE   schr.

23

IRRLICHTER UND WIEDERGÄNGER gehören eng zusammen; denn wiederkehrende Tote, die eine zu ihren Lebzeiten begangene Untat (Hartherzigkeit, Geiz oder das dem bäuerlichen Denken nahe Grenzsteinversetzen) sühnen müssen, kehren als ruheloses Spöksel (Spukgeist) an den Ort ihres Frevels zurück, sei es als bloße Lichterscheinung oder auch deutlich in ihrer früheren leibhaften Gestalt. Manchmal sind es liebe Verwandte, die sich nochmals sehen lassen, wie der Großvater, der noch einmal in der Mühle erscheint, oder die jüngst verstorbene Ehefrau, die zu Weihnachten tröstend zurückkehrt, denn diese Zeit ist dem Volksglauben nach ja den Toten offen. Häufig wird ihre Jenseitigkeit und das damit verbundene Grauen deutlich, weil sie die Hand verbrennen würden, wenn man ihnen zum Abschied nicht statt deren den Axtstiel reichte. Nicht selten sind es (wie der Hackelberg in Sagen von der wilden Jagd) namentlich im ganzen Umkreis bekannte Gestalten, die umgehen müssen, ehe sie Erlösung finden, wie die weiße Frau von Detmold, die lediglich den Tod eines Bewohners ankündigt, oder Abt Rulle und der Droste auf Brinke, die ein gottloses Leben führten.

Irrlichter erscheinen nur noch wenigen Gewährsleuten erwähnenswert; die naturwissenschaftliche Aufklärung hat wohl viel dazu beigetragen, das Interesse erlahmen zu lassen. Sagen von Wiedergängern sind dagegen keineswegs selten. Sind ihre Taten und Untaten gesühnt, dann kann der »lebende Leichnam« endlich Ruhe finden — nur der Ewige Jude kann nicht erlöst werden, er muß umgehen bis ans Ende aller Zeiten.

21 IRRLICHTER BEI BORNHOLTE

Man hat früher auch von Irrleuchten viel erzählt. Und daß es sowas gegeben hat, das glaube ich. Ich habe selbst einmal so ein Erlebnis gehabt. Die Umgebung war ja früher ganz anders. Es gab so viele Hekken. Wir wohnten früher richtig im Wald.

Und da bin ich mal abends von Schilliges ganz spät nach Hause gegangen. Ich traute mich nicht weiter: da kam ein Licht über das Feld. Das kam so schnell, wie man zu Fuß nicht gehen konnte. Und wie es an mir vorbei war, ich blieb einfach stehen, da war es nicht mehr zu sehen. Ich weiß nicht, was das gewesen ist. Es könnte ja ein Strahl aus dem Boden gewesen sein oder ein Mondstrahl. Aber das glaube ich nicht. Dreihundert Meter weit habe ich es verfolgt. Und das Ganze hat vielleicht nur eine Minute gedauert.

BORNHOLTE   mdl.

22 DIE ENKEL SOLLEN SICH VERSÖHNEN

Um das Jahr 1900 lebten in der Senne am Furlbach der Deppenbauer und der Merschbauer. Von diesen beiden hatte nur der Deppenbauer eine Viehtränke am Furlbach, der Merschbauer aber nicht. Großzügig ließ ihn aber der Deppenbauer seine Viehtränke mitbenutzen. Während des l. Weltkrieges wurde der Deppenbauer zum Militär eingezogen. Nun ging der Merschbauer hin und ließ sich aufgrund eines Gewohnheitsrechtes, wie er behauptete, das Wasserrecht an dieser Viehtränke im Grundbuch eintragen. Beide Höfe gerieten über das winzige unrechtmäßig erschlichene Stückchen Wiese und das Wasserrecht in einen lang anhaltenden Streit. Es wurde prozessiert, man ärgerte sich gegenseitig, wo man nur konnte, und mied sich im übrigen wie die Pest.

Nun verstarb aber der Merschbauer. Nach seinem Tode wurden die Menschen durch einen Lichtschein erschreckt. Ein Meßdiener, der frühmorgens zur Kirche ging, bemerkte es zuerst. Die Nachricht breitete sich aus. Hunderte kamen aus den umliegenden Dörfern Verl, Kaunitz, Schloß Holte, sogar aus Paderborn, Bielefeld und Gütersloh, um sich dieses unheimliche und aufregende Schauspiel anzusehen. Sie standen ganze Nächte dicht an dicht in den Büschen, fielen mitunter in den Furlbach und stellten die wildesten Vermutungen über den Grund und die Ursache des Leuchtens an. Es wurde behauptet, der Lichtschein rühre von Johanniswürmchen her. Aber diese Behauptung erwies sich als nicht stichhaltig.

Es konnte überhaupt keine natürliche Erklärung gefunden werden. Die Erscheinung wurde nicht von jedem wahrgenommen. Diejenigen aber, die etwas sahen, erschraken fürchterlich, und es geschah manchmal, daß ohnmächtige Personen in das Haus des Deppenbauern gebracht wurden.

Einer völlig unbeteiligten Person erschien eines Nachts der Merschbauer und bat sie inständig, doch zwischen den beiden Höfen zu vermitteln. Um Gottes willen sollten sie sich wieder vertragen. Aus dem Haus des Merschbauern vertrieb man sie aber mit lauten Verwünschungen. Das Leuchten wurde seltener und verschwand allmählich ganz. Kurze Zeit danach brannte das Haus des Deppenbauern ab. Der Sohn des Merschbauern verstarb plötzlich. Der Enkel konnte den Hof nicht mehr halten und verzog in eine andere Gegend. Bevor er den Hof verließ, suchte er den jetzigen Deppenbauern auf. Die beiden beendeten den jahrzehntelangen Streit und gingen im Frieden auseinander.

SENNE   mdl.

23 DAS IRRLICHT RÄCHT SICH

Und das war in Schwarzenmoor oben auf der Egge, da wohnten wir ja früher unter dem Sender. Und da ist des Abends immer ein Licht über die Egge gezogen. Und der Nachbar hat da noch, wie das früher so war, oben diese zweiteiligen Türen gehabt, und da steht er oben in der Tür, und da zieht wieder das Licht daher. Und da ruft er ganz laut: »Spoöksel, heeh!« Da hat seine Frau just noch die Tür zugerissen, und da ist es mit voller Wucht an die Tür geballert.

(Auf meine Frage, was das denn wohl gewesen sei:)

Das war eben 'nen Spoöksel, das war 'nen Irrlicht oder irgendein Licht, das ist eben dahergezogen, und dann hat er gerufen: »Spoöksel, heeh!«
Und dann muß gleich die Tür zu, und – wumms – mit voller Kraft gegen die Tür geballert. Wenn er die Tür nicht zugezogen hätte, hätten sie ihn totgeschlagen. Der glaubte daran, ick gloäbe doa äok an.

BISCHOFSHAGEN   mdl.

24 DER GROSSVATER IN DER MÜHLE

Und da ging ich rauf, auf die Mühle, wo dieser Heinrich am Mahlen war, und ich sage: »Heinrich, du hast doch mal hier sowas erlebt, erzähl' mir das doch mal!«
»Ja«, sagt er, »sieh, hier stand ich und da – mit einem Mal war's mein Großvater, lehnte sich da auf so 'ne Kiste, im Gehrock!«
»Tja«, sage ich, »Heinrich, woher wußtest du denn, daß es dein Großvater war?«
»Tja«, sagt er, »wir haben das Bild ja im Haus. Und das Bild war da. Ich habe ihn naturgetreu gesehen – da kann mein Bruder nun schelten und sagen, was er will, ich habe 'n hier gesehen«, sagt er, »richtig gesehen! Und da war er auch wieder verschwunden. Tja, was sagst du dazu?«
»'n Phantasiegebilde – wenn ich nachts träume... Anders weiß ich's nicht.«

BUCHHOLZ   mdl.

25 ABGEBRANNTE LICHTER

Ja, das war vorigen Winter, vorige Weihnachten, da war ich bei meiner Tochter in Ebergötzen – da hinter Göttingen. Nun wollte ich wieder nach Hause hin, und sie holten mich ab.

Wir hatten uns vier, fünf Tannenbäume mitgenommen und so 'n lüttschen für mich. »Ja«, sage ich, »to Wiehnachten will ick ok sülben 'n Dannenboom häbben.« Na ja, wir machten das alles fertig. Und da sagt unserm Adolf seine Deern, die Annette: »Och, dienen Dannenboom, dän måket wi ok fertig noch vör Wiehnachten, einen Nahmdag (Nachmittag) vörher.« Na ja, sie und der Junge denn, der Junge ist ein Jahr jünger: »Jå, man dårbie!« Ich hole denn alles herbei, was so alles dazugehört, was wir immer aufbewahrt hatten: Kerzen und Kasten. Ich hatte da immer so 'n Kasten, wo wir denn alles wieder reinlegten: die Kugeln, die Lichter und so'n Krams. Na, wir hatten den Tannenbaum ungefähr fertig. »Jå, Opa«, sagt sie, »nu hol mål äben de Kerzen her, de Lichter!« »Jå, Deuwel, jå«, sag ich »häv ick noch går nich an 'dacht«, hatte noch gar keine geholt.

Na, ich kriege den Kasten her. Und oben im Kasten lag 'n voller Kasten weiße Kerzen, unangebrochen, als wenn sie aus 'm Laden geholt wären. Ich sag: »Dåt is jo gediegen!« sag ich. Und an 'nem Herbsttag hatten die Kinder sogar noch in dem Kasten nachgesucht. Da laufen sie immer mit der Laterne, im Herbst... da hatten sie die Stummel und so, alles, was drin war, alles rausgeholt, hatten sie verbraucht für ihre Laternen. Na ja. »Oh«, sag ich, »wie komt de dårin?« Na ja, war so 'n großer Kasten weiße Kerzen.

Wir machten die Lichter alle an, die Dinger, machten den Tannenbaum schön fertig, stellt 'n in die Stube hin. Da kommt der Junge noch rein, mein Junge sagt: »Vadder, watt wutt du denn nu måken?« sagt er, »du schast (sollst) doch nich allene hier kein Wiehnachten fiern! Du kummst doch nåh us råver (rüber).« Hatte auch 'n Tannenbaum fertig gemacht. »Jå, dat will ick ok. Ick woll bloß dän Dannenboom als Andenken sotesäggen (sozusagen – *der Erzähler weint, seine Frau ist im Laufe des Jahres gestorben).*«

28

Ja, und machten sich fertig. Und der Tannenbaum blieb stehn – angesteckt haben wir 'n da nicht, vor Weihnachten nicht mehr. Ich ging ja rüber – nach der anderen Seite. Und Weihnachten auch nicht, ist gar nicht angesteckt (worden).

Paar Tage nach Weihnachten sag ich zu Annetten, zu der Deern: »Annette, hast du dän Dannenboom denn brennen låten?« »Ne«, sagt sie, »ich bin doch nicht wieder 'reingewesen.« Ja, denk mal an, da waren die ganzen Kerzen so 'n Ende abgebrannt, waren so halb aufgebrannt. Ich denk: »Dat is jo gediegen, keiner hat dän ansteckt, un dårbie wör'n de Kerzen doch avbrennt. Wer mag hier blöß wäsen häbben (gewesen sein)?«

Tja, da haben sie mich alle angesehen, wollten immer behaupten, ich hätte die wohl angesteckt. Und ich bin da nicht wieder hingewesen, hab wohl reingeguckt in die Stube, hab aber gar keine Ahnung und danach gesehen, ob die wohl angesteckt wären. Als bis 'n paar Tage nachher, da guck ich da mal so genauer bei: da war'n die Kerzen alle angebrannt. Ich sag: »Denn is Mudder woll hierwä'n.«

Tja, wie konnte das angehn? Und das war so'n komischer anderer Brand: der Docht, der stand da so 'n ganzes Ende, und meistens bricht der ja ab, verkohlt dann ja so mit. Ja, als wenn das so... daß das Licht abgebrannt wäre, und der Docht stände da so – noch unversehrt.

BUCHHOLZ   mdl.

26 DIE WEISSE FRAU ZU DETMOLD

Auf den meisten Edelhöfen im Lippeschen, namentlich aber auf dem Schlosse zu Detmold, läßt sich zu Zeiten eine weiße Frau sehen, und zwar sagt man, daß die in Detmold eine lippische Gräfin sei, welche sich gewünscht, an allem Leid und aller Freude ihrer Familie ewig teilnehmen zu können und deshalb noch immer umgeht, sobald in der fürstlichen Familie eine Geburt oder ein Todesfall stattfindet. Tritt letzterer ein, so erscheint sie in grauer Kleidung, und besonders hat man sie von der Kanzlei nach dem Schloß oft hinübergehen sehen, so daß der Posten dort nicht gern auf der Wacht zu stehen pflegt; denn wer sie sieht, muß ihr seine Reverenz machen, und die Schildwacht muß das Gewehr präsentieren, und wenn das einer etwa vergißt oder sich gar neugierig nach ihr umsieht, so empfängt er einen so heftigen Schlag, daß er nach keinem zweiten verlangt.

DETMOLD

27 ABT RULLE WIRD GEBANNT

1705 starb der Abt Cuelmann. Bei der Wahl des neuen Abtes konnte man sich nicht einigen, denn die Mönche wünschten sich einen Vorsteher, der milde regieren würde. Schließlich tritt Johannes Rulle, der damals Dechant von Harsewinkel war, vor. Er versprach, er würde mit Güte und Nachsicht sein Amt führen.
Kaum ist er gewählt, spielt er sich als Herr auf. Für die Mönche hat es mit dem guten und faulen Leben ein Ende, und die abgabepflichtigen Bauern müssen von Jahr zu Jahr mehr Zins zahlen und Spanndienst für das Kloster leisten.
Sein Todesdatum soll 1713 sein. Darüber wurde erzählt:
Er soll auf dem Esch in Harsewinkel ermordet worden sein; sein schwarzes Pferd soll ihn noch eine lange Strecke mitgeschleppt haben. Der Mörder ist nach Holland entflohen.
Abt Rulle wird danach in der Klosterkirche beigesetzt, findet aber keine Ruhe im Grab. Er stört sogar die Mönche beim Gebet in den Chorstühlen. Der neue Abt, Gallenkamp hieß er, ließ ihn deshalb an anderer Stelle beisetzen: vor der Kreuzigungsgruppe am Kreuzteich. Doch Rulle hält es auch da nicht aus und erschreckt sonntags die Kirchgänger.
Rulle wird exhumiert und in die Heide gebracht – in Westmeyers Lodden, in die Heide. Die Stelle heißt seitdem ›Abtsort‹. Er soll da gespukt haben. Nachts hat er die Erde wie eine Rotte von Wildschwei-

nen umgewühlt. Wenn es sonntags in der Kirche zur Messe läutet, steigen von seiner Grabstelle Flammen auf.

MARIENFELD NOTIZ

28 ABT RULLE IN DER TEUFELSKUHLE

In der Teufelskuhle sollen die sechs Pferde mit dem Abt Rulle, mit seiner Leiche, verschwunden sein. Es war nämlich abgesprochen, wo der Kutscher »halt!« riefe, sollte man den Abt begraben.

Als das Gefährt nun anhielt, rasten die Pferde mit einem Mal mit dem Wagen und dem Toten in die Teufelskuhle und versanken darin. Seither steigen Spukgestalten dort auf. Früher hat man versucht, die Kuhle einzuzäunen; es war aber zwecklos – morgens lag alles zerbrochen daneben.

MARIENFELD NOTIZ

29 DROSTE AUF BRINKE

In der Umgegend des Gutes Brinke im Kreise Halle wird folgende Geschichte erzählt: Auf Brinke wohnte einmal ein Herr Droste. Dieser Droste führte ein gottloses Leben und starb in seinen Sünden. Als nach seiner Beerdigung die Leichleute wieder auf Brinke ankamen, saß der Hofnarr auf der Mauer am Tor und sagte: »Kommt ihr jetzt erst wieder? Unser Herr ist schon lange wieder hier.« Wie der Narr sagte, so war es. Der Droste hatte im Grabe keine Ruhe gefunden.

Man suchte ihn von Brinke los zu werden, aber vergebens. Zuletzt gelang es einem Mönch, ihn zu beschwören und auf einem Wagen von Brinke nach dem Grundsiek zu bringen. Vor dem Wagen waren vier Pferde, aber sie waren zuletzt alle mit Schweiß bedeckt und so weiß wie Schimmel, so schwer ging die Fahrt. Keiner von den Anwesenden durfte sich während der Fahrt umsehen, weil sonst der Droste den

Wagen verlassen und wieder auf Brinke erscheinen durfte. Im Grundsieke wurde ihm ein Eimer ohne Boden gereicht und gesagt, er dürfe nicht eher wieder nach Brinke kommen, bis er den Teich im Grundsieke geleert hätte. Manche haben ihn auch nachher in der Nacht fleißig bei der Arbeit gesehen, aber den Teich hat er nie leeren können. Einige wollen ihn auch als Reiter ohne Kopf auf den Besitzungen des Gutes Brinke gesehen haben.

Brinke/Halle

30 DER VERBANNTE LEUTNANT

Im Siebenjährigen Krieg ist das gewesen. Und da ist 'n Leutnant hier auf 'm Strohhof gewesen, und der war da Besitzer. Den haben sie aber gar nicht leiden mögen; ob sie dem nun so um (die Ecke) geholfen haben – das weiß man nicht.

Und da haben sie 'n beerdigt, und der ist immer wiedergekommen. Und da haben sie beratschlagt – tja, dies und jenes, und da haben sie gesagt: »Ja, nachts twüsken twolwe un eine (zwischen zwölf und eins).« Denn da hat er immer zwischen den Pferden rumgespukt. Und da haben sie 'n sich gegriffen und haben gesagt: »Denn möt wi 'n dar griepen, in 'n wittet Laken binden, up 'n Wagen un denn wegbringen (Dann müssen wir 'n da greifen, in 'n weißes Laken binden, auf 'n Wagen und dann wegbringen).«

Und da haben sie 'n nach 'm Moor hingebracht. Und kaum sind sie wieder im Hause gewesen – ist der auch schon wieder da gewesen! Und das nächste Mal haben sie 'n wieder weggebracht, und da hat er immer in die Speichen gegriffen, nicht? Hat den Wagen aufhalten wollen.

Ja, und da haben sie ihn zuletzt nach Darlaten (bei Uchte) gebracht, und da haben sie gesagt: »Dar wellt wi 'n laten.« Und darum heißt das ›Darlaten‹. Und da haben sie 'n in 'ne Moorkuhle versenkt, und da ist er denn ja auch geblieben, ist nicht wiedergekommen.

Hävern   mdl.

32

31 DER SPUKENDE ÜBELTÄTER

In Hinders Feldsiek bei Vahlhausen irrte nächtlicherweile in der Geisterstunde zwischen 12 und 1 Uhr ein Spukemann ohne Kopf umher. Er trug seinen eigenen Kopf unter dem Arme als Strafe für die Untaten, die er in den Kriegszeiten, wohl im Siebenjährigen Kriege, verübt haben sollte.

BÜNDE   mdl.

32 DAS ›HEDAMÄNNCHEN‹

Das ›Hedamännchen‹ hat in einem Baum zwischen Westerwiehe und Neuenkirchen gehaust – auf dem Sporkfelde am Sennebach. Der Geist ist ein Wiedergänger gewesen, und das kam so:
Die Bauern vom Sporkhof mußten früher den Grafen von Rietberg im Kriegsfall zwei Knechte mit Pferden stellen. Nun hatte ein Bauer einmal heimlich einen Knecht umgebracht, um von der Verpflichtung los zu kommen.
Nach seinem Tode konnte er nicht zur Ruhe kommen. Punkt zwölf Uhr kam er aus seinem Grab und raste mit seinem Pferd ums Haus und ums ganze Sporkfeld. Ein Pater aus Wiedenbrück hat ihn dann in den Baum auf dem Sporkfeld gebannt. Da saß er nun und rief nachts sein ›Heda!‹ Damit soll er Leute festgebannt haben, daß schließlich keiner mehr im Dunkeln den Weg benutzen mochte.
Ein junger Mann, der im Kotten beim Sporkhof wohnte, hat sich eines Tages vom Holz unter dem Baum eine Schiebkarre voll geholt; er wußte wohl noch nichts vom Hedamännchen. Als er davon nun was ins Feuer geworfen hatte, fing ein solches Getöse an, daß seine Frau ganz entsetzt war und ihn bat, den Rest wieder wegzuschaffen. Das tat er auch, steckte das Holz aber unter dem Baum an. Der fing in der Nacht zu brennen an, und damit hatte das Hedamännchen keine Wohnung mehr und blieb verschwunden.

WESTERWIEHE   NOTIZ

33

33 DER ›ROUPEKERL‹

In Schloß Holte soll der ›Roupekerl‹ umgegangen sein – ein Gastwirt und Kaufmann zu Lebzeiten. Nach seinem Tode mußte er umgehen und schrie seine Sünden heraus – darum heißt er ›Roupekerl‹.

Man sagt ihm nach, daß er das Bier *bayrisch* eingeschenkt hätte – zuviel Blume. Die Schnapsgläser sollen zu klein gewesen sein und seine Gewichte nicht gestimmt haben. Nun war er tot, und danach rief einer im Dorf: »Falsches Maß und falsches Gewicht! Helft mir doch!« Das war Nacht für Nacht. Manche haben diese Rufe nachgemacht, aber es soll ihnen schlecht bekommen sein.

Nun legte es einmal ein Bauer darauf an, das Gespenst zu ärgern. Er hatte aber alles gut vorbereitet: die Knechte mußten das Tor offen halten, und er nahm das schnellste Pferd und ritt an das Gehölz, von dem die Rufe immer herkamen. Tatsächlich fing der Roupekerl sein Jammern an und ließ sich auch sehen. Da hat der Bauer ihn nachgeahmt und ist über ihn weggeritten und im Galopp zurück bis in die Deele, und die Knechte haben sofort hinter ihm das Tor zugeschlagen und verrammelt. Der Geist ist dagegengedonnert, aber ins Haus konnte er nicht.

Vielleicht ist er dadurch verschwunden; man erzählt nur noch selten von ihm und daß es ihn gegeben haben soll.

SCHLOSS HOLTE–STUKENBROCK   NOTIZ

34 DER MANN MIT DEM GOLDENEN BEIN

Da hat da von Schrimpen einer abends ein Schwein füttern müssen, das hatten sie in so 'nem ollen Haus, »Ole-Mina-Hus« hieß es; das stand da in Schrimpen Garten. Da mußte einer von den Jungs denn das Schwein abends füttern.

Da war ihm ein Mann am Eingang des Schweinestalles begegnet, und der hatte gesagt: »Ick will mien goldenet Bein weerhäbben (wiederhaben)!« Da hatte der Junge natürlich Reißaus genommen und war nicht zu bewegen, nachher das Schwein wieder zu füttern.

Was das Ganze sollte, weiß ich auch nicht, irgend 'nen Spuk.

BUCHHOLZ schr.

35 PFLÜGEN BEI NACHT

Unsere Oma erzählte früher von Raddestorf. Da war 'n Bauer gewesen, der hatte immer über die Grenze gepflügt, hatte immer vom Nachbarn so 'n Streifen an sein Land rangepflügt.

Und als er nun gestorben war, da hatte er Nacht für Nacht da pflügen müssen und das wieder zurückpflügen, was er immer herangepflügt hatte. Aber er wurde nie fertig damit.

Nun hatten ihn schon viele dabei beobachtet. Und nun weiß ich nicht mehr genau, wo das dann gewesen ist – aber da war mal einer nachts vorbeigekommen, und da hat er den sowas gefragt, ungefähr so: »Wowiet mott ick denn nu noch woll (Wie weit muß ich denn nun noch wohl?)« Und da hat der ihm geantwortet: »Ja, so is et wiet (weit) genaug«, oder so ähnlich.

Und da ist er mit 'm Mal verschwunden gewesen, und sie haben ihn auch nie wieder beobachtet.

RADDESTORF mdl.

36 DER WIEDERGÄNGER MIT DEM SCHIMMEL

Bauer R., der ist tot gewesen – meine Schwester hat das wiederholt erzählt. Und ein Lange hat da früher auf dem Hof von R. gewohnt. Und der R., der hat unten auf dem Felde Grenzsteine versetzt gehabt und ist dann mehrmals wiedergekommen. Und dieser alte Lange – dein Schwiegervater hat 'n auch gekannt, den Langes Frittken – der war ein ganz ordentlicher Mensch. Nicht, daß der einem was aufbinden woll-

35

te, das tat der nicht, nein. Und dem sein Vater hat das ja wohl miterlebt...

Da ist der R. immer wiedergekommen. Der ist tot gewesen und ist
wiedergekommen. Mit 'm weißen Schimmel soll der wiedergekommen sein, ist dann immer auf die Deele da gekommen. Da hat der eine
gesagt: »Jetzt frage ich ihn, was er eigentlich hat, warum er wiederkä-
me?« Und da hat er gesagt, sie sollten mitkommen unten nach 'm
Feld, da hätte er Grenzsteine versetzt... und die möchten sie wieder
umsetzen, er wollte ihnen die Stelle zeigen.

Da sollen sie mitgegangen sein und sollen den Grenzstein da hingesetzt haben, wo er gesagt hat. Und wie sie den Stein da stehen gehabt
haben, da ist er verschwunden, ist nicht wiedergekommen.

BISCHOFSHAGEN   mdl.

37   DER SCHNATSTEIN

Ich wäre immer bange, wenn ich durch den Sandhagen ginge – den alten Berg vorbei. Da hatte 'n alter Jäger gewohnt, der schlief mal
nachts; da rief ihn eine bekannte Stimme dreimal mit Namen. Er zog
sich an und hängte das Gewehr um und ging hinaus. Aber was sah er?
Es stand in 'nem weißen Hemd der alte Bernd vor ihm, der schon seit
drei Jahren tot war. Der sagte: »Kasper, komm mit!« Dabei sah er ihn
so erbärmlich an, daß sich der Jäger ein Herz nahm und mitging. Sie
kamen auf Felder und an einen Rain, wo ein Schnatstein (Grenzstein)
stand. Der Geist sagte: »Kasper, ich habe bei meinen Lebzeiten diesen
Stein zurückgerückt und mir dabei viel Land zugeeignet. Ich kann
nicht eher Ruhe im Grabe haben, bis er wieder auf seiner rechten Stelle steht; seit drei Jahren habe ich jede Nacht den glühenden Schnatstein tragen müssen. Setz' ihn dahin, hier hast du deine Schaufel.« Der
Jäger tut es; darauf sagt der Geist: »Das lohne dir Gott! Nun komme
ich nicht wieder. Lang' mir zum Abschied den Schaufelstiel zu, denn
ich darf meine Hand nicht in deine legen.« Das tat Kaspar, und der

Stiel verbrannte da, wo der Geist anpackte. Den Schaufelstiel habe ich oft gesehen.

Steinhagen

38 DER GEIZIGE BAUER

In Nordhorn ist es gewesen...

Nein, ich muß das hochdeutsch erzählen. Ich verstehe platt noch, aber ich kann es nicht sprechen, meine Eltern auch nicht mehr.

In Nordhorn war ein besonders geiziger Bauer gestorben. Nach seinem Tode sah ihn eine Magd abends immer im Stalle sitzen. Das wurde ihr schließlich so gruselig, daß sie zum Pfarrer ging. Der Pastor riet ihr: »Frag ihn, was er immer noch will. Du darfst ihn aber nicht berühren!«

Am nächsten Abend saß der Tote wieder da. Nun erschrak sie nicht mehr, sondern fragte ihn, was er da immer noch zu suchen hätte. Er antwortete: »Wicht, ich kann keine Ruhe finden. Immer hab ich die Bettler vom Hof gejagt und auch sonst niemandem was gegönnt. Wenn meine Kinder nun den Armen was stiften und niemals geizig sind, dann kann ich zur Ruhe kommen. Sag ihnen das. Versprich mir das - und gib mir die Hand drauf!«

Sie dachte aber an die Warnung des Pastors und reichte ihm einen Axtstiel. Der verkohlte sofort, und der Tote verschwand auf der Stelle - löste sich auf.

Von nun an haben sie den Armen und Bettlern wohl immer etwas gegeben, denn der Tote ist weggeblieben.

NORDHORN   NOTIZ

39 DER ERLÖSTE DIEB

Ein Bauer in Avenwedde hatte zwei Knechte. Der eine hatte Geld gestohlen und versteckt - und zwar unmittelbar hinter einem Heiligenhäuschen. Dafür mußte er nach seinem Tode umgehen, und der andere sah ihn jede Nacht. Das ängstigte ihn, und er ging zum Pfarrer und bat ihn um Rat. Der Priester sagte: »Rede ihn an: ›Ein guter Geist lobt Gott!‹ Wenn er antwortet ›Das tu ich auch!‹ ist es ein unschädlicher

Geist. Wenn er noch etwas sagt – etwa daß du etwas tun sollst, mußt du antworten: ›Das kann man selber tun!‹ Sprich ihn aber nicht mit ›du‹ oder mit ›Ihr‹ an!«

Der Knecht befolgte den Rat, und als der andere ihn aufforderte: »Hol eine Schaufel!« sagte der Lebende: »Das kann man selber tun!« Danach gingen sie zum Heiligenhäuschen, und der Geist grub das Geld aus.

»Ich hab es dem und dem gestohlen«, sagte der Geist, »und finde keine Ruhe, bis es der Besitzer zurückbekommen hat. Willst du das für mich tun? Versprich es mir in die Hand!« Aber der Knecht reichte ihm nur den Schaufelstiel, der davon sogleich angesengt wurde. Damit verschwand der Geist.

Der Knecht wollte nicht in falschen Verdacht kommen und brachte das Geld dem Priester, der es dem Eigentümer zurückgab. Seit der Zeit ist der Spuk verschwunden.

AVENWEDDE   NOTIZ

40   DER GEIST IM LUTTERKOLK

Einem bösen Geist, der die Bewohner eines Hauses in Bielefeld über Jahre hinweg um Ruhe und Schlaf brachte, wurde der Kolk am Brackweder Paß zum Verhängnis.

Ein Pater aus Paderborn beschwor ihn mit Gebeten und Verbannungsformeln, die den Geist immer kleiner werden und zusammenschrumpfen ließen. Von einer Prozession begleitet, wurde er schließlich zum Lutterkolk gebracht und in dessen Tiefe verbannt. Dort sollte er fortan hausen und um Mitternacht eine Stunde lang mit einem bodenlosen Eimer das Wasser des Kolks ausgießen. Wenn kein Tropfen mehr übrig sei, verkündete ihm der Pater, kann könnte er sich alle tausend Jahre der Stadt Bielefeld um einen Hahnenschritt nähern.

BRACKWEDE   schr.

41 AELKEN HANS

Als Aelken Hans hochbetagt gestorben war, kam er noch jede Nacht auf den Hof spuken. Die Hausfrau wußte aber mit ihm umzugehen: erst einmal bekam der Alte einen Eimer ohne Boden, mit dem er einen See in der Nähe leerschöpfen sollte, und als im Sommer der Teich ausgetrocknet war, bekam er eine Axt aus Holz, um den Busch auszuroden.

Beide Arbeiten konnte der Geist nicht erledigen, und der Hof blieb von ihm verschont. Aber im Wald – ›Aelken Holte‹ – soll man noch lange die Axtschläge gehört haben.

Bezirk Minden   mdl.

42 DER UNKEUSCHE PRIESTER

Aus Greffen habe ich eine Geschichte gehört – da habe ich Verwandte, und die können sich nur noch an eines erinnern:
Da wurde erzählt, daß ein Mönch oder Priester an der Überems umgeht. Unterhalb des Gürtels steht er in Flammen und heult vor Schmerzen: »Ich Sünder, ich Sünder!«
Das soll der Geist eines Paters gewesen sein, der eine jungfräuliche Magd geschwängert hat. Wann er verschwunden ist, weiß niemand mehr anzugeben.

Greffen   Notiz

43 »DENK' AN DIE MESSE!«

Wir wohnen in Heerde; das ist eigentlich eine Bauerschaft gewesen, aber nach der Gemeinde- und Gebietsreform gehört das ja nun auch nach Herzebrock hin. Ich habe meine Verwandten nach Sagen befragt, aber sie wußten nichts Besonderes – nur eine Geschichte:

Da haben zwei Mädchen ausgemacht, wenn eine zuerst sterben sollte, müßte die andere eine Messe lesen lassen. Wir sind ja eine katholische Gegend.

Die eine starb wirklich nach einiger Zeit, aber die andere hatte ihr Versprechen vergessen. Sie ging wohl gerade mit einem jungen Mann und hatte ganz anderes im Kopf. Beide sollen übrigens Mägde auf dem gleichen Hof gewesen sein. Als die, die Braut war, nun durch den Stall ging, hörte sie eine Stimme, die rief: »Denk an die Messe!« Und das geschah dreimal, bis sie sich erinnerte, was sie gelobt hatte.

Sie hat sich schrecklich erschrocken und gleich beim Pfarrer die Messe bestellt. Seitdem war Ruhe.

Heerde Bei Herzebrock   Notiz

44 DIE ERPRESSERIN

M. P.: Da bei Henkenjohann, da hat mal ein Junggeselle gewohnt ... dieser hier, der Junggeselle, den die NN. erpressen wollte.

Und die hatte das mit ihrem Mann ausgemacht. Die wollten ihn so 'n bißchen schlechtmachen, daß sie da was erpressen, ein bißchen was erben könnten. Die NN's sind heute noch dafür bekannt. Das sind so 'ne Art Juden, so handeln und sowas. Die Kinder in der Schule heute schon wieder. Und dann hatte sie das mit ihrem Mann ausgemacht und gesagt: »Ich geh dahin, und wenn du dann kommst, dann schreie ich. Dann soll das so aussehen, als wenn der mir was gewollt hätte. Und dann haben wir den an den Hammelbeinen, und dann können wir den drankriegen: ›Hier, du gibst uns dein Werk, und dann schweigen wir, und dann sagen wir nix, und dann ist es gut!‹ «

A. P.: Mein Gott!

M. P.: Jau, und so war das auch. Sie ging rüber. Jau, und dann kommen noch die Nachbarn, die gingen spazieren. Und dann hat sie so geschrien.

Die Nachbarn kommen gleich angelaufen: »Was hast du?« »Ja, der wollte mir was. Der hat mich angepackt!« Und da war dieser Junggesel-

41

le, der hat sich gewehrt: »Das ist nicht wahr! Die fängt hier aus freien Stücken an zu schreien. Und ich habe ihr nichts getan.«
Und solchen wurde früher nicht geglaubt, und dann war der Mann ganz mürbe gemacht. Da hat er sein Werk verkauft und ist ausgewandert nach Amerika. Nun hatte sie ja auch kein reines Gewissen. Und sie wurde krank und kam zum Sterben. Und da hat sie das offenbart – also, daß sie den so erpreßt und daß sie keine Ruhe finden könnte. Und sie hätte ein Kreuz oder ein Heiligenhäuschen versprochen...
Aber wahrscheinlich ging es ihr wieder gut. Sie hat aber dann das Heiligenhäuschen nicht gesetzt und auch kein Kreuz gesetzt. Aber dann starb sie nachher dann doch.
Ja – und nun: die Nachbarn haben das miterlebt, als sie spazieren waren. Dann war da auf einmal ein schreckliches Getöse im Busch. Dann hörten sie sie und sahen sie huschen... immer vom Wohnhaus zu den Stallungen, immer im Totenhemd. Also, der sie gekannt hatte, der hätte sie gesehen. Also, die Frau Horsthemke, die hätte sie gesehen. Und der Hagenbrocks Hänschen, der sagte das auch. Das Moped, das wäre stehen geblieben.
A. P.: Der hatte zu der Zeit 'ne Braut in Kaunitz. Und wenn er abends nach Hause kam, dann hätte er sie immer dort gesehen.
M. P.: Dann ging sie, huschte sie über den Hof, von den Ställen ins Wohnhaus. Nun haben die noch eine Tochter – hatte sie. Die lebt heute noch, und die ist – die ist nicht verrückt, aber...
A. P.: So'n bißchen einfältig, nech.
M. P.: Und da kam sie nachts und hat ihr das Bett vom ...Dings gezogen. Und dann ist die aufgestanden und ist nach dem Mieter hingegangen. Eine Familie Gebauer, die hat da gewohnt. Und die kannten die Mutter auch. Die haben sie auch immer gehört, wenn sie nachts da war ... Die Tochter Mia, die kam nachts immer wieder und sagte: »Mama was dao!« Und hat gesagt, wir sollten endlich das Heiligenhäuschen bauen lassen. Sie könnte in der Ewigkeit keine Ruhe finden. Und vielleicht wurde ihr auch nicht geglaubt – ich weiß es nicht. Aber dann war auf einmal das Gerede, daß sie sogar bis zu dem Sohn, der halben Weges hier zur Wirtin wohnt, daß sie nachts dahin kam. Und

da hat der von Bielefeld 'ne Steinmetz, also 'ne Bildhauerin kommen lassen, und die hat das Kreuz... Und seitdem war Ruhe.

A. P.: Ja, was jetzt glauben?

VERL

mdl.

45 DAS UNERFÜLLTE GELÜBDE

M. P.: Die hießen Krieling, hießen die. Und mein Schwager, der hat das Heiligenhäuschen... die Holzarbeiten hat der noch daran gemacht. Und wenn die nachts vom Tanz kamen oder vom Schützenfest oder so – und die gingen dann ja nachts noch in den Stall und guckten, ob mit dem Vieh...

A. P.: Ob mit dem Vieh alles in Ordnung wäre. Das war ein ganz normaler Gang.

M. P.: Und wenn sie jetzt zurückkamen, dann stand oft dieser Geist, das war der alte Krieling, stand zwischen dem Vieh. Und der Schreck, nech! Erst haben sie dann nichts gesagt. Also, sie sahen das richtig, daß er da stand, in Umrissen.

A. P.: Und hören konnten sie ihn – herumgehen.

M. P.: Ja, und dann war er wieder mal da, und dann wäre er (?) nach dem Häner[1]. Damals war der Häner noch in Verl gewesen. Da war er also nach dem Häner hingefahren. Und da wär' der Häner in der Nacht mitgefahren[2]. Ja, und da hätte er die arme Seele dann angesprochen und hätte gefragt, was er begehrte. Und da hat er gesagt (der Krieling), zu Lebzeiten hätte er ein Heiligenhäuschen versprochen, und das möchten sie doch setzen. Eher könnte er auch keine Ruhe finden. Da haben sie nun das Heiligenhäuschen, das haben sie gesetzt, und es wäre seitdem Ruhe.

R. B.: Heißt das, daß Häner diese Erscheinung auch gesehen hat?

Chr. J.: Ja, der hat doch gefragt.

[1] Dechanten
[2] in das Spukhaus

M. P.: ...Ob das nun wahr ist, das weiß ich nicht.

Chr. J.: Darauf kommt es an sich ja auch nicht an. Wichtig ist ja, daß es so erzählt wird... Steht das Heiligenhäuschen denn noch?

M. P.: Ach, wunderbar! Ein wunderbares Heiligenhäuschen!

VERL

mdl.

46 DAS SÜHNEKREUZ

Zu einem Bornholter Bauern kam eines Tages eine junge Zigeunerin, die offensichtlich krank und am Ende ihrer Kräfte war. Sie bettelte um eine kleine Gabe oder etwas Eßbares. Die Bauern gingen aber nicht gerade zimperlich mit dem fahrenden Volk um. Und dieser Bauer hetzte seinen Hund auf die junge Frau, um sie zu vertreiben. Da verfluchte sie ihn wegen seiner Hartherzigkeit. Es gelang ihr nicht, noch zu ihrer Sippe zurückzukehren; sie starb in unmittelbarer Nähe des Hofes. Von dem Tag an war es dort nicht mehr geheuer. Die Menschen hörten in jeder Nacht ein so fürchterliches Heulen und Wehklagen, daß es jeden gruselte und niemand gern an dieser Stelle vorbeiging. Der Hofbesitzer wußte sich zuletzt nicht anders zu helfen, er ließ ein Kreuz errichten. Und tatsächlich hörte das Heulen danach auf.

BORNHOLTE

mdl.

47 DIE DROHUNG DES EWIGEN JUDEN

Meine Mutter erzählte folgende Geschichte:

Vor langen Jahren hat ein Bauer des Abends Rübenkraut kochen wollen. Die Magd mußte von einem andern Bauern, der weiter entfernt lag, einen großen Kessel holen. Auf dem Rückweg ging sie quer über das weite Feld. Da hörte sie plötzlich ein Brummen in der Luft. Das Geräusch kam ihr ganz nahe, und sie hörte, daß es der Ewige Jude

war. In ihrer Angst setzte sie sich in den Graben und zog sich den großen Kessel über den Kopf.

Der Ewige Jude kam nun aus der Luft herunter, klopfte auf den Kessel
und sprach: »Wenn ich nicht wüßte, daß du eine arme Dienstmagd
wärst und stehst unter des Herrn Befehl, so zerbräche ich dir das Genick!« Dann hat sich der Jude wieder entfernt, und das Mädchen ist
weggelaufen.

NETTELSTEDT   schr.

48 DER EWIGE JUDE

Ein alter Schäfer K., der als fast neunzigjähriger Mann in Blomberg
wohnte, seine Schafherde aber früher im lippischen Timpen geweidet
hatte, war einmal als junger Mann in einer Gesellschaft, in der man
sich vom Ewigen Juden erzählte.

Als unser Schäfer das alles mit anhörte, meinte er, er möchte gerne wissen, ob das wirklich wahr wäre, und den Ewigen Juden einmal sehen. In
der folgenden Nacht schlief er in seiner Schäferhütte und wurde durch
ein eigenartiges Klopfen aufgeschreckt. Er richtete sich auf, öffnete die
Klappe und blickte hinaus. Da sah er in der mondhellen Nacht einen
von der Last der Jahre schwer gebeugten Mann, der hatte einen fast bis
zur Erde reichenden, von oben bis unten mit Moos durchwachsenen
Bart; auch in dem langen Haupthaare wuchs grünes Moos. Die Kleider
des Mannes waren zerschlissen und hingen schlaff am Körper herab.
Mit hohler, zitternder Stimme sprach der Fremde: »Dein Wunsch hat
sich erfüllt, und hier bin ich, um dir zu zeigen, daß der Ewige Jude
wirklich wandern muß!« Nach mancherlei Ermahnungen schloß er mit
den Worten: »Reich mir die Hand zum Abschied und überzeuge dich
noch einmal von meinem wirklichen Dasein.«

Der Schäfer nahm das Beil, das er gerade zur Hand hatte, und reichte
es dem Fremden mit dem Stiele hin. Der Ewige Jude griff darnach,
und wo er hingefaßt hatte, war das Holz wie von Feuer verbrannt.
Dann ging der Mann weiter und ward nicht mehr gesehen.

SCHWALENBERG

FREVEL UND FLUCH. Nicht jede böse Tat zieht die qualvolle Not des nächtlichen Umgehenmüssens nach sich. Es hat den Anschein, daß bäuerliches Denken da mehr oder weniger deutliche Unterschiede macht. Insbesondere Hochmut (und das ist Sünde wider Gott) wird schwer bestraft. Zwar büßt die übermütige Gräfin zu Nienburg nur ihren Reichtum ein, der Förster aber, der die Ordnung umkehren will, fällt sich zu Tode. Hochmütig ist auch, wer die Ruhezeit nach dem Gottesdienst mißachtet; diese Nachricht stammt aus einem evangelischen Dorf.

Auch falsche Anschuldigung rächt der Himmel furchtbar: in den Familien, die im katholischen Bornholte einem Geistlichen nachsagen, er sei der Vater eines unehelichen Kindes, hört das Unglück nicht auf. Und in der Gemeinde, die zu unrecht einen Zigeuner der Brandstiftung anschuldigt, wird die Mühle zum rächenden Instrument und erschlägt sieben Nachkommen des Müllers.

49 DIE STRAFE FOLGT SOFORT

Auf der Helle hat früher ein großer Hof gestanden. Darin wohnte eine Frau mit ihrem Sohn. Die Jungfern in Neuenheerse wollten das Haus gern haben. Sie hatten der Frau schon viel Geld geboten, doch sie wollte das Haus nicht abgeben, und die Jungfern gingen betrübt nach Hause.

Als sie vor Neuenheerse waren, kam der Förster ihnen entgegen. Er fragte, warum sie so betrübt wären. Sie sagten: »Auf der Helle steht ein Haus, das hätten wir so gerne.« Der Förster sprach: »Wir wollen es schon bekommen.«

Er ritt hinaus und schoß die Frau tot. Als er nach Neuenheerse zurückkam, rief er: »Die Helle haben wir gewonnen!« Durch das Rufen ist das Pferd scheu geworden, der Förster heruntergefallen und tot geblieben.

Dringenberg   schr.

50 BLUTENDE KINDESLEICHE

Eine Magd hatte ihr Kind in den Mühlteich zu Salzuflen geworfen und war deshalb in's Gefängnis gesetzt worden. Da brachte man die Leiche des Kindes zu ihr, und sie leugnete, daß dies ihr Kind sei. Dieses aber tat die Augen auf, und der herausstürzende Blutstrom entdeckte die Mörderin, welche mit dem Leben ihre Tat büßen mußte.

Bad Salzuflen

51 DER RING IM FISCHE

In der Nähe von Bünde wohnte einmal eine Gräfin zu Nienburg, die war gewaltig reich, so reich, daß sie übermütig ward und in ihrem Übermute einen Ring von Finger zog, ihn in den Schloßgraben warf und sagte: »So unmöglich es ist, daß ich den Ring wiedererhalte, so unmöglich ist es, daß ich jemals arm werde.« Aber nur wenige Stunden vergingen, da kam der Koch und brachte ihr den Ring wieder, den er in dem Bauche eines Fisches gefunden hatte. Nach Verlauf eines Jahres war die Gräfin so arm, daß sie in einer kleinen Hütte Hede spinnen mußte.

BÜNDE

52 ZECHGELAGE NACH DEM KIRCHGANG

Von Maaslingen der größte Bauer, der hat 'ne Glaskutsche gehabt, auf Barges Hof. Und die sind hier nach der Kirche gefahren, nach Ovenstädt. Und die sind in der Kirche gewesen, und nachher haben sie 'n paar Bekannte getroffen, und da haben sie ordentlich gezecht und haben geflucht und dies und jenes gemacht.
Da fahren sie nach Haus hin – mit den Pferden davor, vor der Glaskutsche. Und da kommt 'n Gewitter hoch. Die Pferde verjagen sich und nehmen Reißaus, und da jagen sie an so 'nen dicken Stein heran, und die Glaskutsche ist kaputt. Der Bauer hat sich totgefahren, der Kutscher nicht.
Und nun meinte Büsching denn ja immer, dieser Stein, der auf'm Schulhof in Eldagsen liegt, da sind sie rangejagt. Auf Bruns Damm hat der gelegen.

MAASLINGEN

mdl.

53 FALSCHE ANSCHULDIGUNG

Wenn man irgend jemand mit falschen Sachen belastet hat, ist das gar nicht so einfach, wo so wenig Leute wohnten wie hier in Bornholte. Früher überhaupt überall. So wie bei S. Der Fluch sitzt da drauf, nech. Das war also diese eine S., also das muß wohl von dem Opa hier 'ne Schwester gewesen sein. Ja – und diese spielte. Klavier. Die kriegte

Klavierstunden von einem Geistlichen. Der gab damals noch die Klavierstunden, und der hieß H. Das Mädchen kriegte auf einmal ein Kind, und das war irgendwie von einem verheirateten Mann. Aber sie hat den Namen nicht genannt, von wem das Kind war.

Ja, und der Geistliche, der hatte ja nun auch keine Rückendeckung, oder wie das früher so war. Von katholischen Geistlichen wird das sowieso schnell behauptet. Er konnte seine Unschuld irgendwie in einer Weise nicht beweisen. Der ist, glaube ich, sogar nach Südamerika oder irgendwohin versetzt worden. Und eine Predigt hat er sich ausbedungen. Und da hat er um ein Zeichen Gottes gebeten. Da hat er gesagt: »So wahr es einen Gott im Himmel gibt, bin ich nicht der Vater des Kindes.«

Und um nun seine Unschuld zu beweisen, sollte diese Generation sterben ohne die Sakramente. Und das ist bis jetzt noch. Auch der B. S. ist ohne Sakramente gestorben. Sogar der H.-U., der Junge. Obwohl der so bekannt war mit dem Vikar T. Das waren ja richtig dicke Freunde, ne.

Mit der Geschichte ist das übrigens noch so: das ist jemand von M. gewesen, der Vater des Kindes. Und dann ist das so gewesen, daß in der Familie M. in jeder Generation ein Selbstmörder ist. Wie der E. damals Selbstmord beging, das ist bei Hampe gewesen. Da waren wir schon verheiratet. Da ist der bei Hampe gewesen und hat sich einen Kälberstrick gekauft, und der hing unten raus. Und da hat noch einer zu ihm gesagt: »Du willst dich doch wohl nicht aufhängen?« Und da hat er gesagt: »Ja!«

Der wollte Geistlicher werden, dieser E. Und da hat die Mutter immer gesagt: »Ach, du darfst kein Geistlicher werden. Du bist unser einziger Junge, mußt Papas Handwerk lernen.« Und dann hat man ihn immer auf dem Friedhof angetroffen. Und dieselbe Nacht, in der Nacht noch, hat er sich auf dem Balken aufgehängt. Und als wenn sie es geahnt hätten: wie sie ihn suchten – sie guckten sofort auf den Balken und suchten ihn auf dem Balken. Und da hing er dann auch. Der Name ist inzwischen verschwunden. Es gibt keine Familie M. mehr.

Ja, und der Mann damals, von dem das Kind war, der ist nach Amerika ausgewandert und ist nachträglich zurückgekommen. Und dann hat er das ganze Elend da erfahren und hat sich auch erhängt. Und das hat sich da wohl offensichtlich so weiter fortgesetzt. Und das Mädchen, ich weiß gar nicht, ob sie das Kind gekriegt hat oder ob sie schon kurz nachher gestorben ist. Da wurde aber auch gesagt, daß in der Familie S. immer die erste Frau mit dem ersten Kind stirbt. Und das ist ja auch immer so gewesen. Das sieht man ja auch auf dem Friedhof. Jau. Also, das ist schon ganz merkwürdig.

BORNHOLTE   mdl.

54 FLUCH DES ZIGEUNERS

Also – das wird zweihundert Jahre her sein, nicht? Und da hat sich das in Windheim... und Vorder-Windheim ist so dicht bebaut, und deshalb haben die heute noch diese mächtige Feuerwehr. Also, Windheim hat die beste Feuerwehr hier im ganzen Amtsbezirk herum. Petershagen macht ja nun auch was. Aber Windheim hat immer die beste Feuerwehr.
Und Windheim ist dicht bebaut, und ist das... so vor zweihundert Jahren ist das gewesen. Da ist dir mal eines Tages im Herbst, da sind über siebzig Häuser in Windheim der Reihe nach abgebrannt, weil sie alle aneinander standen. Und da haben dir da unter den Wiesen – *Ünner den Wieen* sagen sie – haben Zigeuner gewohnt, diese Smutjes.
»Donnerwetter, wer hat denn das getan?« Keiner kam dahinter.
Und da ist ein so'n fauler Lorbaß beigewesen, so'n König. »Tja, das muß der getan haben!« Na, der hat auch nicht beim Aufbauen geholfen. Also, die haben da immer gestohlen und rumgewirtschaftet. Also – wenn was gewesen ist, dann haben sie es von den Leuten da erlebt. Und was soll dir das Malheur? Dieses Jahr sind über siebzig Häuser abgebrannt; die haben sie wieder aufgebaut – Windheim! Und wie sie wieder aufgebaut haben, nächstes Jahr, genau 'n Jahr später, da brennen achtzig ab. Du kannst dir aber denken, daß die Windheimer nun böse sind. »Ja, wer hat das getan? Haben die Higeuners, – geuners, die

50

Zigeuners (das getan)?« Und die Windheimer, die werden so böse: »Ja,
teuf man! Was machen wir denn nun?«

Und die Windheimer Mühle, die Waltkingsche Mühle, die hat so'n
bißchen aus dem Dorf rausgestanden. Und – ich weiß ja nicht, wer das
ist, die Waltkings... Die sind von Hävern Nummer fünf. Kaiser Nummer fünf, da sind die nahe verwandt mit, und die haben die mal gekauft. Die haben mit Höfen gehandelt und mit Mühlen und mit dem –
wie wir mit Schweinen. Das ist vor zweihundert Jahren gewesen,
Deern, wie hier die ganze Umwälzung in Buchholz gewesen ist.

Und – ja, das haben die Zigeuner getan. Und da gehen die (Windheimer) bei und haben wieder aufgebaut, die achtzig Häuser... Da bauen
sie 'n Scheiterhaufen, 'n hölzernen Scheiterhaufen. Und da binden sie
diesen Zigeuner oben auf und stecken 'n an, verbrennen den Zigeuner
lebendig.

Und das ist dicht bei der Mühle gewesen, und da sagt der Zigeuner,
wie er da obenauf steht und ist vor seinem Tode, da ruft er die Mühle
als Zeugen an und sagt, so sicher, wie die Mühle in den nächsten hundert Jahren sieben Mann totschlüge, so sicher hätte er es nicht getan.
Diesem jetzigen Besitzer sind die beiden letzten Kinder – die siebenten
– durch die Flügel totgeschlagen.

WINDHEIM   mdl.

VORZEICHEN und ZWEITES GESICHT sind im Westfälischen (und wohl nicht nur hier) ein so häufiger Erzählinhalt, daß nur eine Auswahl von Sagen folgen kann. Die Belege häufen sich von Herford aus zum Niedersächsischen und westlich zum Münsterland hin. Daraus darf aber nicht geschlossen werden, die Erscheinung sei in Lippe, Paderborn, Höxter oder in der Warburger Gegend unbekannt – Tatsache ist vielmehr, daß die meisten Schichter (auch im Sauerland heißen die mit Vorahnungen Begabten so) über ihre besondere Gabe, die ja eine Last ist, nicht sprechen mögen und daß die Fähigkeit im gesamten Gebiet als eine Selbstverständlichkeit gilt, über die zu reden sich nicht lohnt.

Hauptinhalt der Vorgesichte ist der Tod als zentrales menschliches Ereignis, sei es der anderer Personen oder der eigene; auch künftige historische und andere Ereignisse wie Krieg oder (und das zeigt die Lebendigkeit bis in die jüngste Gegenwart) der Bau einer Autobahn kündigen sich dem Schichter an. Auch von solchen wird berichtet, die nichts wahrzunehmen vermögen – sie stürzen in dieser Zweiten Wirklichkeit über die Deichsel des ihnen nicht sichtbaren Leichenwagens, der den Vorsehenden kommenden Tod bedeutet.

Die Gabe ist auf andere Menschen zu übertragen; selten nur hörten die Sammler, daß jemand sie gern bekommen hätte – in den meisten Fällen wurde vor den quälenden Begleitumständen der Übertragung gewarnt. In einem einzigen Beispiel bin ich in diesem Abschnitt über das Sammelgebiet hinausgegangen – nach Pollhagen (Nr. 58). Der Erzähler stammt nämlich aus dem Mindener Raum und ist auch dorthin zurückgekehrt, und ihm selbst ist das Übersinnliche widerfahren.

Der Dicke, der lag in Diethe bei Buchholz; da brachte ich ihm 'n Hund. Er hatte 'n schwarzen Hund bei sich, und der Hund, der hatte Elsterneier gefressen. Und da schrieb er 'ne Karte, ich soll ihm den ›Samba‹ bringen; der schwarze Hund, der hätte Elsterneier gefressen, der täte es nicht.

Na ja, ich hatte die Karte aber vergessen, und da bin ich in Minden auf'm Bahnhof. Kerl, und ich denke, ich steig da aus – ich dachte: ›Was machst du jetzt?‹ Ich hatte keine Karte bei mir, ich wußte aber wahrhaftig nicht... Ich wußte wohl, daß er da nach Stolzenau hin war; aber Stolzenau ist ein weiter Begriff. Wenn du in Minden bist, bin ich noch lange nicht in Stolzenau, und er hatte mir was von Stolzenau gesagt. Und da ging ich da in 'n Wartesaal, setzte mich da so hin. Da sagt 'ne Frau zu mir: »Na, Vater, was führt Euch denn hier so hin heute morgen?« Sagt sie auf Platt.

Ich sag: »Ja, das ist folgendermaßen: ich will in die Gegend nach Stolzenau, aber ich weiß nicht mehr, wie das. Der Junge ist mit den Schafen unterwegs, der hat mir 'ne Karte geschrieben, und ich habe die Karte liegen lassen. Nun weiß ich aber nicht, wie das Dorf hieß.«

Da sagt sie: »Wie ich mir das jetzt so denke, ist es ein schwarzer Herr?«

Ich sag: »Pechschwarz, wie 'n Zigeuner.«

»Was hat er denn für einen Hund?« »Ein pechschwarzer Hund.«

»Ja«, sagt sie, »dann kann er ja nur in Buchholz sein.«

Ich sage: »Ja, Frau, Buchholz heißt es.«

»Nun, dann lösen Sie jetzt man weiter nach Buchholz.«

Der Zug fuhr noch weiter nach Buchholz; ich bin eingestiegen.

»Ja«, sagt sie, »Sie werden den Herrn treffen. Wenn Sie jetzt aus dem Zuge kommen, dann kommt er Ihnen entgegen.«

Tatsächlich, ich bin aus dem ... nein! 'n Postauto fuhr da runter. Wie ich aus dem Postauto kam, kommt der Schwarze dahinten her; und Helmut hat den ›Peter‹ bei sich. Ich sage: »Mensch, heute morgen ist es mir aber so und so gegangen.«

Und die Frau hatte gesagt – ihr Mann war Pferdehändler gewesen –:
»Ja«, sagte sie, »wenn Sie mir 'ne Kleinigkeit geben wollen?« Ich habe
ihr zwei Mark gegeben, und dann habe ich die Leute da gefragt:
»Kennt ihr die Frau?« Nein, die kannten sie nicht. Das ist mir mein
Leben nicht mehr passiert.

Und da sagte sie (noch): »Passen Sie aber gut auf Ihre Sachen auf!«
Und da hatte ich die Wäsche, die hatte ich liegen lassen. Das habe ich
nie vergessen.

LIPPINGHAUSEN   mdl.

56   HELLSEHERINNEN

Hellseherinnen sind seltener als Hellseher. In Lage gab es einmal eine
solche geistersichtige Frau, die vor dem Tode eines nahen Verwandten
oder guten Bekannten in der Nacht aufstehen und den Geisterspuk sehen mußte.

In Blomberg lebte eine Frau, die bei bevorstehenden Todesfällen die
Toten auf ihrem Lager liegen sah, von den trauernden Angehörigen
umgeben; sogar das Totenzimmer konnte sie in Einzelheiten erkennen.

BLOMBERG   schr.

57   DAS VORGESICHT ÜBERTRAGEN

Bei den Soldaten, da hatten wir einen, der konnte sowas *sehen*. Ich sage: »Wo hast du das gelernt?« »Ja, wo habe ich das gelernt?« sagt er
und erzählt:

He, ich bin nachts bei den Deerns gewesen, komm des Nachts bei drei
Uhr – na, drei oder vier, das weiß ich nicht ... Und da ist 'n Kerl auf
'm Hof, und der Kerl sagt: »Morgen«, sagt er. »Morgen! Na, bist du
schon auf?« »Ja. Na«, sagt der, »du hast wohl 'n bißchen lange geschla-

fen bei deiner Braut?« »Ja? O, so spät ist das doch nun noch nicht.«
»O, bei drei Uhr ...« Ja, und da sagt der Kerl, der auf dem Hofe ist:
»Willst du mal was sehen? ... Guck mir mal über die rechte... oder
über die linke... (genau weiß ich das nicht mehr) – über *eine* Schulter!«
Ja, er (der Soldat, der die Begegnung erzählt hat,) guckt rüber, und da
sieht er den – ob es nun 'n Hochzeitswagen gewesen ist oder 'n Lei-
chenwagen, das weiß ich nun nicht mehr; eins ist es aber gewesen. Da
hat er den da fahren sehen. Fertig – da hat er *es* gehabt.
Ich sagte zu dem (Soldaten), ich sag: »Mensch, mußt du denn...?«
»Wenn das ist, dann muß ich.« Damit er *das* sähe. Wenn er *das* gesehen
hätte, dann könnte er wieder ins Bett; aber auf müßte er – und dann
sähe er *es*. Dieser andere, der ihm das übertragen hat, der war es los.
Sieh, das hat mir einer sogar noch bei den Soldaten erzählt.
Das ist gar nicht so schlimm, so 'n Leichenwagen. Der ist noch gut anzusehen – aber kein Hochzeitswagen! Das Jauchzen und das Lachen
und das Wirtschaften, das ist etwas grauenhafter.

MÜHLENDAMM B. RAHDEN   mdl.

58 DIE SCHICHTERIN

Das war auch, als ich 'n Junge gewesen bin, so zwanzig Jahre war ich
alt. In den Jahren ist man immer so'n bißchen resolut und will was erleben. Ich war in Stellung in Pollhagen da beim Schmied. Und dem seine Frau, die konnte im voraus... die konnte hellsehen. Ich wußte das
aber nicht.
Da war mal den einen Winter, da war da so 'ne schlimme Krankheit
im Dorf: Scharlach und Diphteritis. Da starben 'ne ganze Masse, und
meist junge Leute, an. Nun war das so schlimm, und bei uns im Haus
waren auch 'n paar Kinder: ein Junge, der kam aus der Schule, so dreizehn oder vierzehn Jahre, und einer war zehn, und dann hatten sie
noch 'ne Deern, die war auch wohl so neun, zehn Jahr. Und die waren
auch alle krank, hatten auch Scharlach und waren zu Haus.

Und der Meister, der hatte noch 'n Bruder, der war so bei dreißig, zweiunddreißig Jahr. Der war da im Haus, der war unverheiratet, und der war auch krank. Gottlieb hieß er.

Naja, der Meister und seine Frau und ich, wir drei blieben über. Und ich schlief noch immer bei dem ältesten Jungen; mehr Kammern hatten wir nicht, ich mußte immer bei ihm schlafen.

Da war Gottlieb so krank, und da sagten sie zu mir, ich sollte noch rasch nach Stadthagen nach'm Doktor gehn und den holen. Naja, der Doktor kam zuletzt nachmittags noch, untersuchte ihn denn, und da läßt er schon mal einen reinkommen, ob wir'n festhalten wollten. Ob er nun 'ne Spritze geben wollte oder so? Na, ich mache mich denn fertig, wasche mir die Hände. »Och«, sagte er, »das ist auch nicht mehr nötig, bleib man da!«

Naja, so blieb das. Und abends gingen wir als junge Kerls immer auf der Straße längs. Ich kam auch spät nach Haus an dem Abend. Bange ist man ja nicht in den Jahren, da ist man 'n bißchen verwegen und dreist.

Kam also da spät nach Haus hin, kam in die große Tür rein... und rechts um die Ecke war gleich meine Kammer, wo ich reinmußte. Wie ich da so vor der Kammertür steh und die Klinke anfasse, da klopft das so.

Es war so, als wenn einer an der Tür klopfen würde. Na, ich hör mir das so'n bißchen an, und da sägt das da mehr – als wenn da einer mit der Säge am Gange wäre. Dann klopft das wieder. Nun hatten wir auch so'n kleinen Hund. Da denke ich: »Halt! Vielleicht ist das der Hund, daß der mit dem Schwanz an die Tür klopft.« Ich locke den Hund: »Komm her!« Nee, der war's nicht! »Na«, denke ich, »das ist Spuk!« Ich hatte ja auch schon viel vom Spuken gehört, geh ruhig nach'm Bette hin.

Den anderen Morgen sitz ich beim Kaffeetisch zu trinken, da frag ich so dumm, ob da gestern abend wohl einer hinter dem Fenster klopfen gewesen wäre, daß der einen hätte wecken wollen. »Nee«, die Frau guckt mich so an, »warum?« sagt sie. Ich sag: »Ja, ich war nach Haus gekommen, und da hatte ich das Klopfen gehört. Da hatte ich gemeint, daß vielleicht bei euch einer hinterm Fenster gewesen wäre.« Nee, sie hatten nix gehört. Einer guckt den andern an – der Meister und die Frau. Naja, da blieb das so bei, wurde nix weiter über gesagt. Und 'n paar Tage nachher – ein oder zwei Tage nachher – da sitz ich morgens bei ihr in der Stube am Kaffeetrinken. Gottlieb, der liegt gegenüber in der Kammer. Und die Frau wollte ihm Kaffee hinbringen und nimmt ihn so in 'n Arm und will ihm den Kaffee geben, und so schläft er ein – sozusagen. »Au«, sagt sie, »Georg, Gottlieb ist tot! Lauf man schnell nach dem Meister hin!« – Naja, Gottlieb kam in den Sarg, stand nachher 'n paar Tage auf der Deele und wurde denn auch begraben.

Wie dann die Woche rum war, den Sonntag, da war der Meister nach seinem Bruder hin, der wohnte in Sylbeck. Und nachmittags sitz ich bei der Frau allein in der Stube am Kaffeetrinken, da sagt sie zu mir, sie wollte mir mal was erzählen. Sie könnte hellsehen, sagt sie zu mir. Aber ihr Mann wüßte das nicht; der sollte das auch nicht wissen.

Daß Gottlieb sterben würde, hatte sie auch gesehen. Die Nacht wäre sie auch hochgewesen, wo ich gesagt hatte, daß es geklopft hätte. Sie hat das auch gehört und wäre aus dem Haus raus gewesen, und dann hätte sie das ganz genau sehen können. Da wäre ein Leichenwagen raufgekommen bis vor die Tür und hätte einen aufgeladen. Nun hätte sie aber nicht sehen können, ob ihr Junge das gewesen wäre oder der Gottlieb. Und dann ging sie wieder nach'm Bett hin, sagte sie.

Und sie sagte, wenn sie manchmal hoch müßte – sie wüßte es schon vorher – dann kriegte sie so 'n Drängen, dann müßte sie raus, als wenn sie geschoben würde, wenn sie auch manchmal beiseite wollte. Dann guckte sie das an, und dann ginge sie wieder zu Bett, dann wäre sie beruhigt.

Die schlimmsten Anblicke wären, wenn ein Hochzeitszug käme. Da wären die Leute alle so fröhlich und lachten. Und dann könnte sie bloß die Gebisse so sehen – das andere wäre alles schwarz. Das wäre so'n gräßlicher Anblick.

Ich sage, dann sollte sie mich das auch mal lehren. »Nee«, sagt sie, dann müßte ich ihr über die Schulter gucken, und dann wäre sie das los; und dann müßte ich das immer. Das wollte sie nicht, das sollte

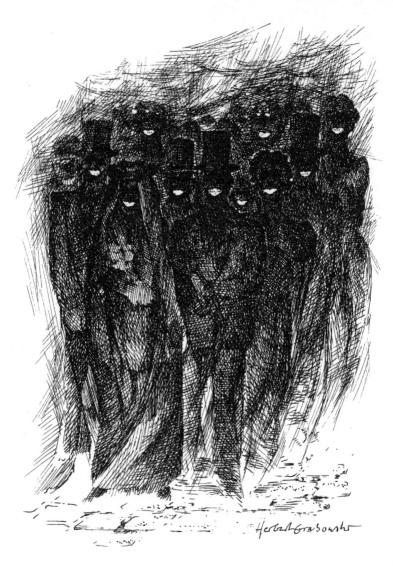

keiner von ihr lernen. Ich fragte, ob sie das denn gelernt hätte. Auch nicht, das wäre so angeboren. Das hätte sie alles schon als Deern von achtzehn, neunzehn Jahren, da hätte das angefangen.

Pollhagen

mdl.

59 PATE BRINGT UNHEIL

Lina B.: Ist einer in Uchte, und der hat irgendwie das Zweite Gesicht. Der hat Brand oder Todesfälle und so, hat der viel im voraus gesehen. Und wenn sie ihn dann auch deswegen gefragt haben, dann ist er rausgegangen. Er hat da nie groß über erzählt, aber...
Luise W.:... er hat das sehen gemußt, das hat man ja früher oft so gehört.
Lina B.: Ja, das hatte er auch. Bei seinem Großkind hatte er Pate werden sollen und hat das gar nicht gewollt. Hat immer gesagt: »Och nee«, sie sollten man 'n andern dazu nehmen. Er wäre alt und so weiter. Und da haben sie ja nun gesagt: »Nee, Opa, dat gaht jo nu nich; dar hörst du jo nu tau!« Naja, zuletzt hat er dann gesagt: »Wenn ji denn jo meent, ick mott dat, denn dau ick et denn.«
Und da ist das Kind – das hat er aber auch im voraus alles gesehen, daß das Kind stürbe. Und wie das Kind nachher tot gewesen ist, da hat er gesagt, also, sie möchten ihm doch nie wieder damit kommen; denn alle Kinder, wo er Pate zu wäre, die würden nicht groß, die stürben klein.

BUCHHOLZ   mdl.

60 KRANKENBESUCH ZUR RECHTEN ZEIT

Es gibt Menschen – vielleicht heute nicht mehr soviel wie früher... Onkel in der Senne, der lag schwer krank. Strunks Willem wohnte auf'm Kirchhof als Schäfer, Willem Meise wohnte vorm Oäkelschen Holze, und den kennen wir alle gut. Und jetzt ist Willemken Meise nach Strunk gekommen und hat gesagt: »Wir wollen heute morgen Wäarms Willem besuchen in der Senne.« Da hat Strunk gesagt: »Nein, das paßt mir heute morgen nicht. Da wollen wir man morgen hingehn.« Da hat Willemken Meise gesagt: »Wir gehen da heute morgen hin. Morgen brauchen wir da nicht mehr hin.«

Und da sind sie da den Morgen hingegangen, weil sie immer zusammen gewesen waren, mein Onkel und die beiden. Und da hat sich unser Onkel ganz dermaßen gefreut, und wie sie weggegangen sind, da hat Strunk gesagt, weil der ja der nächste Nachbar dazu war: »Willem, in acht Tagen, da kannst du mit rechnen, kommen wir wieder.« Und wie sie draußen hingegangen sind, da hat Willem, der Meise, gesagt: »Ich glaube, es dauert keine acht Tage, wir sind da schon eher wieder.« Und da sind sie wiedergekommen, wie der beerdigt wurde, und das hat gar keine acht Tage gedauert, weil er in der Nacht gestorben ist.

BISCHOFSHAGEN   mdl.

61   DER WEISSE UND DER SCHWARZE VORBOTE

Gustav W.: Siekmann, Falkendiek, hat zwei Jungen gehabt – einen Knecht, der hat's miterlebt, der wohnt jetzt in Dorf Löhne, und einen Jungen von der Anstalt Homberghof. Und jetzt ist die Frau Siekmann mit diesem Anstaltsjungen heute abend ganz alleine. Die Jäger, die haben bei Stille, da unten in Falkendiek – vielleicht bist du da auch mal gewesen –, da haben sie getrunken, frei weg. Ist an 'nem Frühjahrstag passiert. Und da sagt die Frau Siekmann zu dem Anstaltsjungen, der ein ordentlicher Junge gewesen ist: »Geh ins Bett!«
Die Kammer war direkt an der Deele – das weiß ich, da habe ich (auch) immer gelegen. Der Junge ist so'n Moment weg und kommt wieder, wie die Frau Siekmann noch in der Küche sitzt, und sagt: »Frau Siekmann, da sind zwei schwarze und zwei weiße Männer!«
Paula S. (verbessert): Nein, ein weißer!
Gustav W.: »Ein weißer und zwei schwarze sind bei mir in der Kammer!«
Und die Frau Siekmann, die war gläubig – nicht von wegen! – christlich war die. Die Frau Siekmann denkt: ›Was ist denn das? Sagst du zu dem Jungen, geh, bete, geh ist Bett und bete?‹ Und damit fertig.
Der Junge läßt sich überreden und geht wieder ins Bett. Dauert so'n Mo-

ment, da kommt der Junge wieder: »Frau Siekmann, der weiße Mann ist noch da!«

Paula S. (unterbricht): Nein, der ist nochmal wiedergekommen, das dritte Mal. Das dritte Mal, wie er da wieder hingegangen ist, da ist er wiedergekommen und hat gesagt: »Frau Siekmann, der weiße Mann ist noch da, die schwarzen sind jetzt weg.« Und da ist er auch wieder hingegangen und hat sich zur Ruhe gelegt. Und da sind sie auch reingekommen – von der Jagd.

Gustav W.: Und den andern Morgen machen sie eine große Pappel runter, mit der Säge, und sägen die ab – kennst du ja auch. Und da fällt dieser Junge unter, tot. Das hat die Frau Siekmann mir zig-mal erzählt.

BISCHOFSHAGEN   mdl.

62   VORSPUK OHNE KOPF

Nun will ich auch just noch was anderes erzählen. Hier unser Opa, der schlief da. Und das hatten die alten Leute ja früher alle so, die gingen ja hinten aus dem Schlafzimmer. Und jetzt saßen wir – das war an einem Sonntagmorgen –, Heini und ich saßen in der Küche und tranken Kaffee. Da stand die Tasse für den Opa, Opa kam, setzte sich dahin, schüttete den Kaffee ein, trank aber nicht. Und Heini saß da gegenüber, und Opa guckte den so an und sagte: »Junge, Junge, das hätte ich doch nicht geglaubt, daß ich von dir sowas sehen würde.« Und Heini wurde ganz verlegen, weil der ja nie was gehört hatte[1], der glaubte ja auch an nix. Und ich war da natürlich auf'm ganz andern Wege groß geworden wie die Alten; ich hatte ja viel mehr erlebt. In so 'nem Hause, wo wir drin groß geworden sind – mit Vieh und allem –, da war es nämlich was anderes. Und da sagt der Opa: »Ja, das hätte ich nicht geglaubt von dir.« »Ja, was hast du denn, was hast du denn?« »Nein, ich hätte's nicht geglaubt.«

---

[1] Er hatte nichts von Vorspuk gehört bzw. glaubte nicht daran.

Und dann erzählte er, was er die Nacht erlebt hatte. »Ich stand heute nacht auf«, sagte er. »Und bange bin ich nicht. Ich bin ja den Abend vor der Nacht bei Stodiek gewesen und ging aus der Kammertür und guckte von der Seite, und da standst du ohne Kopf«, sagte er so zu Heini; und ich dachte, er hätte 'n Dahlschlag gekriegt, der Heini. Er hatte aber nicht Heini erkannt, er hatte jetzt bloß den Kerl ohne Kopf erkannt. Und da sagte er: »Ich bin ja gar nicht bange, ich bin ja immer bei Stodiek gewesen. Und da dachte ich: den greifst du jetzt, und wie ich zugriff, da hatte ich doch gar nix.«

Da war's ja mit abgetan; der Opa sagte nix mehr; ich meinte: »Ihr habt vielleicht geträumt.« »Nein, nein«, sagte er, »ich habe nicht geträumt.« Ich wußte aber schon was: der Opa, der war ja krank, und ich sagte: »Nun trink man erst 'ne Tasse Kaffee.« Und da war er auch so verstört, denn der Opa wußte ja Bescheid um sowas. Ja, und da trank er seinen Kaffee, und ich wollte weg... Heini sagte: »Was der wohl heute nacht wieder gesehn hat?« Ich sagte: »Weißt du denn nicht, was der gesehen hat? Der hat seinen Tod gesehn.«

Und ich weiß nicht – er hat dann wohl noch 'ne Zeit gelebt. Und nachher mußte ich da noch an denken; die Beerdigung (Trauerfeier) war hier auf der Diele. Und Heini – die hatten alle Zylinder auf, und an der Beerdigung stehst du (Opa). Ohne Zylinder, und das war das, war es gesehen hatte: er hatte keine Kopfbedeckung, und dann hatte er ihn ja nicht auf, den Zylinder.

BISCHOFSHAGEN   mdl.

63   DIE VERGEBLICHE FLUCHT

Ein junger Mann kam abends spät nach Hause. Wie er auf die Deele kommt, sieht er einen Sarg vor sich stehen. Er denkt, wer kann das wohl sein, nimmt die Schere und schneidet dem Mann ein Topp Haare ab. Als er sich am Morgen im Spiegel besieht, hat er sich selbst ein Topp Haare abgeschnitten. Er denkt: ›Aus diesem Hause willst du nicht begraben werden‹, und geht nach Amerika. Als er einmal zu Besuch nach Hause kommt, stirbt er und wird aus dem Hause begraben, wo er den Sarg gesehen hat.

NETTELSTEDT schr.

64   DAS WEISSE RÜBENBLATT

Was er mir erzählt hat, der alte Volle – der hütete hier auf dem Klee. Ich glaube, es wird wohl den letzten Herbst gewesen sein, wie er lebte – oder hat er noch 'n Jahr gelebt? Der war ja mit dem alten Borchart verwandt... den alten Borchart, den alten Hennerich, hast du den noch gekannt, mit seinen beiden Stöckern? Der ist ja 96 geworden. Und da ist der alte Volle dagewesen im Herbst, und da hat der alte Borchart die Kühe gehabt. Zwei Kühe hat der gehütet, und ging an zwei Stöckern. »Ja«, hatte er gesagt, der alte Borchart, »dies ist der letzte Herbst, wo ich die Kühe hüte.« »Ja, wie kommt das denn? Könnt Ihr nicht mehr?« »Nein, nächsten Herbst bin ich da nicht mehr.« »Ja, wie kommt das denn?« Denn der ist noch gut zufrieden gewesen. »Wir haben da Steckrüben, und da sitzt 'n großes weißes Blatt drinnen, und das ist das Zeichen, daß ich sterbe.« Sagt der alte Volle: »Ich habe hingeguckt, das stimmte.«
Und kurze Zeit darauf ist der alte Borchart gestorben.

BISCHOFSHAGEN mdl.

65   VERSEHEN LASSEN[1]

Die alte Frau Bürm – Voßhenrich –, die hatte das Zweite Gesicht. Da gibt es viele Sachen, von denen ich gehört habe. Und dieses habe ich selbst miterlebt.
Da war nebenan bei uns die Frau Deppe erkrankt. Nicht schwer – nur so 'ne Erkältung. Plötzlich kommt der alte Bürm und sagt: »Laßt die

[1] Spendung der Sterbesakramente durch den Priester

Deppe versehen! Die geht tot.« »Ach«, haben wir da gesagt, »die ist doch gar nicht so krank.« »Und ich sage euch, die geht tot. Unsre Mama hat's gesehen.«

Das Fieber steigt am nächsten Tag; da sagt unsere Mutter: »Holt man die Schwestern aus dem Krankhaus!« Und die meinten dann, es wäre wohl besser, wenn man sie versehen ließe. Und am nächsten Tag war sie dann wirklich tot. Die Frau Bürm hatte die Leiche ja schon aufgebahrt gesehen.

ÖSTERWIEHE   mdl.

66   LEICHENWAGEN FÄHRT QUERFELDEIN

Da war da so 'ne Frau, Krischans früher... Die wohnten..., die sind da nun weggezogen. Die hatte schon vorher immer 'n Leichenwagen, wenn einer tot gewesen ist, den hat sie schon vorher fahren sehen. Ja, und das eine Mal, da sieht sie den Wagen, und da sagt sie: »O Gott, der fährt ja quer übers Land herüber!« Dieser Wagen dann. Da auf der Ekke, wo es links... da sind sie da gleich durchgefahren.

»Wie kommt denn sowas?«

Und was ist da zu tun? Im Winter, da kommt der ganz hohe Schnee, und da sind die Wagen da auch herübergefahren. – Das soll aber wahr sein.

DIETHE   mdl.

67   DEN LEICHENZUG GRÜSSEN

Mein Urgroßvater, der damals in der Landwehr wohnte, wollte des abends noch ins Dorf mit seinem Freund. Als sie so mitten im Felde waren, geht sein Freund an die Seite und sagt: »Komm hier hin!« Als er erst nicht wollte, riß der ihn an die Seite. Der Freund nahm die Mütze ab, und er nahm sie auch ab. Nach ein paar Tagen ist da ein Leichenzug hergekommen. Also muß sein Freund doch vorher schon den Leichenzug gesehen haben.

NETTELSTEDT

mdl.

68 DEM LEICHENWAGEN AUSWEICHEN

Da in der Bollheide wohnte früher... sind aber ja nun schon alle tot. Die hatten jedesmal aufstehen müssen die Nacht, wenn hier einer gestorben ist.
Und auch am Klußberge, sagen sie, da war einer immer gewesen, der hat immer die Leiche dahinfahren sehen.
Sagen sie denn ja immer, wenn einer auf der Straße hingeht, man soll nicht mitten auf der Straße gehen, wurde dann früher gesagt. Man soll an der Seite hingehen, weil die (der Vorspuk) in der Mitte denn mit der Leiche entlanggingen. Dann soll man davon angestoßen werden.

BUCHHOLZ

mdl.

69 DER STURZ VON DER DEICHSEL

Meine Mutter war mal abends von der Windmühle gekommen und hat sich oben auf der Egge, auf'm geraden Weg, mit einem Mal knallvoll auf's Gesicht gefallen, alle Viere. »Ja«, sagt der Nachbar, »da bist du von der Deichsel gefallen. Da bist du über'n Totenwagen gegangen und bist von der Deichsel gefallen. Da kommt 'ne Leiche her.«
Was da nun von an dem ist, das weiß ich auch nicht.

BISCHOFSHAGEN

mdl.

70 HUND ALS GEISTERSEHER

Mit diesem Wäsche-auf-dem-Hagen-Trocknen, draußen, in dieser Zeit – in den Zwölften war das – sechs Tage im alten und sechs Tage im

65

neuen Jahr... Dann kam 'ne Leiche, hier von Rosenhagen her, oder es starb hier einer.

Die Wäsche, wenn man die draußen hatte: entweder starb hier einer in der Nachbarschaft oder so, oder es kam da einen Tag oder zwei 'ne Leiche von Rosenhagen her; die mußten ja alle nach Windheim hin. Und wir hatten früher einen Hund – das sind auch Tatsachen! Der legte sich diese Tage... wenn das nun so war und 'ne Leiche kam, das wußten wir schon vorher. Lag er hier im Garten, wir hatten da auch so'n Hagen, da lag er immer und heulte und jaulte, und da konnten wir uns immer drauf verlassen, auf den Hund. »Na«, sagte unsere Mutter dann, »da kommt wieder eine Leiche!« Und prompt, wenn diesen Tag nicht, aber den anderen Tag, dann kam 'ne Leiche daher. Entweder war sie von Rosenhagen oder von Raderhorst, weil die ja alle nach Windheim zum Friedhof mußten. Und der Hund, der wußte das. Das war bloß in den Zwölften. Wie das nun mit unserm Hunde zusammenhing – das weiß ich nicht. Tatsachen sind das, das weiß ich!

Petershagen   mdl.

71   LEUCHTKUGELN KÜNDEN DEN KRIEG AN

1914 lag ich an der Straße nach Bischofshagen zu auf Nagels Lande. Es war bei halb drei, da kam 'n Wagen da runter, und die sangen, hatten zwei Pferde vor, so 'n Jagdwagen, und sangen. Und da war ich von aufgewacht und guckte aus der Hütte und guckte dem Wagen so nach. Und was meinst du, wie ich da so aus der Hütte guckte, nicht, da kam am Himmel... als wenn 'n Schäfer mit den Schafen längs zieht. Konntest es richtig sehen: ein großer Mann vorne, das Vieh folgte.
Wie ich nach Hause kam – 'n andern Morgen –, ich sagte zu unserer Mutter, ich sagte: »Mutter, ich glaube, es gibt Brand.« »Wieso?« sagt sie. Ich sage: »Ja, ich habe heute nacht so'n Vorspuk gesehen, so und so war das.« »Ach, Junge« sagt sie, »dann gibt's Krieg.«
Und den nächsten Sonnabend war (dann auch) Mobilmachung. Und

Fehrings Fritzchen, der verkehrte damals mit meiner Schwester, mit Anna, der hat es auch gesehn – das haben mehrere gesehn.

Und des Sonntags war ich auf Nagels Hof mit dem Knecht zusammen; der wollte erst (noch) in der Häckselkammer liegen bis halb elf. Und da ging ich denn die Straße wieder runter, wollte nach meinen Schafen. Da kamen immer Kugeln über das Ende vom Holz geflogen, immer um mich zu. Ich dachte: ›Guck man, Gott! Was ist das? Auf der andern Seite ist doch nix los, da wohnt doch gar keiner!‹ Und wie ich im Kriege war, habe ich das gesehen, die Leuchtkugeln – was die über uns herüberrollten! Also war das Vorspuk. Das sind aber Tatsachen, sind keine Lügen!

LÖHNE   mdl.

72   LICHT VERKÜNDET KRIEG

Da bei Großenheerse, bei der Windmühle, da war doch so'n Bruch, da soll ja früher die Weser hingeflossen sein.
Da war 'ne Frau, die prophezeite – die hatte da so'n Licht brennen sehen –, daß der Krieg kommen würde.
Das war da so gang und gäbe, wurde immer erzählt. Ob das nun wahr ist – oder ob die Frau das so erzählt hat? Aber die Leute waren früher sozusagen so ehrlich, die logen nicht in solchen Sachen. Das muß ja wohl passiert sein, irgend so'n Vorspuk hat die da gesehen.

GROSSENHEERSE   mdl.

73   BILD ZEIGT TOD AN

Unser Nachbar hatte ein Bild an der Wand hängen, das war von einem Jungen, Gustav Niedermobe hieß er. Der war 1919..., nach dem 1. Weltkrieg muß das gewesen sein, da war der bei dieser Reichswehr in Berlin. Der ist bei diesen Aufständen in Berlin jedenfalls gefallen. Und da ist da das Bild an der Wand weggefallen, runtergefallen, war kaputt. Und da hat der alte Wilhelm das zu meiner Mutter erzählt, und da hat sie gesagt: »Wilhelm, Wilhelm, das ist kein gutes Zeichen!« Und haben sie zwei oder drei Tage später die Nachricht gekriegt, daß der Junge in Berlin gefallen war.

BISCHOFSHAGEN   mdl.

74 DER HEUBRAND

Der Henkenjanns Schneider hat mir mal was erzählt. Also, er ist abends noch spät auf der Deele gewesen. Da hat er plöztlich so einen Kerl mit einem schrecklich großen, feurigen Hut vor sich gesehen. Einige Zeit später brach auf dem Boden Feuer aus. Und mit einem Mal kam durch die Luke ein Bund brennendes Heu auf die Deele gefallen. Genau auf die Stelle, wo der unheimliche Kerl gestanden hatte.

VERL   mdl.

75 DER LIPPSPRINGER MECHANIKUS

Als hervorragende Persönlichkeit unter den Spökenkiekern des Paderborner Landes galt im vergangenen Jahrhundert der Lippspringer ›Mechanikus‹ Johannes Fischer. Er hatte das Schlosser- und Schmiedehandwerk erlernt und reparierte dann den Bauern ihre schadhaften Landmaschinen und Gerätschaften; deshalb nannte man ihn den ›Mechanikus‹. Fischer hatte die Gabe des Zweiten Gesichts.
Was lag näher, bei den zahlreichen Hausbränden, die er vorausgesagt hatte, ihn als Brandstifter zu vermuten. Eines Tages fragte er in einer Gastwirtschaft in Schlangen einen Bekannten, ob auch sein Haus gut versichert sei. »Ja«, antwortete der Mann. Als einige Zeit danach sein Haus lichterloh brannte, wurde der Hellseher wegen angeblicher Brandstiftung hinter Schloß und Riegel gebracht, mußte bald aber wieder freigelassen werden, weil er ein handfestes Alibi hatte.

Ein anderes Mal traf der ›Mechanikus‹ mit dem damaligen Landjäger in der Gastwirtschaft »Sibylle« zusammen, und der fragte ihn, was er in Schlagen machte. Johannes antwortete, er wolle ihn warnen, beim nächsten Brande vorsichtig zu sein, denn er käme in große Lebensgefahr und würde in die Jauchegrube fallen. Wie es ›Mechanikus‹ vorausgesagt hatte, brannte das Bauernhaus des D. ab. Der Landjäger war eifrig um die Spritzen bemüht und kam hierbei in Gefahr, von einer herabstürzenden Giebelwand erschlagen zu werden. Als er zurückwich, stürzte er über eine Wagendeichsel und fiel in eine Jauchegrube, wie ihm angedeutet worden war. Einige Zeit später kam Fischer zu seinem Bekannten Wilhelm Ehl und zeigte ihm eine Vorladung vom Amtsgericht Horn im Lippischen, weil der Landjäger ihn wegen Brandstiftung angezeigt hatte. In der Gerichtsverhandlung wurde er freigesprochen, ihm aber auferlegt, innerhalb der gelb-roten Grenzpfähle keine seiner Gesichte mehr bekanntzugeben.

In Neuenbeken hat Fischer einem Bauern prophezeit, auf der Deele sehe er einen Sarg mit sechs Kerzen, obwohl im Hause niemand krank war. Ein halbes Jahr später starb die Bauersfrau. Der Bauer erinnerte sich an die Prophezeihung und stellte nur fünf Kerzen auf den Sarg, damit Fischer kein Recht bekäme. Als der Pastor schon unterwegs war, kam die Schwiegermutter von Benhausen und stellte die sechste Kerze auf den Sarg. So hatte der Spökenkieker doch recht.

Auch das große Eisenbahnunglück am Block Schierenberg zwischen Neuenbeken und Altenbeken am 20. Dezember 1902, das 12 Tote und 20 Verletzte forderte, hat ›Mechanikus‹ vorausgesagt.

BAD LIPPSPRINGE   schr.

76 DIE NEUE KIRCHE

Gustav W.: Das sind hin, Willi war... wie alt war Willi jetzt?
Lina W.: Siebzig.
Gustav W.: Siebzig, und das sind fünfzig Jahre – muß das her sein. Willi ist bei zwanzig gewesen, das sind fünfzig Jahre her. Das ist aber

wahr. Da hat mein Vater Schafe gehütet unten an der Lübberlinden-
straße, kurz vor Herford.

Hat da Schafe gehütet. Mit einem Mal kommt da ein Mann zu ihm
und erzählt ihm – das ist vor fünfzig Jahren gewesen –: »Da kommt
'ne Kirche hin!« Da ist aber damals 'ne Wiese gewesen, Ackerland, da
haben vielleicht zwei, drei Häuser gestanden, das ist alles gewesen.
»Da kommt 'ne Kirche hin, jau!« ›Gott‹, denkt mein Vater, ›du bist ja
verrückt! Alte Leute! Du bist ja verrückt.‹ Da ist da einer auf ihn zuge-
kommen ... zu meinem Vater, und wie er sich umguckt, ist der Mann
spurlos verschwunden. Restlos weg! Die Kirche steht aber heute da,
wo der Mann gezeigt hat. Das ist aber 'ne wahre Geschichte.

Abends kommt mein Vater nach Hause und sagt: »Mir ist heute was
übergekommen, wie in meinem ganzen Leben noch nicht. Kommt
'nen Mann, erzählt mir: ›Da kommt die Kirche, da kommt die Kirche
hin!‹«

Und da, genau auf dem Platz, auf genau demselben Punkt, wo er gezeigt hat – das sagte mein Bruder, der im September gestorben ist,
voriges Jahr noch – da steht die Kirche.

BISCHOFSHAGEN   mdl.

77 DIE EISENBAHNLINIE

Mein Urgroßvater war in Lübbecke Tischler. Er mußte den Weg von
Lübbecke jeden Abend zu Fuß nach Nettelstedt machen. Nun war er
eines Abends auf dem Eilhauser Felde auf dem Weg nach Hause. Mit
einem Mal hörte er das Getöse eines Zuges. Er dachte nun: ›Du kannst
hier doch keinen Zug hören, denn hier in der ganzen Gegend ist ja keine Eisenbahn.‹ Mit einem Mal sieht er nach dem Berg, und in der Nähe der Hochspannung, etwas hinter Östreichs, sah er deutlich eine Eisenbahn fahren. Er sah die einzelnen Wagen und auch Lichter in den
Wagen. Auch eine Frau Möhlmann hat an demselben Abend die Eisenbahn bei Pohlmanns Busch gesehen.

EILHAUSEN   schr.

78 NEUMODISCHE FAHRZEUGE

Mitte des vorigen Jahrhunderts lebte in Sende Krögers Schuster, von dem man heute sagt, er sei ein Hellseher gewesen. Er machte Schuhe und verbesserte sein Einkommen durch gelegentliche Wilddiebereien. Eines Abends lauerte er in der Eselskuhle einem Wild auf. Mit einem Mal bemerkte er einen hellen Lichtschein über Verl und glaubte zuerst, ein Gewitter zöge heran. Das Licht erlosch aber nicht wie ein Blitz, sondern kam näher – nun auch aus der entgegengesetzten Richtung! Es waren Lampen, wie er erkannte. In langen Reihen und mit lautem Gebrumm zogen sie nach beiden Richtungen an ihm vorbei. Er hat immer wieder erzählt, daß von Sende aus in Richtung Bielefeld eine große Straße für ganz neumodische Fahrzeuge gebaut werden würde. Aber natürlich glaubte ihm niemand. Zwanzig Jahre nach seinem Tode wurde die Autobahn dann tatsächlich gebaut. Da erinnerte man sich plötzlich wieder an das, was der Schuster vor so langer Zeit schon erzählt hatte.

SENDE   mdl.

79 DAS VORGESICHT VON DER AUTOBAHN

Das ist die Vorgeschichte der Autobahn. Christoph Jakobfeuerborn, genannt Hinnersmeier, ein alter Bruder des Bauern, der sich dort zeitlebens auf dem Hofe nützlich gemacht hat, insbesondere durch Schafehüten, der hat meinem Vater, Christoph Echterhoff, oft mitgeteilt, daß er zuerst gedacht hätte: ›Du träumst wohl?‹ Er schlief auf der Bühne über den Ställen. Er hatte das Fenster losgemacht und hatte gedacht: ›Das ist doch nicht möglich!‹ Wo jetzt die Autobahn über den Tillhagen zwischen Landwehrjohann, Hinnersmeier, von Gestotten her nach Stiekels verläuft... dieser Landstrich wurde mit Tillgoarn-Heije benannt, da waren Fichten und Heide. Und da hatte der alte Onkel zu meinem Vater gesagt: »Christoph, diese Nacht sind sie wieder dahersausen gekommen. Wagen an Wagen und keine Pferde davor. Fuhren ein fürchterliches Tempo.« Man kannte noch gar keine Autos. Wie dann hinterher die Autobahn abgesteckt war und mit dem Bau begonnen werden sollte, wurde ich, Hubert Echterhoff, wiederholt von meinem Vater befragt: »Wie verläuft denn die Autobahn über die Sürenheide?« Da habe ich es ihm erzählt und beschrieben. Und dann sagte mein Vater: »Genauso hat der Hinners Christoffel das doch wohl mehr als hundertmal erzählt, daß die Autobahn daher käme.«

VERL   mdl.

KUNDIGE LEUTE sind Menschen, die sich auf eine besondere Kunst verstehen und die ihre übernatürlichen Fähigkeiten zugunsten anderer anwenden. Haben die Schichter und die mit dem Zweiten Gesicht Begabten mehr oder weniger die Fähigkeit, passiv Übersinnliches in Anzeichen wahrzunehmen, sind die Kundigen wirkliche aktive Helfer in der Gemeinschaft. Sie heilen Vieh, dem etwas angetan worden ist, oder auch Menschen, denen kein Arzt mehr helfen konnte. Viele sind namentlich bekannte Persönlichkeiten, wie der Tierarzt Blautenberg, Therolf oder Kopmann, an die man sich in Nöten wendet. Andere haben ihre Kunst benutzt, um Widersacher zu strafen; wenn sie zu heftig mit dem Gegner umgehen und außerdem ihre Gabe nicht rechtzeitig weitergeben, verfaulen sie, wie der alte ›Knickschröer‹, der sich wie andere Hexenmeister in ein Kaninchen verwandeln kann, bei lebendigem Leibe.

Das geht dann manchmal schon ins Zauberische und Unbegreifliche über; während die einen lediglich Menschen sind, die mehr können, aber doch vergleichsweise ›harmlos‹ bleiben, wird anderen der Besitz des 6. und 7. Buch Moses zugeschrieben, das ihnen magische Kräfte verleiht. Wer es besitzt, der kann sich in einen Werwolf verwandeln, kann versunkene Schätze heben oder zumindest damit zaubern. Allerdings muß man in die Kunst recht eingewiesen sein, um sich nicht selbst zu schaden.

80 DER KUNSTREICHE SCHNITTER

Als die Bauern noch für die Adligen mähen mußten, schaffte der Knecht vom Schloß immer das meiste, und das war wohl der Maßstab. Da bekam nun der Schmied in Jössen einen neuen Gesellen, der nicht nur stark war, sondern sich auch auf besondere Künste verstand. Er hat sich eine Sense geschmiedet und irgend einen Zauber dabei verwendet. Deshalb brauchte er seine Sense nicht zu dengeln wie die andern und war ihnen weit voraus, auch dem Knecht vom Schloß. Den wurmte das natürlich, und er stieß einen eisernen Stab in die Reihe des Schmiedegesellen, daß dessen Sense stumpf werden sollte. Der mähte aber glatt hindurch und grinste nur. Wenig später soll er weitergewandert sein.

JÖSSEN   NOTIZ

81 DIE FREISCHÜTZEN BEI PADERBORN

Nahe bei Paderborn hatte ein Edelmann einen sehr großen Wald, über den er zur Aufsicht einen Förster gesetzt hatte. Diesen fand man nun eines Tages im Walde erschossen, und niemand konnte ermitteln, ob er sich selbst oder ein anderer ihn getötet habe. Das erstere war aber sehr unwahrscheinlich, weil der Förster ein guter und ordentlicher Mann war, und das letztere unbegreiflich.

Da sich das Geschehene nicht ändern ließ, wählte sich der Edelmann einen andern Förster. Aber auch diesen und noch einige seiner Nachfolger fand man gleich nach Antritt ihres Amtes erschossen im Walde, denn sobald sie nur den Wald betraten, fiel in der Ferne ein Schuß, der den unglücklichen Förstern mitten durch die Stirn fuhr. Woher aber die Kugel kam, war trotz aller Sorgfalt nicht zu ermitteln.

Der Edelmann mußte nun seinen Wald ohne Aufsicht lassen und zahlreiche Holzdiebereien dulden, die nicht von seinen Untertanen, welche den verhängnisvollen Wald möglichst mieden, sondern von Fremden herrührten. Nach einiger Zeit meldete sich wieder ein Jäger in den erledigten Försterdienst. Der Edelmann erzählte ihm das traurige Schicksal seiner Vorgänger und wollte lieber Holzverluste dulden als das Leben eines Menschen aufs Spiel setzen. Der Jäger aber versicherte mit kecker Zuversicht, daß, wenn ihm das Försteramt anvertraut würde, er sich vor dem unsichtbaren Scharfschützen schon Ruhe verschaffen wolle. Der Edelmann willigte endlich, obwohl ungern, ein. Am nächsten Tage trat er sein Amt an und wurde von dem Edelmann selbst und einigen andern handfesten Männern nach dem lebensgefährlichen Walde begleitet. Am Eingange desselben blieben sie zurück, und der neue Förster betrat sein neues Revier; aber kaum hatte er einige Schritte hinein getan, als in der Ferne ein Schuß fiel. Schnell warf der Jäger seinen Hut in die Höhe, der von einer Kugel durchlöchert herabfiel. »Nun aber ist die Reihe an mir«, sagte der Förster, lud murmelnd seine Büchse und schoß sie mit den Worten in die Luft: »Die Kugel bringt Antwort.«

Darauf bat er den Edelmann und seine Begleiter, mit ihm zu gehen und den unbekannten Schützen zu suchen. Nachdem sie den ganzen Wald durchstreift und nichts Verdächtiges hatten entdecken können, kamen sie zu einer am jenseitigen Ende des Waldes gelegenen Mühle und fanden den Müller tot vor der Tür liegen. Eine Kugel war ihm mitten durch die Stirn gefahren. Alle staunten und traten mit einiger Scheu vor dem Förster zurück. Der Edelmann behielt ihn einige Zeit in seinem Dienste, um dadurch seinen Wäldern Ruhe vor Dieben zu sichern. Als er aber sah, daß sein Förster bei jedem Schusse traf, was er treffen wollte, das Wild an jedem ihm beliebigen Orte festbannte und aus seiner Jagdtasche die geschossenen Feldhühner wieder lebendig in die Küche fliegen ließ, ward es ihm doch unheimlich in seiner Nähe, und er entließ ihn bei dem ersten schicklichen Vorwande aus dem Dienste.

PADERBORN

Den Ruf eines hervorragenden Zauberkünstlers genoß der Tierarzt Blautenberg auf dem Hingstenberg bei Wallenbrück. Von nah und fern suchten die Landleute seinen Rat.

Eines Tages erschien in seinem Hause der Bauer Naber aus Drantum bei Melle. Er suchte Hilfe für sein Pferd, das an einer hartnäckigen Krankheit litt. Blautenberg war wie so oft unterwegs, und man rechnete nicht vor Mitternacht mit seiner Rückkehr. Naber wollte solange warten, denn er scheute den weiten Weg.

Als sich nun alle Hausgenossen zur Ruhe begaben, bestieg Naber die Hiele, um die Zeit zu verschlafen. In später Stunde kam Blautenberg heim. Er merkte sogleich, daß ein Fremder in seinem Hause weilte, und eine geisterhafte Stimme nannte ihm den Namen des Gastes. Naber verließ nun die Lagerstätte, trug sein Anliegen vor, und Blautenberg fertigte ihn in zuvorkommender Weise ab.

Es war aber stockfinstere Nacht und der Bauer des Weges nicht kundig. Er bat deshalb Blautenberg, ihm bis zur Straße einen zuverlässigen Führer zu geben. Er wunderte sich nicht wenig, als Blautenberg ihm einen Krückstock überreichte und ihm einschärfte, ihn daheim an einer sicheren Stelle zu verwahren und so bald wie möglich zurückzubringen.

Erwartungsvoll verließ Naber das Haus. Da strahlte der merkwürdige Stock eine solche Fülle des Lichts aus, daß der Weg taghell vor ihm lag. Wohlbehalten traf der Bauer bei den Seinen wieder ein. Er stellte den Stock in den Schrank und versteckte den Schlüssel dazu an einem heimlichen Ort. Dennoch war der ihm anvertraute Geleitstock am Morgen auf unerklärliche Weise spurlos verschwunden. Naber suchte lange vergeblich. Dann machte er sich wieder auf den Weg zu Blautenberg, um ihm das rätselhafte Verschwinden zu melden. Hier erfuhr er zu seinem größten Erstaunen, der Stock habe sich, wie nicht anders erwartet, schon vor Tagesanbruch bei Blautenberg eingefunden.

Ähnlich erging es dem alten Strotmann und anderen Bauern. Einem von ihnen sagte Blautenberg einst: »Diesen Wunderknüppel verleiht unsere Sippe schon mehr als hundert Jahre lang. Keiner brauchte ihn uns zurückzubringen; denn jedesmal kam er von selbst heim. Immer wieder steht er am folgenden Tage hier in der Ecke!«

Auch sonst übte Blautenberg die schwarze Kunst mit vollendeter Meisterschaft aus. Eines Tages füllte seine Frau die auf den Mittagstisch gestellten Becken mit Speise. Sie war überrascht, als im Gemüsetopf das Fleisch fehlte. Es war in einem unbewachten Augenblick daraus entwendet. Wo steckte der Dieb? Man verdächtige die im Hause beschäftigten fremden Drescher. Sie beteuerten indessen ihre Unschuld. Um sich Gewißheit zu verschaffen, holte Blautenberg drei Zauberstäbchen hervor und klopfte damit dreimal auf den Tisch. Da stieß der große Hofhund ein markerschütterndes Geheul aus. Schreckensbleich nahmen die Zuschauer wahr, daß dem Tiere beide Augen aus dem Kopf gefallen waren. Blautenberg nahm sie und setzte sie wieder ein. Die Drescher atmeten auf; denn nun hatte man den Dieb deutlich erkannt.

Einer aus Nüven war dabei, als dieses geschah, und er erzählte es in der ganzen Gegend. Er fand aber bei den Leuten keinen Glauben. Da wurde er zornig und rief: »Watt? Icke sehn hew, Augen vodden Koppe höngen.«

Einem Bauern war eine Anzahl Schweine erkrankt. Was er auch anstellte, sie wollten nicht mehr fressen. Der Bauer ging darauf zu Blautenberg und erzählte ihm seine Not. Dieser riet ihm: »Du kennst doch gewiß die Stelle, wo die zwei Leichenwege zusammenlaufen. Dorther hole eine Schaufel Erde und mache damit allen Tieren drei Kreuze auf den Rücken!« Der Bauer handelte nach dem Rat, und die kranken Schweine wurden wieder munter.

Die Zwillstelle der Leichenwege soll auf dem Schimm bei Gesmold gewesen sein.

Zu Religmann kam ein Bettler auf den Hof, den alle Leute Slukköske nannten. Die Bäuerin schimpfte: »Du graude, starke Kärdel kanns gout arbeiden. Gong dine Weärge!« Ohne ein Wort zu sagen, schritt Slukköske die Diele hinunter, erfaßte eine Kuh an den Hörnern und verließ das Haus. Von der Stunde an hörte das Tier auf zu fressen. Da war guter Rat teuer. Religmann suchte deshalb Blautenberg auf. Dieser empfahl ihm, die Diele von oben bis unten mit Reiserbesen zu belegen, damit Slukköske sie nicht wieder betreten könne. Am andern Tage kam Slukköske herein, erfaßte die Hörner der Kuh, und sofort fraß das Tier wieder.

WALLENBRÜCK

83   ROLFS WILHELM

Schnell kamen sie ins Erzählen. Sie kamen auf dies und das, sie kamen vom Hölzchen auf's Stöckchen. Ja, und wenn sie mit der Wahrheit nicht auskamen, dann logen sie sich gegenseitig die Hucke voll. Sie kamen auf Spukerei und Hexerei, sie kamen auf Böten und Besprechen. Ja, sie kamen auch auf Rolfs Wilhelm. Wilhelm war auch einer, der mehr konnte als andere Leute. Der eine wußte dies, der andere das zu erzählen. Bloß Haupensieks Fritz schüttelte den Kopf. Er war ein Mensch, der weit in der Welt herumgekommen war. Er wußte Bescheid und ließ sich nicht für einen Narren oder für dumm verkaufen. Das war ja bloß alles Rederei und Dösigkeit. »Sowas gibt's heute nicht mehr!«
Kaum hatte Fritz mal so richtig reinweg losgelegt, da ging die Tür wieder auf, und Rolfs Wilhelm kam rein. Er bot die Tageszeit, ging von sich allein an den kleinen Tisch sitzen und bestellte sich 'n lüttken Schluck.
Am großen Tisch war's auf einmal totenstill geworden, bloß Haupensieks Fritz ließ sich nix ankommen. Er mußte ja nun auch beweisen, was er gerade hier laut gesagt hatte. Und so in der Wärme kam ihn das an, und nun stach ihn der Hafer.
»Du, Wilhelm!« rief er nach dem andern Tisch rüber, »du, Wilhelm, du sollst ja auch mehr können als andere Leute. Kannst du uns das nicht mal beweisen? Kannst dich ja mal an mir loslassen!«
Wilhelm tat, als ob ihn diese Faxen nix angingen. Er guckte bloß stur in sein kleines Schluckglas. Als Fritz immer lauter und dreister wurde,

stand Wilhelm auf, bezahlte seinen Schluck, guckte im Weggehen in der Tür nochmal um und sagte zu Fritz: »Du kommst mir heute abend auch noch dran.«

Fritz rief noch nach der geschlossenen Tür: »Da kannst du lange drauf lauern!« und konnte sich vor Lachen nicht bergen.

Seine ganz Gesellschaft aber wollte so recht nicht munter werden, auch nicht, als Fritz noch einen ausgab. Mit der Zeit war es dann bald Nachtessenzeit geworden, und die Mannsleute rüsteten sich nach Hause.

Da stand mit einem Mal Fritzens Knecht in der Stubentür und sagte: »Vetter, Ihr sollt doch mal rasch nach Hause kommen. Mit unsern Kühen ist was nicht in Ordnung. Die Kühe sind alle am Brummen und Brüllen und wollen nicht fressen.« Die Kerls gucken sich alle verlegen an und dann zu Fritz. Aber der ruft man: »Was, geht dieser Aberglauben nun auch in meinem eigenen Hause los? Teuf man, ich komm sofort mit!«

Daheim war es so, wie der Junge gesagt hatte. Die Kühe kauten alle über den Krippen und brüllten, als wenn sie den ganzen Tag noch kein Futter gehabt hätten. Er untersuchte die Krippen, aber alles schien in Ordnung. Aber doch rückte er nun an den Krippen, wusch sie sogar aus und gab den Kühen neues Futter rein. Aber das Vieh brüllte weiter! Er rührte Kleie und Schrot unter das Futter, aber die Kühe brüllten. Auch Runkeln und Steckrüben halfen nicht.

Fritz war fertig. Nein, er war schon fast außer sich. Auch als einer meinte, das ginge nicht mit rechten Dingen zu, wollte Fritz erst loslegen. Aber ihm ging die Geschichte im Kruge durch den Kopf.

Er ließ den Nachbarn holen. Als der sich umgesehen hatte, meinte der, da wäre kein anderer Ausweg als Rolfs Wilhelm. Nun mußte Fritz in den sauren Apfel beißen. Na, ihm war, als wenn er den Kröten den Kopf abbeißen sollte.

Als Fritz bei Wilhelm 'ne Weile geklingelt hatte, macht der die Tür auf: »Ach, sieh! 'n Abend, Fritz! Wolltest du mich am späten Abend auch noch besuchen? Na, dann komm mal 'n bißchen rein!«

Fritz wehrte ab und klagte sein Leid.

»Ach, so – deine Kühe! Da geh man ruhig nach Hause. Die fressen längst wieder.«

Als Fritz in seinen Kuhstall kam, hatten die Kühe schon alle die Krippen blank.

Ja, was sagt Ihr nun?

LÖHNE   mdl.

84   MILITÄRPFERDE HEILEN

Unser Vater hat aktiv in Düsseldorf gedient, bei den Grünen Husaren. Und da hatte der Oberst, der hatte 'n wunderbaren Fuchs gehabt... und da hatten sie alle die Stabsärzte beigehabt, die hatten ihn nur zum Tode verurteilt (ihn für nicht heilbar gehalten).

»Das Pferd soll doch nicht sterben, wissen Sie mir keinen Rat?« hatte er (der Oberst) zu dem Burschen gesagt. »Ja«, hatte der Bursche gesagt, »mein Vater, der quacksalbert daheim so bei den Pferden und Kühen.« »Ja, meinen Sie denn, daß der mein Pferd retten könnte?« »Ja, wenn direkt kein Knochen kaputt ist.« Und die Ärzte haben alle gelacht. »Ja, denn wollen wir ihn holen lassen.«

Da haben sie ihn holen lassen, den Vater, und da hat er das Sprunggelenk wieder eingesetzt (eingerenkt?) gehabt, dieser Bauer. Und da hat der Stabsarzt gesagt, nun will er die ganzen Oberveterinärräte, die will er man alle wegjagen. Und da hat er (der Vater) gesagt: »Nein, so ist das nicht!« Das wäre ihm angeboren; von seinem Großvater hätte er das geerbt. In 'n Dings hatten sie irgendwo 'n dünnes Haar eingelegt. Da hatte er gesagt: »Ich fühle das.« Danach hatten sie ihm die Augen zugebunden, und da hatte er die Zeitung gesucht, und da hatte er gesagt: »Hier liegt sie!« Hatte das gefühlt. »Das habe ich in meinem Gefühl«, hatte er gesagt, »das kann Ihr Veterinärrat... der kann das nicht fühlen.«

Frittken (Fritzchen), dem war das angeboren, dem war das angeerbt, der hatte so 'n Gefühl dafür. Der... Dings (Oberst) hatte die (Tierärzte) anschnauzen wollen; da hatte er gesagt: »Das ist nicht recht. Die Veranlagungen haben die ja nicht, die fühlen das ja nicht!«

LIPPINGHAUSEN   mdl.

85   HILFE GEGEN ABGUNST

Das ist hier in Tengern passiert, wollen mal sagen vor vier, fünf Jahren. Da haben die Leute Silberhochzeit, haben ein Schwein. Und wie die Silberhochzeit vorbei ist, frißt das Schwein nicht. Nix, geht an den Wänden hoch und frißt nicht, ein großes Schwein.
Die Leute kommen nach Therolf. »Ja, wie ich sagte«, sagt er, »das Schwein ging an den Wänden hoch.« »Ja«, sagte Therolf, »Leute, ihr habt hier Silberhochzeit gehabt. Was sind hier denn für Leute gewesen?« »Ja, nur uise oägen Verwandten, nur unsere eigenen Verwandten.« »Ja«, hat er gesagt, »das sind aber alles schöne Verwandte gewesen. Da ist einer drunter gewesen, der hat euch das Schwein aber nicht gegönnt.«
Dietrich aus dem Erzählerkreis wirft den Begriff der ›Affgunst‹ – der Miß-
gunst – ein.
Nun hatte er gesagt: »Geht man raus. Hoffentlich kann ich den zwingen. Und«, sagt er, »ich bin stärker wie der. Was ich dann mache, ist gleich. Das brauch ich dir nicht erzählen, erzähl ich dir auch nicht.«
Dann hat er gesagt: »Jetzt gebt dem Schwein mal was (in den Futtertrog) ein!«
Also, es hatte drei Tage lang nicht gefressen, war vor Hunger also furchtbar. »Fangt klein an. Und sollte es... dann muß ich nochmal wiederkommen. Sobald es nochmal aussetzt (zu fressen), dann sagt ihr mir Bescheid.«
Er hat aber nicht mehr Bescheid gesagt, das Schwein hat durchgehalten.

TENGERN   mdl.

Gustav W.: Paula, Karlchen, wie der aus der Schule kam... Nun will ich dir die Bibel aufschlagen! Der hielt doch durch den Unfall damals an (stotterte), der stottert ja noch ab und zu so 'n bißchen, aber das ist ja nicht ausschlaggebend.. Unsere Nachbarn, die hätten sich schön gefreut, wenn Karlchen... Wir hatten ja nun man den einen. Wenn das kam, dann kriegte der Junge kein Wort raus. Und ich denke, ja, junge Freundchens, anschieten tue ich euch doch. Ich bin nach Therolf gegangen.

Paula S.: Du bist ja verrückt! Sag das man nicht!

Gustav W.: Das sage ich, und wenn tausend da sitzen! Und ich sage: »Du, so und so!« Karlchen (also) mitgenommen... ich hatte den kleinen Goggo (Goggomobil). »Die Leute sollen sich aber umgucken, die sollen sich umgucken bei der Vorstellung in der Kirche, wenn der aus der Schule kommt. Wenn ich auch 'n schlechten Tag habe«, sagt er, »ich hab 'n schlechten Tag. Aber die sollen sich umgucken, sie kriegen ihren Willen nicht. Du kommst abends mit dem Jungen hier nochmal her, vor der Vorstellung in der Kirche.«

Ich mein Karlchen wieder ins Auto – hin! »Mach du, daß du rauskommst. Karlchen ist ja nun 'n Kind. Mach zu, daß du rauskommst!« sagt er.

Ich raus. Ich habe ihm da auch gut was gegeben. Das kam mir ja auf fünfzig Mark nicht an; damals hatte ich ja 'ne Masse Geld; heute hab ich ja nix mehr, heute bin ich ja arm.

»Ja«, sagt er (der Therolf), »der Pastor kann tausend Fragen stellen, und der Junge hält morgen nicht mit einer Silbe an.« Ich denke, na, und es war furchtbar.

Schütte, der konnte was, der war klug, ganz klug war der Bengel, Schütte und unser, und dann kam hier Kämpers Gustav seins; ich weiß just nicht, wie es heißt, das Mädchen, und seins, an der Mindener Straße weg, Gerlach ihrs. Gerlach seins und Karlchen saßen zusammen und dann diese Marianne, oder wie heißt es? Ist egal! Schütte sagte bloß: ›Karlchen – Herrmann!‹

Karlchen hielt keine Silbe an, der konnte aber noch mehr wie Gerlachs ihrer, der studiert. Aber nicht ein Wort, keine Silbe hat er angehalten! Das habe ich nun selber ausgefochten, und das stimmt.

Und da bin ich mit dem Vennebecker – der hat es ja heute noch ganz schlecht. Ich denke, das solltest du doch wissen! Auch mit dem bin ich bei Therolf gewesen.

»Ja«, sagt der, »dem Jungen kann ich nicht helfen.« – War ein bildhübsches Kind, als Junge ... bildhübsch. Es sind Zwillinge; ein Mädchen studiert, das ist ganz klug. Der Junge ist auch klug, gar nicht dumm. Aber der Junge war bildhübsch als Kleiner; jeder, der das Kind sah ... ein bildhübscher Junge. Und der konnte erst gut sprechen, auf einmal – aus, Schluß! Der kriegt heute – na, wie alt ist er jetzt... 18 Jahre –, wenn er das hat, nicht eine Silbe raus. Sonst 'n lieber Junge, der Junge tut mir so leid!

Na, ich sage: »Das hat ein Ende, mit Lothar fahr ich auch hin.« Bin ich auch mit nach Therolf.

»Ja«, sagt der, »geh du mal raus!« Ich wieder raus. – »Ja«, sagt er (der Therolf), »das Herz tut mir im Leibe weh, dem Jungen kann ich nicht helfen. Die Frau ist mir tausendmal überlegen. Was haben die für Nachbarn?« »Ja, Nachbarn genug. Welche?« »Der Junge kann sprechen«, sagt er, »von der Stunde an, wo die Frau tot ist.«

BISCHOFSHAGEN   mdl.

87 DIE MISSGÜNSTIGE NACHBARIN

In dem Dorfe L. bekam eine Bäuerin, die ihr Kindchen an der Brust trug, Besuch von einer als Hexe bekannten Nachbarin. Die streichelte freundlich das Kleine und lobte das frische, kräftige Kindchen. Aber o weh! Als sie fortgegangen war, da war das Unglück geschehen. »Datt Lüttke was vanner Bost weg.« Das Kleine nahm die Brust nicht mehr, die Mutter mochte anstellen, was sie wollte. So sehr die Kleine auch Hunger haben mochte, sie nahm keine Muttermilch mehr.

Man versuchte es mit dem Kinde bei einer anderen Frau, die auch einen Säugling zu nähren hatte. Vergebens! In dieser Not wußte eine alte Bäuerin aus der Bekanntschaft Rat. Die Mutter mußte mit geschlossenen Augen etwas einnehmen, und das Kindchen sog wieder an der Brust, daß es eine Lust war. ›Ueßenfall‹ (Krötenhaut) hatte gute Wirkung gehabt.

<small>LEVERN</small>

88   DER GEGENZAUBER DER FRAU MOST

Gerkes hatten jahrelang immer Pech mit dem Vieh gehabt: dauernd waren Krankheiten im Stall, die Ferkel gingen ein. Und da hatte die Schwester von August Gerke geraten, doch Frau Most mal herzubitten, damit die mal feststellte, woher dies käme.
Frau Most kam auch, ging durch die Ställe und sagte dann: »Einer eurer Nachbarn hat den bösen Blick. Daher ist euer Vieh krank. Ich werde ihm eine Warnung zukommen lassen. Sollte er euch dann noch nicht in Ruhe lassen, dann gebt mir Nachricht!«
Es änderte sich aber nichts. Das Vieh war weiterhin krank, also wurde Frau Most noch mal hergebeten. Frau Most sah sich nun die Ställe noch mal genauer an, und dann entdeckte sie in einem Ferkeltrog, einem Holztrog, einen roten Streifen, der im Holz lag. Nun gab sie Anweisung, diesen Streifen herauszuschneiden. Dann schüttete sie ein Pulver in den Trog und sagte: »So, jetzt werden die Ferkel gesund.«
Und weiter sagte sie dann: »Ja, euer Nachbar hat ja auf meine Warnung nicht reagiert, jetzt werde ich ihm mitten im Sommer Handschuhe anziehen. Achtet mal darauf, wer in den nächsten Tagen jetzt bei dieser Affenhitze Handschuhe trägt!«
Und tatsächlich: zwei Tage später fuhr der Nachbar am Hof vorbei zum Feld und hatte Handschuhe an. Und die Frau des Nachbarn erzählte, ihr Mann hätte plötzlich einen Ausschlag an den Händen, daß er unbedingt Handschuhe tragen müßte.

Als dieser Nachbar später gestorben war, ging August auch hin und sprach der Frau seine Teilnahme aus. Da sagte die Frau zu ihm: »Jetzt bist du ihn ja los.«

BUCHHOLZ   schr.

89   PFERDEHERZ GEGEN SPUK

Meine Eltern haben mir erzählt:
Des Abends, wenn es dunkel wurde, ging bei Heitmeiers immer die Tür auf, und die Hunde heulten. Das ging jeden Abend so, es hörte gar nicht auf. Die Tür ging immer auf und zu, und die Hunde heulten immer weiter. Bis einmal ein Mann nach Heitmeiers kam. Da erzählte Heitmeiers Vater dem Mann diese Sache. Dieser Mann riet Heitmeiers, sie sollten ein Pferd schlachten und das Herz an die Tür hängen. Das taten Heitmeiers. Von da an hörte es auf. Die Hunde heulten nicht mehr, und es blieb alles ruhig.

NETTELSTEDT   mdl.

90   KOPMANNS SALBE

Wenn hier einer krank war, dann wurde schnell Kopmann geholt. Der konnte mehr als der Doktor. Und nun war Ruhmschöttels Oma Mathilde auch mal krank gewesen, und Kopmann hatte ihr 'ne Salbe verschrieben. Und er machte dann immer seine Sprüche dazu. Und da hat er denn auch gesagt:
    »Diese Salbe ist gut
    für Mathildens Fleisch und Blut.«
Und Krömers Fernand, der hatte auch irgend 'ne Wunde gehabt, die nicht heilen wollte. Und Kopmann hat das nun auch besprochen und hat dann aber zu dem Jungen gesagt: »Du mußt da aber auch an glauben!« »Ja, ja das tue ich auch.«

Na, Kopmann, der macht seinen ganzen Sermon da und murmelt und murmelt, und als er fertig ist, sagt Krömers Fernand: »Du, da glaube ich 'n Schiet an!«

BUCHHOLZ   mdl.

91   KRANKHEITEN BESPRECHEN

Früher besprachen die Leute ja immer. Da war meine Stiefmutter, die hatte Rose. Und dasselbe – wir hatten hier 'n Kostgängermädchen, Bierns Anna war hier in Kost –, die hatte dasselbe. Da kam der große Fritz, der war Knecht auf dem Reihenkamp, der besprach das zweimal. Und dann sagte er: »Aber nichts, kein Dankeschön, nichts davon sagen! Ich komme morgen wieder.« Und die Rosen waren weg, ohne irgend 'nen Doktor, ohne irgendwas. Die (Frauen) hatten aber *so 'ne* Beine!

Und da erzählte der alte Fritz, er wär mal nach Schildesche hin gewesen. Da wäre 'n Junge, Fischer hießen die, das war Verwandtschaft von ihr – der lernte in Bielefeld Schlächter, und da hatten sie ihn geholt. Und der Junge saß ganz voll, an beiden Armen und beiden Beiden. Die Doktors hatten ihn aufgegeben, und in Bethel, war er (auch) schon gewesen. Da kam Fritz nun hin – die hatten ihn mit 'm Kutschwagen geholt, früher ging das ja mit'm Kutschwagen. Und da hatte er ihn besprochen. Abends war der Arzt noch wiedergekommen. Fritz ist aber dann nachts dageblieben, hatte ihn morgens nochmal... und den andern Abend war er ganz davon ab (der Junge von seiner Krankheit). Da hat der Arzt gesagt, sie sollten extra beten, zu unserm Herrgott beten, der hätte den Jungen geheilt. Sie hätten ihn aufgegeben.

Und das habe ich ja nun bei den beiden Frauen gesehn... Und dort sagte er (Fritz): »Ja, wenn ich mal sterben muß, das muß mir dann einer abnehmen, das muß mir 'ne Frau abnehmen.« Sonst könnte er nicht sterben.

LIPPINGHAUSEN   mdl.

Meine Oma war eine fromme Frau, und Aberglauben und Spukgeschichten, wie sie zu der Zeit noch viel erzählt wurden, konnte sie mit
ihrem christlichen Glauben eigentlich nicht vereinbaren. Trotzdem
traute sie ›dän olen Knickschröer‹ mehr als den gewöhnlichen Menschen zu. Zu ihrem Leidwesen konnte sie ihm nicht immer aus dem
Wege gehen, da enge verwandtschaftliche Beziehungen bestanden. Er
hatte in zweiter Ehe die älteste Schwester meines Opas geheiratet. Später heiratete dann sein ältester Sohn die jüngste Schwester meines
Opas.
Zwei Schwestern meines Opas waren also mit Vater und Sohn verhei-
ratet und lebten in Hausgemeinschaft. An die wenigen Male, da meine
Oma mit dem ›olen Knickschröer‹ allein war, erinnerte sie sich mit
Grauen zurück. Sie hatte einfach Angst vor ihm. Vom ›olen Knick-
schröer‹ erzählte man sich allerlei Geschichten.
Ein offenes Geheimnis war es, daß er hier bei uns einer der größten
Wilderer war.
Die Förster und Jagdaufseher gaben sich größte Mühe, ihn auf frischer
Tat zu ertappen; aber wenn sie seine Spur verfolgten, liefen sie entweder in entgegengesetzte Richtung, weil er rückwärts gegangen war –
oder aber wenn sie ihn wirklich gestellt hatten und hinter dem Flüch-
tenden herschossen, gingen ihre Gewehre nicht los, sie ›knipsten‹
bloß. Man sagte, der ›ole Knickschröer‹ verstand das ›Knipsen‹. Später, als sein ältester Sohn Christian schon irre redete – alle seine Kinder aus erster Ehe wie auch wieder deren Kinder wurden im Alter von
etwa vierzig, fünfzig Jahren irre, was als Strafe für die Bosheit des Alten angesehen wurde –, als nun der Sohn Christian nicht mehr ganz
klar im Kopf war, redete er unaufhörlich auf seinen Vater ein: »Voder,
dat Knipsen, dat most du mi oawer no lehrn.« »Ne, Junge, dat lehr ick
di nich«, entgegnete der Alte und blieb dabei.
Einmal hatte mein Opa ein sonderbares Erlebnis. Es war Winter, und
er war mit seinem Bruder im Walde, um Holz zu fällen. Beide berieten
sich gerade, nach welcher Seite ein Baum fallen sollte, und waren sich

einig, da sagte plötzlich jemand hinter ihnen: »Nee, nich no dei Siete (Seite) no düsse:!« Beide schauten sich um und sahen den ›olen Knickschröer‹ da stehen. »No, dor het doch güst vör'n Ogenblick no en Dörenbusk stoahen«, meinten beide höchst verwundert.

Seine Schwiegertochter Guste, die jüngste Schwester meines Opas, die also mit dem Sohn Christian verheiratet war, erzählte, daß sich eines Nachts mehrere Kühe in ihren Ketten erhängt hätten. Als man am nächsten Morgen das Unglück entdeckte, habe ihre Schwester Marie, also die zweite Frau des ›olen Knickschröer‹ gesagt: »Och, dorümme het dat Kaninken (Kaninchen) gistern oabend wier (wieder) up'n Hoawe (Hofe) rümmehuppet!« Marie hatte häufiger zu Guste gesagt: »O Guste, wenn du wüßtest, wo ich van (heute) Nacht wier wären (wieder gewesen) bin!«

Einmal hatte man den ›olen Knickschröer‹ doch beim Wildern geschnappt, und er kam auch dafür vor Gericht. Und zwar hatte ihn der Jagdaufseher Rennekamp aus Ilse gestellt. Das war ein baumstarker, kräftiger Mann in besten Jahren. Doch kurz nach diesem Vorfall verließen ihn die Kräfte, er siechte dahin und starb bald. Es wurde erzählt, dabei habe der ›ole Knickschröer‹ seine Hände auch wieder mit im Spiel gehabt.

Er solle es selber erzählt haben, daß er Erde aus den Fußtrappen des Jagdaufsehers genomnen und in den Rauch gehängt habe.

Der ›ole Knickschröer‹ hatte ein schlimmes Ende. Er mußte bei lebendigem Leibe verfaulen. Das war wohl die Strafe dafür, daß er seine Kunst nicht weitergegeben hatte.

Guste erzählte folgende grausige Einzelheit: während seines Krankenlagers bemühten sich die beiden Frauen, ihn, so gut es nach damaligen Umständen ging, zu pflegen. Sie richteten ihn vor sich auf, und während ihn die eine festhielt, wusch ihn die andere ab. Und wie sie nun so dabei waren, da fiel auf einmal die eine Hinterbacke – quack! – vom Knochen ab.

Ilse   mdl.

93 KUNDIGE EICHSFELDER

Mein Bruder, der hatte die ganze Hand voll Warzen. Und kommt eines Tages in ein Haus, da ist ein Wollkämmer. Früher wurde ja die Wolle in den Häusern noch gekämmt. Diese Wollkämmer, die kamen vom Eichsfeld. Eichsfeld ist ein armes Gebiet, und die Leute mußten sich ihr Geld außerhalb als Prachermusikanten verdienen. Ich weiß, daß sie dann aufs Dorf kamen und dann Geld sammelten – oder (sie kamen) als Steinsetzer oder Steinbrucharbeiter. Oder die Frauen gingen mit großen Kiepen, in denen sie Wolle hatten, Strümpfe und so, Schürzen. Ich seh noch die Frau genau vor mir, es war so 'ne starke, rothaarige, die kam vom Eichsfeld.

Und da kommt mein Bruder eines Tages in das Haus, wo dieser Wollkämmer ist, und der sieht das. Da sagt er: »Herr Klenke, wollen Sie die gern los sein?« »Au ja«, sagt der. »Schön, dann gehen sie zur Weser und holen mir einen frischen Weidenzweig.«

Was der Mann damit gemacht hat, das weiß man nicht; das hat mein Bruder nicht gewußt und auch nicht in Erfahrung gebracht. Aber eines Tages sind die Warzen verschwunden gewesen.

HEISTERHOLZ   schr.

94 KRANKHEIT DEM TOTEN MITGEBEN

Kurz bevor ich mich vor einigen Jahren an der Schilddrüse operieren ließ, sagte mir Oma Ruhmschöttel: »Das würde ich nicht tun, da gibt es andere Mittel. Laß dir mal von unserer Tante Anni erzählen, wie die es gemacht hat!«

Nun, ich fragte Tante Anni, und die erzählte mir: Sie hatte vor einigen Jahren auch einen furchtbaren Kropf gehabt, und der Arzt riet ihr dringend zur Operation. Sie hatte aber Angst davor. Da riet ihr eine Nachbarin, sie müsse, wenn ein Mann gestorben sei, zu dessen Sarge oder Grabe sie Zutritt habe, den Kropf mit einem Stück Speckschwarte einreiben und diese heimlich in den Sarg oder ins Grab mogeln und dürfe aber nichts dabei sagen.

Nun starb kurz danach in der Nachbarschaft ein Mann, und Tante Anni nahm ein Stückchen Speckschwarte, rieb damit ihren Kropf ein und band dieses Stück in einen Blumenstrauß. Diesen legte sie heimlich in den Sarg. Danach ging ihr Kropf zurück, so daß die Operation nicht mehr nötig war.

Ich sagte aber seinerzeit: »Ich kann ja nun nicht darauf warten, daß hier in der Nachbarschaft oder in der Verwandtschaft ein Mann stirbt, um auf diese Art und Weise meinen Kropf loszuwerden«, und habe mich doch operieren lassen.

BUCHHOLZ   mdl.

95   UNVERWEST

Was hat das eigentlich mit dem 6. und 7. Buch Moses auf sich? Mein Freund hat sich das gekauft, aber ich will das nicht im Hause haben. Das bringt nämlich Unglück – Tatsache!

Ja, wenn ihr das nicht glaubt! Also, mein Großvater, der hat das gehabt. Der konnte damit zaubern. Der hat damit meine Tante verflucht: »Du sollst einmal nicht verwesen!«

Und das ist auch so gekommen. Meine Tante ist vor Jahren beerdigt, und das Grab ist noch immer nicht eingesunken. Das stimmt!

Und mein Freund soll das Buch ja wieder aus dem Hause schaffen!

STEINHAGEN   NOTIZ

96   RÜCKWÄRTS LESEN

Hier im Dorf bei K.s hat einer 'n siebtes Buch Moses gehabt. Und wie die andern alle des Morgens in die Kirche gegangen sind, kriegt sich dieser Junge das siebte Buch Moses her und liest. Und mit einmal ist die ganze Deele voller Tauben – ganz voll! Und wer das siebte Buch Moses nun hat und kann es wieder rückwärtslesen... dann fliegen sie wieder weg. Doch der konnte das nicht. Wenn er es (nämlich) wieder rückwärts gelesen hätte – rückwärts! – dann wären die Tauben alle wieder weg.

Wie die nun von der Kirche (wieder) reingekommen sind, da ist die ganze Deele voller Tauben gewesen. Da hat sich der Mann das Buch hergekriegt, hat rückwärts gelesen – da sind sie weggeflogen.

Das ist aber ganz früher gewesen – meine Mutter hat das erzählt.

LÖHNE   mdl.

91

WERWOLF und BÖXENWOLF sind fast austauschbare Bezeichnungen geworden: in den meisten Belegen sind sie einfache Aufhockergestalten, die sich von nächtens Heimkehrenden schleppen lassen. Ihre Verwandlungsbefähigung haben sie entweder durch des 6. und 7. Buch Mose empfangen (vermutlich eine jüngere Übertragung) oder durch den Werwolfgürtel, der auf besondere Weise angefertigt oder der vererbt werden muß. Manch einer empfindet seine Besonderheit als schwere Last, die ihm auferlegt wurde. Versucht er, den Gürtel zu verbrennen – der kommt zu ihm zurück. Hat er die Verwandlungsgabe vor seinem Tod nicht weitergegeben, ist er dem Teufel verfallen.

Meist besitzen Männer diese Fähigkeit zur Verwandung (Nr. 107 ist eine möglicherweise mißverstandene Ausnahme), und nicht selten kennt die Dorfgemeinschaft sie mit Namen, oder es wird doch versucht, ihn zu erfahren, indem man den Werwolf verdrischt, wobei sich der Gürtel löst. In der Gegend um Petershagen ist der Aufseher Stello zu einer weithin bekannten Sagengestalt geworden.

Eine sehr viel altertümlichere Vorstellung scheint durch den Bericht hindurch, in dem mitgeteilt wird, der Werwolf komme in den Zwölften und bleibe hinter der Türe liegen; hier fühlt man sich an den Hund des Wilden Jägers erinnert. In alter und gefährlicher Gestalt zeigt sich das Wesen, wenn es ein Fohlen frißt. Auch von Kämpfen der Werwölfe untereinander wird berichtet, was an den Wettstreit der Schamanen erinnert – sicher ein altes Motiv.

97 WERWOLF IN DEN ZWÖLFTEN

Ja, der Werwolf... der kam denn in'n Zwölften. Wenn man denn abends die Tür offen ließ, dann kam der Werwolf und ging achter der großen Tür liegen. Dann ging er nicht wieder weg. Mehr weiß ich auch nicht, was er denn von wurde...

Abends mußten die Türen zu – wenn's dunkel wurde, mußten die Türen zu!

HÄVERN   mdl.

98 DEN WERWOLF VERWUNDEN

An den Werwolf habe ich doch auch geglaubt, da war ich auch bange vor. Abends ging ich ja auch nicht... Und dann saß er unter den Eggen, nicht? Da bei Großenheerse.

Früher wurden die Eggen auf dem Lande, wo man mit eggt, die wurden immer hochgestellt; das war so 'ne Sitte – heute nicht mehr, jetzt bleiben sie liegen. Und da saß der drunter.

Der Werwolf sprang früher den Leuten auf den Nacken, und dann mußten sie 'n schleppen. Dann ließ der sich schleppen von Hävern bis nach Buchholz hin. Und wenn du dann 'n Messer hattest und konntest ihm das Blut lösen *(dat Blaut lösen)*, dann konntest du 'n loswerden. Dann sprang er weg.

GROSSENHEERSE   mdl.

99 BIS UNTERS DACH

Meinem Großvater sein Bruder, der hat in... na, nun kann ich doch nicht auf den Namen kommen! Der hat da gedient und hat nach Hause gewollt. Und da, als er da bei der Weser ist, da springt ihm der Werwolf auf 'n Nacken! Und da hat er 'n festgehalten. Und dann haben sie lange gehen müssen – bis unters Dach. Wenn du 'n so lange festhältst, dann ist er wieder da – 'n Mensch!

Und da hat der 'n festgehalten und ist bis nach Hause hin; es ist ihm aber der Schweiß am Kopf runtergelaufen. Das hat mein Großvater erzählt. Und als er da unterm Dach ist, da kriegt er sich 'n Knüppel her, und da drischt (*nahet* = eine Naht verpassen) er 'n ordentlich ab. Da hat der Schläge gekriegt! In Ilvese (ist das gewesen) – sieh, nun bin ich doch noch auf den Namen gekommen.

ILVESE   mdl.

100 BÜCHSENWOLF ALS LAUBBÜNDEL

In Bremke hatte ein Bauer ein Fuder Weizen verkauft. Als er das Geld geholt hatte, kam er an einem Holze vorbei. Da rollte ein Laken mit Laub den Berg hinab. Er rief: »Auch noch ein Laken mit Laub!« und stieß es zur Seite. Da sprang ihm ein Büchsenwolf auf den Rücken, der wollte ihm das Geld abnehmen, das er für den Weizen bekommen hatte.

Der Bauer hielt ihn an den Vorderbeinen fest und nahm ihn mit nach Hause. Er legte ihn in die Stube vor den Ofen. Sie ruhten sich beide aus. Als der Bauer sich ausgeruht hatte, weckte er den Knecht. Dann hauten die beiden den Büchsenwolf aus seinem Fell heraus. Da stand er vor ihnen und bat um Vergebung: es war sein Nachbar.

BREMKE IM EXTERNAL   NOTIZ

101 WERWOLF DURCH DAS 6. UND 7. BUCH MOSE

Hier, dem alten Kleine sein Bruder, also dem Fritz sein Onkel muß das gewesen sein... der ist nachher nach Vesesack, da ist der hingezogen. Den ist denn ein Böxenwolf angesprungen, nicht? Und dann hat

er ihn tragen müssen; und das ist ein kräftiger Kerl gewesen, hier Klei-
nens Fritz - ich glaube, Fritz hat er geheißen.
Auf die Schultern ist der ihm gesprungen, nicht? Und der hat den
mächtig festgehalten. Hier auf Ilserheide ist das passiert. Der Kleine

Fritz, der hat nach Hause wollen, und das ist dann ja immer nachts gewesen. Und er denkt: »Teuf man, dich schiete ich an! Ich halt dich ordentlich fest und nehm dich mit nach Hause.«

Und er hat ihn bis nach Hause getragen. Und wie sie dann bald hier bei Kleinen sind, da hat der immer gebeten und gebettelt, er sollte ihn doch loslassen. »Nee«, hat er gesagt, »ich nehme dich mit; ich will wissen, wer du bist.« Und er hat den auch mitgenommen – bis ins Haus hinein. Da hat er gesehn, wer's gewesen ist.

Das ist... na, ich plaudere denn das nun alles aus – von Gorspen-Vahlsen das ist P. – P. lassen sie sich schreiben. Koatmann sagten sie früher dazu. Der Alte ist das gewesen – nicht dieser Kerl, dem sein Großvater ist das gewesen.

Ich sage immer wieder, das hängt denn alles mit diesem sechsten und siebenten Buch Moses zusammen.

Ilse   mdl.

102 DER BÖXENWOLF FÜRCHTET DAS WASSER

In Aminghausen sprang nachts der Böxenwolf einem Mann auf den Rücken. Da fragte der: »Sitzt de faste?« »Jo, ick sitte faste!«

Da lief der Mann an einen Brunnen und drohte: »So, du Hund, nu bekenn! Süs schmiet ich di do rin!«

Da sprang der Wolf ab und stand als sein Nachbar vor ihm.

Aminghausen   mdl.

103 ANFERTIGEN EINES WERWOLFGÜRTELS

Von alten Leuten werden oft Geschichten vom Werwolf erzählt. Dieses ist ein Mann, der sich in einen Wolf verwandelt hat, die Verwandlung geschieht vermittels eines Gürtels, der vom Teufel gewebt ist. Um einen solchen Gürtel zu bekommen, muß man Sonntags unter der Kirche Flachssamen säen. Derselbe muß Sonntags während der Kirche abgemäht, zurechtgemacht und gesponnen werden. Dieses Garn muß nachts an die Haustür gehängt werden, von wo es der Teufel holt und zu einem Gürtel webt. Wer sich nun diesen Gürtel umschnallt, der wird in einen Wolf verwandelt.

Dieser Werwolf überfiel die Wanderer und nahm ihnen das Geld ab; oft ließ er sich von den Wanderern stundenlang tragen, indem er denselben auf den Rücken sprang.

ALVERDISSEN

104 DEM BÖXENWOLF DIE KUNST ABNEHMEN

Wer einen Werwolfsgürtel hat, der kann nicht eher sterben, als bis er einen Menschen gefunden hat, der ihm den Gürtel abnimmt.

In der Gemeinde Heimsen gibt es jetzt zwei Böxenwölfe; dadurch, daß der eine neu hinzugezogen ist, hat der alte Ruhe, sonst hätte er sich einen suchen müssen, der es von ihm lernte. Der alte hatte ja auch die Kunst erst von seinem Vater angenommen, als der in den letzten Zügen lag und nicht sterben konnte. Von den beiden Böxenwölfen weiß man ganz genau, wer es ist, und weiß viel von ihnen zu erzählen. Und als der jüngere einmal einem Mädchen einen Antrag machte, hat sie ihm einen Korb gegeben und gesagt, sie nähme keinen Böxenwolf.

HEIMSEN

105 DER BÖXENWOLF IN MINDERHEIDE

Von Leuten, die als Böxenwölfe umgingen, hat man überall erzählt. Man erkannte sie an den Schwielen, denn sie mußten in Wolfsgestalt ja auf allen Vieren laufen; außerdem bleiben sie im Bett kalt. Sie gewinnen ihre Fähigkeit durch einen besonderen Gürtel mit sieben Löchern. Wenn sie die Schnalle ins siebte Loch stecken, sind sie Wolf. Manchen scheint es Freude zu machen, sich zu verwandeln; andere versuchen, die Begabung los zu werden – dazu müssen sie den Gürtel verschenken; aber der andere muß ihn freiwillig nehmen. Dazu braucht er dann auch das sechste und siebte Buch Moses. Das besitzen die Böxenwölfe nämlich auch, das gehört dazu. Sie können es nicht selbst los werden; denn wenn sie es auch ins Feuer werfen – es kommt zum Besitzer zurück.

In Minderheide gab es einen Böxenwolf, dem seine Fähigkeit aber wohl Spaß machte. Wiederholt hat er Leute angesprungen, und die mußten ihn schweißtriefend schleppen. Aber niemand hat ihn erkennen können; er sprang jedesmal rechtzeitig wieder ab.

Als ein alter Mann nur schwer zum Sterben kommen konnte, glaubte man, daß er der Böxenwolf gewesen wäre. Nach dessen Tode hatten die Leute wirklich Ruhe.

MINDERHEIDE   mdl.

106   WERWÖLFE IM PADERBORNSCHEN

Der Werwolf ist gewöhnlich ein schlechter Kerl aus der Nachbarschaft. Er kann auf dem rechten Vorderfuß flöten.

Man sagt, der Kerl schnallt einen Riemen um, und sogleich geht die Verwandlung vonstatten.

Er ist nicht so stark, wie man glaubt. Kann man den Kerl in seiner wirklichen Gestalt banden, so kriegt man ihn auch als Werwolf unter.

PADERBORN   schr.

107   ALTES WEIB ALS WERWOLF

Der Mann, dem das mit dem Werwolf passierte, ging fast jeden Abend in die Wirtschaft und spielte da oft bis in die Mitternacht Karten. Als er nun mit dem Ungeheuer zu Hause angelangt war und seine Frau herausgeklopft hatte, warf er den Werwolf, der ihm fast den ganzen

Rücken zerkratzt hatte, auf die Erde, hielt ihn fest, und dann mußte seine Frau mit dem Beil drauf losschlagen. Sie durfte aber immer nur zwei Schläge tun, und dann mußte sie erst wieder etwas warten, so befahl ihr der Mann. Wenn das Untier zwei Schläge bekommen hatte, dann sagte es immer: »Nun noch einen!« Der Mann aber antwortete: »Nein, nicht mehr, wie einem Teufel zukommt!«

So hatte die Frau schon eine ganze Weile auf den Werwolf losgeschlagen, ohne daß es dem geschadet hätte. Da aber traf sie das Hexenband – der Werwolf verschwand, und an seiner Stelle stand ein altes Weib. Hätte die Frau immer drei Schläge hintereinander geführt, dann wäre der Werwolf unerkannt geblieben. Bei der Begebenheit ist dann aber noch das Gute herausgekommen, daß von nun an der Mann das Kartenspiel sein ließ.

TALLE

108 LEIDEN DES WERWOLFS

Das hat mein Vater oder... ole Buks Opa hat das immer erzählt. Der ist nun schon 'n paar Jahre tot, und der hat – wie er gestorben war, war er bald neunzig – und der hat mir immer erzählt:

Mit seinen Kumpels, wo er denn immer mit nach 'n Deerns gegangen ist, nach 'm Spinnabend... Das war denn ja früher so: die Deerns haben dann gesponnen, und die Jungs sind denn hingegangen, haben sie 'n bißchen geärgert und getan und gemacht... Und da sind auch einmal wieder zwei Jungens nach 'n Deerns gegangen, und der eine Junge (von den andern), der ist da mitgelaufen – also, nicht von diesen beiden, 'n anderer. Und wie sie so dahingehen und sind dann bald dort bei dem Hause – nun sind da ja eine Masse Hecken gewesen und Büsche – mit einmal gucken sie so an die Seite: da ist da 'n großer Hund hinter ihnen. Und der Hund, der geht immer mit, geht immer mit... Er jagt 'n weg – der läuft aber nicht weg. Und da sagt dieser eine: »Deuwel, ja!« sagt er, »der Hund, der geht ja immer noch mit.« »Laß 'n laufen!« sagt der andere.

Na, wo der da gewohnt hat, geht er nach der Seite. Da sagt der eine noch: »Na, Konrad, nun sieh zu, daß du den Hund, wenn du 'n mitkriegst, denn bind 'n man an bei euch!« Und da sagt dieser andere: »O, 'n kleinen Augenblick guck ich mir das noch an, dann ist es aus. Dann greif ich 'n mir.« Der Hund läuft aber immer wieder mit... immer dichter ist er bei ihnen, just daß er 'n nicht kriegen kann.

Und wie er denn bald dort ist bei dem Haus, da sagt er: »Hund, gehst du weg!« Aber der Hund geht nicht weg. Und da springt er zu, greift den Hund bei den Beinen, und der Hund, der hat 'n auch gebissen. Aber er hat 'n nicht losgelassen, er hat 'n hochgezogen und hat 'n auf'n Nacken genommen, gerade so wie 'n Sack. Und der Hund, der hat 'n gebissen und gekratzt mit den Hinterbeinen und alles; er hat 'n aber nicht losgelassen bis er 'n bei sich ins Haus gekriegt hat und hat 's Licht angemacht oder Streichhölzer (Rietsticken) angerissen oder... zumindest: er hat 'n im Hause, hat 'n auf der Deele liegen gehabt. Und wie er da 'n Streichholz anreißt, da ist es sein Kollege gewesen – also nicht der, wo er jetzt mit zusammen gewesen ist, sondern der andere. Der ist ja mitgelaufen nach dieser Deern, wo die beiden jetzt hingewesen sind. Und da ist es sein Kollege gewesen. Da hat der ihn gebeten und gefleht, er möchte das doch keinem sagen; so und so wäre das – also, er könnte da auch nichts für, und er müßte das tun... und soviel, und er könnte sich da nicht – wie soll ich mich jetzt ausdrücken? – also, er könnte nicht anders, mit einem Wort gesagt. Also, das wäre ihm auferlegt, und er müßte sowas machen.

NEUENKNICK   mdl.

109 KAMPF MIT DEM WERWOLF

Mit dem Nachhausegehen, ja, da war's ein bißchen spät geworden... (doch) das wäre gar nicht schlimm gewesen. Es war zwölf Uhr, und er mußte durch den Schlag, und den Schlag hinunter waren an beiden Seiten große Hecken, die hatten sich oben alle wie die Hände gegeben. Und da war es so stockduster drin, daß er froh war, wenn er da man schon durch gewesen wäre. Aber – wie gesagt – es war zwischen zwölf und eins, das war die Spukstunde. Er machte, daß er den Schlag runter kam. Just war er nun in dem Hohlweg drin, da trottete was hinter ihm her. Er fing an zu laufen… (doch) das war mehr ein Stürzen als ein Laufen. Er kam überkopp, er kletterte wieder hoch, rappelte sich auf, aber wie er wieder auf den Beinen war, da sprang ihm von hinten was auf den Nacken. Karl wußte ganz genau, was das war, das war der Werwolf, und der Werwolf mußte getragen werden; und er packte auch die beiden Pfoten vorn an und trug den Werwolf. Ja, den Schlag herunter ging das wohl, aber die letzten paar hundert Meter nach 'm Mühlenhofe ging das feldan, das war 'ne Mordsarbeit. Da mußte er schwitzen; ja, er war klatschnaß, als er auf dem Mühlenhofe ankam. Als er vor die Dielentür kam, läßt er die eine Hand los und will die Dielentür aufklinken. Das hat der Werwolf mitgekriegt und wollte abspringen.

»Ja«, sagte Karl, »das hast du dir wohl gedacht, ich habe dich nun so lange geschlürt und getragen, jetzt kommst du auch mit nach Haus!« Er griff fix zu, trampelte mit dem einen Fuß die Dielentür auf, auf der düsteren Diele suchte er sich nach der Bodenleiter hin und quälte sich mit dem Werwolf die Bodenleiter hinauf, ja, über die Leiter durch die Einstiegluke auf den Balken bis vor die Luken. Der Werwolf wollte nicht, er hatte schon die ganze Haut aus den Kniekehlen getreten, aber das half nichts. Als er vor der Luke stand, dreht er sich mit einem Ruck um, läßt den Werwolf los und schmeißt ihn durch die Luke. »Kwack!« sagt das ordentlich auf der Diele. »Hei«, sagt Karl, »wat was dat denn?« Da hört er 'ne Stimme, die kam ihm doch so bekannt vor, woher kannte er die wohl? Na, der Werwolf mit Heulen und Stöhnen kroch aus der Diele raus. Als er (Karl) herunter kam, war nix mehr zu sehn. Aber er konnte erst nicht einschlafen mit dieser Stimme (in den Gedanken).

Am anderen Morgen, als es hell wurde, ging er nach dem Nachbarhause, nach dem Kotten, klinkt an der oberen Tür. Rieke macht ihm die Tür auf. »Ach, guck – Karl! Bist du da, schon so früh am Morgen?« »Ja, Rieke, sieh mal, was ich wollte… sieh mal, wir müssen nötig dreschen, nicht wahr, mit den Flegeln dreschen. Und da fehlt mir nun einer, nun dachte ich, ob Stoffel, ob der uns wohl heute mit dreschen helfen könnte.«

»Och nein, Karl«, sagt sie, »das geht nun nicht, guck mal an, sieh, heute geht das nicht. Der Stoffel, der hat heute nacht so schrecklich geträumt. Er ist von der Bettstelle gefallen. Mit dem einen Bein kann er nicht auftreten, und ich glaube auch, der eine Arm ist auch hin. Und vorm Kopf hat er eine Beule neben der andern sitzen und einen Klump neben dem anderen. Nein, ich glaube, wir müssen noch heute hin nach Dr. Pape, nach Herford, so geht das noch nicht. Aber sieh mal Karl, das kannst du uns nun nicht übel nehmen, mitdreschen kann er nicht. Aber wie kann 'n Mensch nur so zuschanden kommen?«

»Ja«, sagt Karl, »ich weiß, wie man so zuschanden kommen kann.«

BISCHOFSHAGEN   mdl.

110   STELLOS NAME

Der Name Stello ist ein Beiname, der richtige Name, wie er sich geschrieben hat, heißt anders; aber sie sagen da Stello zu und auch ›Riemenbauer‹ (*Riemenbuern*). Nun mag das ja davon herkommen, wie sie mir alle sagen, daß er vielleicht, wenn er sich verwandelt hat, sich 'n Riemen um 'n Balg geschnallt hat und deshalb Riemenbauer genannt wird.

NEUENKNICK   mdl.

111   STELLOS KÜNSTE

Ja, Stello, der ist ja in Heimsen gewesen. Das... der wollte immer... also in Hävern spukt es ja auch. Sie sagen, der schnallte sich 'n Riemen um den Leib. Und der hatte die Aufsicht über die Weiden.
Das weiß ich nun nicht mehr, aber die Leute behaupten das. Der konnte sich 'n Riemen um den Leib schlagen – dann war er Hund und

sprang hindurch durch das Wasser, und dann putzte er die Leute herunter. Sie durften sich ja von den königlichen Weiden hier keine
(Zweige) schneiden, nicht? Also das – ja, das war in Heimsen.

Das hängt wieder mit 'm sechsten und siebten Buch Moses zusammen,
Deern. Ich geh auch nach der Kirche hin, also, ich weiß das nicht.
Aber daß so welche was hexen können, das glaube ich. Weißt du – so
dir Schlechtes zuwünschen oder sowas daher, das glaube ich auch. Dieser Kopmannsche da – sowas murmeln konnte der auch... Also, das
sechste und siebte Buch Moses, da stehen wohl so 'ne Heilpraktiken
und so 'ne Winkelzüge drin; das glaube ich von 'nem Menschen auch.
Ich weiß es nicht, Deern, aber – mir scheint 's so. Ich weiß es nicht.
Nicht, es gibt ja auch Leute, wenn die hiergewesen sind und wünschen
dir was Schlechtes, dann passiert es, nicht? Also, das können welche,
nicht? Können dir was Schlechtes wünschen. So, also das ist furchtbar.
Ich weiß es auch nicht, Deern.

Heimsen   mdl.

112 STELLO ALS WERWOLF

Wovon soll ich denn erzählen? Vom Werwolf? – Ja, das ist ja wahr, der ist ja von Heimsen. Der war hier Aufseher. Die alten Schlachtleute (Deicharbeiter), die hatten dafür noch 'ne Witterung.

Der brauchte kein Motorschiff – der band sich 'n Riemen um, und dann war er 'n Hund, und dann schwamm er durch die Weser. Mit einem Mal war er hier an dieser Kante – und war kein Schiff und nix dagewesen. Vorher hatte er an der anderen Kante gestanden.

Da waren sie bange vor, denn der forderte: »Du mößt arbeien (arbeiten)!« Dann war er zufrieden.

DIETHE–LANGERN   mdl.

113 AUFSEHER STELLO

Stello, das war ja der Aufseher bei den Leuten an der Schlachte (Uferbefestigung), bei den Schlägenarbeitern da, sozusagen. Und von dem ging die Sage, der könnte sich verwandeln. Dann hatte der so 'nen Riemen; wenn er sich den umband, dann konnte er sich verwandeln in 'n Hund oder Menschen oder was er sein wollte – oder in 'n Tier. Das war schon 'n alter Kerl, hatte 'n langen Bart. Da muß ja wohl was von wahr sein, sonst hätten die Leute das nicht gesagt.

Und wir als Jungs, wir fischten immer an der Weser. Und dann hinter den großen Wiesen, da war so 'ne große Wiesenplantage, sozusagen, die war zwanzig Meter breit, da hatten wir die Schnüre reingeworfen. Und dieser Weytling aus Buchholz, der war sozusagen unser Chef, das war 'n Lumpensammler – sein Beruf. Und wir gingen immer hin zum Fischen.

Und eines guten Morgens, da kommt der auch früh hin und geht denn durch die Wiesen durch auf das Kiesufer... also das Kiesufer lang sind so 'ne Buhnen, die in den Strom reinreichen. Da sitzt der alte Werwolf, dieser Stello. Der konnte sich verwandeln in 'n Hund, behielt aber sein Menschengesicht. Und dieser Weytling hat 'n Hammer in der Hand, läuft hinunter: »Da habe ich dich, du verfluchter Hund, doch endlich mal gekriegt!« ruft er und will dem Stello mit 'm Hammer über'n Kopf hauen. Der Hund springt in die Weser und schwimmt durch. Und auf der andern Seite setzt er sich wieder hin. Na ja, da hat der Weytling darauf geschworen – so treu, das war ganz gewiß! Hat sich mit dem Kerl da getroffen. Na ja, das war ja auch bekannt: Stello, der könnte sich verwandeln.

Und das war wohl 'ne Zeit nachher – dies war im Sommer, und nun im Herbst –, ich fischte auch noch. Die Weser war groß, die war so übergelaufen. Dann schmissen wir Jungs denn immer so 'ne Schnüre, so 'ne Aaltaue, wie sie mancherorts sagen, wo denn so Angeln dransitzen, 'n Meter weit auseinander, schmissen die darein, da auf ›Mettken Steine‹. Dann war das manchmal 'n bißchen nebelig nachmittags; dann ging ich schon zur rechten Zeit hin und zog die Schnüre dann auf – wollte dann sehen, was ansitzt.

Und einige Zeit – da saß mein Leben nix dran! Das kam mir so komisch vor, ich denke: »Mußt mal aufpassen!« Da beobachte ich das: da war immer, wo denn so 'ne Schnur lag, als wenn da 'n Kalb gelaufen wäre – so drei- viermal in die Runde gelaufen wäre. Und dann lief das wieder nach der andern Schnur hin – die lagen wohl alle so zwanzig, dreißig Meter auseinander. Ich da wieder hin: ja, war dasselbe! Hatte auch da rumgetrampelt, und dann ging die Spur wieder nach 'ner andern hin.

Ich denke: »Das ist doch gediegen!«

Ich erzähle das zu Haus. »Ja«, sagen sie, »mußt mal 'ne andere Zeit hingehen. Nicht um Klock' viere, sondern…« Na, ich ging halb fünf hin – 'ne zeitlang. Wenn ich hinkam – das Kalb war schon dagewesen, war da schon wieder gelaufen. Ich denke: »Das ist doch komisch!« Und an der Schnur saß mein Lebe nichts dran. Habe ich nix gefangen! Ich habe sie oft versetzt, die Zeit – aber den Kerl habe ich nicht getroffen, das kleine Kalb. Also gerade, als wenn so 'n kleines Kalb 'n paarmal in die Runde gelaufen wär und dann nach 'ner anderen Stelle hin. Na ja, soll man wohl sagen: »Stello ist das gewesen!« Konnte sich ja in 'n Tier verwandeln. Ich habe ihn auch nicht getroffen; so ist das geblieben.

Ja, sieh, da gingen alle so verschiedene Sagen von. Mein Vater sagte immer: »Ja, dieser, sterben kann der nicht – oder der muß erst einen finden, der das übernimmt, dem seinen Riemen abnimmt.« Sonst könnte der Kerl nicht sterben, und der war schon steinalt; aber er war immer kontant, immer bei den Schlachtenarbeitern da. Ob er nun heute noch lebt? Er muß ja wohl heute noch leben, denn das wird ihm wohl heutzutage so leicht keiner abnehmen. Aber nun mag er ja zuletzt wohl drüber weggestorben sein. Sind natürlich schon fünfzig, sechzig Jahre her, und da war er schon alt. Dann müßte er ja nun schon ganz alt sein.

BUCHHOLZ   mdl.

114   STELLO ALS HUND

Von Stello kann ich dir so'n Thema von erzählen – mit unserem Opa, nicht?

Weißt du, Stello war an der Weser. Der hatte die Aufsicht da, nicht? An der Weser. Und denn fischten sie doch früher auch, nicht? Auch unser Opa. Der fischte doch mit Schnüren und so. Und Stello paßte denn ja auf. Wenn sie nun keinen Schein (Angelschein) hatten, und die Zeit war denn... abends durften sie denn ja auch nicht so spät... Da hatte er sich (unser Opa) auch 'ne Stunde hingesetzt.

Und da – der glaubte ja an sowas gar nicht, nicht? Stello konnte sich da ja in 'n Hund verwandeln, wurde denn ja gesagt, nicht? Und da hat er, als es schon 'n bißchen später war, daß er nun nicht mehr gut hat sehen können und als er die Würmer aufgesteckt hatte... und da hat er denn gehört, daß 'n Stück weiterhin einer... als wenn er so die Steine zusammengescharrt hat, nicht? So 'n paar Steine zusammengeschürt. »Na, teuf man, ick helpe di dar kegeln!« ruft unser Opa da so. Nicht – ich helfe dir dort gleich kegeln! Na, es dauert auch nicht lange, da springt dort so'n großer Hund vor ihm so vorüber... so auf die Köpfe

denn so, nicht? Da nimmt unser Vater 'n Stock – und so' ne Sielen-
stange hat er wohl gehabt, nicht? »Du verdammter Stello!« ruft er da
und haut ihm nach, nicht? Trifft ihn aber nicht – nicht? Der war verschwunden! Hat ihn auch nachher gar nicht wieder gesehen.

Aber er glaubte ja überhaupt nicht an sowas, unser Opa, nicht? Das
glaubte er nicht. Aber *dies*, das hat er aber erlebt. Da, sagte er, standen
ihm aber die Haare zu Berge, wie er da... bei der Rottbeeke, da ist das
gewesen. Damals haben wir noch in Großenheerse beim Schmied gewohnt, die ersten Jahre hier, wie ich so klein war, nicht?

Und da hat er sein Messer aus der Tasche genommen und hat es aufgemacht. »Pah, ich will dich nicht hin nach... hier in der Marsch
tragen!« Zeitweise sprangen sie (die gespenstigen Tiere) denn ja auf 'n
Nacken, wurde denn erzählt, so 'n Leuten auf'n Nacken. Die mußten
sie dann tragen und schwitzen dabei – wer weiß wie, nicht? daß die sie
gequält haben. Ich weiß auch nicht. Ich kann mir das ja auch nicht
denken, aber – *das* ist ihm passiert!

BUCHHOLZ   mdl.

115   DER WERWOLF STÖRT BEIM FISCHEN

Zwei von Dringenberg gingen auf Siebenstern und Rotehaus zu, des
nachts, um zu fischen. Früher machte man das anders. Man nahm bu-
chen Scheite, ganz trocken, pulvertrocken, und schnitt dann dünne
Splitter herunter. Die steckte man an, und die Fische kamen auf das
Licht zu.

Der eine Fischer sprach: »Sieh da, die schwarze Gestalt, nein, ich geh
keinen Schritt weiter.« Der andre aber meinte: »Hat ihn der Teufel
schon wieder da? Wart', ich zeige dir, ehrliche Leute bange zu machen.« Damit schnitt er sich einen Rängel aus der Hecke und ging
herzhaft auf den Werwolf los. Der aber riß aus, was er nur konnte. Bis
vor Herste trieb er ihn, da verschwand er Werwolf; es war ein Kerl aus
dem Orte.

DRINGENBERG

116   DER WERWOLF FRÜHSTÜCKT

Da sind zwei Knechte gewesen, die haben Rasensoden gestochen. Als sie so 'ne Zeitlang gestochen haben, da legen sie sich 'n bißchen hin und ruhen sich aus. Als nun der eine Knecht meint, daß der andere schläft, da tut er sich 'n Riemen um und verwandelt sich in 'n Werwolf.

In der Nähe war'n Fohlen im Kamp. Da geht der Werwolf hin und zerreißt das und frißt's auf. Dann kommt er wieder und geht auch liegen. Eine kleine Zeit danach fangen die zwei wieder an zu stechen, bis es zum Frühstücken geht.

Nun will der eine Knecht – was der Werwolf war – der wollt' nicht essen und sagte, er hätte keinen Schmacht (Appetit). Da sagt der andere: »Das glaube ich: du hast ja das Fohlen im Balge, da kannst du keinen Hunger haben!«

»Hast du das gesehn?« fragt der andere.

»Jau«, sagte er.

Da ging der Werwolf weg, und keiner hat ihn wiedergesehen.

PECKELOH

117   WERWOLF GEGEN WERWOLF

Da ist ein Graf gewesen, der hat über Land fahren wollen, und da hat er erst einen Fuhrmann gefragt, was das wohl kosten würde. Der hat zuviel Geld haben wollen. Da geht er nach einem anderen Fuhrmann; der hat das billiger getan.

Den anderen Morgen fahren die beiden los und sind den ganzen Tag auf Reise. Als sie abends wiederkommen, da ist es schon düster gewesen, und da mußten sie durch so'n großen Buschwald. Und als sie nun im Busch sind, da kommt da ein Werwolf an, und der geht gegen die Pferde an, daß sie kaum weiterkönnen. Da sagt der Graf zum Fuhrmann, er sollte mal halten, und da stieg er aus dem Wagen und verwandelte sich auch in einen Werwolf.

Nun geht er dahin, wo der andere ist, und da dreschen sich die beiden, daß es man so knallt – der Fuhrmann ist ordentlich bange geworden. Der Werwolf aber, was der Graf war, der kriegte schließlich die Übermacht, und der andere Werwolf, der flüchtete in den Busch zurück. Da verwandelte sich der Graf wieder in einen Menschen und sagte zu dem Fuhrmann: »Das war der, der mich gestern fahren wollte und wollte das viele Geld haben.«

Nun haben sie ruhig bis zu ihrem Ziel weiterfahren können.

Loxten

118   DER FREIER ALS WERWOLF

Da ist ein Bauer gewesen, der hatte einen großen Hof und man eine Tochter. Und da haben zwei Jungens nach gefreit, die wollten sie beide haben.

Nun geht der eine Junge mal abends spät nach dem Mädchen hin. Und als er da durch den Busch (Wald) kommt, da ist da ein Werwolf, der packt ihn an. Der Junge hatte aber 'n Feuerstahl in der Tasche, den schmiß er schnell rüber, und da wurde der Werwolf zum Menschen – das war der andere Junge, der auf den Hof freite. Der hatte gedroht, wenn er was davon sagte, dann ginge es ihm dreckig.

Der eine hatte sich aber so verschreckt, daß er krank geworden war. Und hatte gar nicht sagen wollen, was ihn überkommen hatte. Seine Mutter hat ihn da immer nach gefragt, aber er sagte dann bloß: »Das darf ich nicht *einem* Menschen sagen, sonst geht es mir übel.«

Da sagte seine Mutter, er sollte's der Scheune erzählen. Das wollte er tun; dann müßten sie ihn aber dahin bringen – er hatte nicht mehr gehen können, so kaputt war er schon gewesen.

Da sagte er zu der Scheune: »Ich muß dir doch erzählen, wie es mir gegangen ist«, und nun erzählte er alles das, und seine Mutter, die hatte das alles heimlich angehört. Lange hat es mit ihm nicht mehr gedauert, da ist er totgegangen. Und was der Werwolf gewesen ist, der hat doch noch die Tochter gekriegt und ist ein Bauer geworden auf dem Hof.

Loxten

In Frotheim war früher ein Bauer, der hatte einen Knecht und eine Magd. Diese beiden waren zusammen verlobt. Eines Sonntags war der Bauer mit seiner Familie zur Kirche gegangen, und der Knecht und die Magd waren allein zu Hause. Da zeigte der Knecht der Magd einen Ring und sagte: »Soll ich mich mal in einen Bären verwandeln?« Dann dürfe sie aber seinen Namen nicht rufen, sagte er noch. Die Magd war damit einverstanden.

Nun stieg der Knecht auf den Boden, warf sich den Ring um und sprang als ein Bär von oben herunter. Da fing die Magd zu schreien an und rief seinen Namen. Sogleich sprang der Bär über die Tür, lief in den Wald – und niemand hat ihn wiedergesehen.

FROTHEIM

mdl.

GEISTERTIERE lassen sich im Berichtsraum vorwiegend als Hunde se-hen, als ›Rüde‹ (Rüe). Meistens ist es ein echter Geisterhund, in zwei Bele-gen aber der übelbeleumdete preußische Werber Schwanewert, um den sich ein ganzer Sagenzyklus gebildet hat und der nun als Wiedergänger in Hundegestalt umgeht – gefährlich wie zu Lebzeiten.

Häufig verfolgen solche Wesen den Menschen nur bis zu einer ihnen ge-setzten Grenze hin: die Häverner Katze kann die Dorfmark nicht verlas-sen; vor Schwanewert als Hund schützt der bewohnte Dorfbezirk – aber ein anderes Mal kommt er bis an die Traufengrenze und starrt durchs Fenster herein.

In Neuenheerse springt ein Geisterhund wie ein Werwolf sogar auf den Nacken und muß – ein ganz ausgefallener Beleg – eingemauert werden, damit der gepeinigte Mensch seine Ruhe wiederfand.

Ist das Geistertier ein Esel (in Bentorf bei Bad Oeynhausen ein Schimmel), den man beladen will, dann fällt der Sack durch den Körper des Tieres hindurch, als wäre da gar nichts gewesen.

Von einer Gans als entrückendem Geistertier wurde bereits in der Sage Nr. 13 berichtet; und als nächtlich drückende Mahrt fürchtet man neben solchen in menschlicher oder dämonischer Gestalt auch den auf der Brust des Schlafenden hockenden Hund, die Katze, einen Frosch oder sogar eine Maus, die in Wirklichkeit aber eine auf diese Weise quälende Nachbarin ist. Das zeigt übrigens wieder, daß man viele Sagen nicht eindeutig in be-stimmte Gruppen einordnen kann und es der lebendigen Anschauung nach, die immer eine fließende ist, auch nicht um jeden Preis versuchen sollte.

120 SCHWANEWERT ALS HUND

Der preußische Werber Schwanewert soll in Rietberg als schwarzer Hund gespukt haben. Von Bielefeld bis ans Münsterland heran hat man früher wohl von ihm erzählt, aber heute...

Also, an einem Winterabend war der Hausschlachter auf dem Heimweg – und da stellte sich ihm der Geist auf den Weg, als schwarzer Hund. Der Schlachter wußte sofort, daß das der ›Knüpplrüe‹ war. Aber er war ein bullenstarker Mann und fürchtete sich vor nichts. Er hatte einen derben Stock bei sich und schlug auf den Geist los. Aber da wuchs der riesengroß auf und knurrte und blitzte mit den Augen, daß der Schlachter es schließlich doch mit der Angst bekam und die Heiligen anrief. Er flüchtete die Landstraße entlang, und der Hund setzte hinter ihm her.

Als der Mann aber die Gärten am Dorf erreicht hatte, blieb der Hund zurück – nur stand er wieder da, als der Schlachter am anderen Ende zum Dorf hinaus wollte.

Da schlich er sich auf einem Seitenweg – immer schön innerhalb des Dorfes – nach Hause, und da ist ihm der ›Knüpplrüe‹ denn nicht mehr gefolgt.

RIETBERG   NOTIZ

121 DER GEISTERHUND WÄCHST

Mein Vater hat das in der Schule gehört, aber meine Großmutter weiß nichts davon. Die sagt, das wäre wohl so eine Erfindung und habe mit Schwanewert gar nichts zu tun. Aber die Geschichten von dem schwarzen Hund habe sie auch gehört.

Da war ein Müller in Druffel, dem der Hund an stürmischen Herbst- und Winterabenden immer durchs Fenster sah. Er wußte, daß das Schwanewerts Geist war und wollte ihm kräftig das Fell versohlen. Als sich ihm in einer Winternacht der Hund wieder einmal im Freien zeigte, hieb er ihm mit der Brechstange eins über den Schädel. Die

Brechstange brauchen die Wassermüller, um das Eis von den Mühlrädern zu stoßen. Der Geisterhund aber wuchs und wuchs und war schließlich doppelt so groß und stierte den Müller mit seinen feurigen Augen an, tat ihm aber nichts.

Beim zweiten Treffen passierte dasselbe – nur wurde der Hund noch größer. Da ließ der Müller ihn bei einem dritten Treffen in Ruhe, aber danach sah er den Hund nicht wieder.

DRUFFEL   NOTIZ

122 DER HUND AM SCHLANGENBACH

Von schwarzen Gespensterhunden muß es im Westkreis von Gütersloh geradezu gewimmelt haben. Vor allem im Gehölz am Schlangenbach trieb sich so einer mit glühenden Augen herum. Die Leute sind den Weg nicht gern gegangen, sagte man.

Eine Kötterin wollte einmal im Bach Wäsche spülen, und da mußte sie an dieser Stelle vorbei. Da stand auf einmal der Hund vor ihr und starrte sie an. Ängstlich wie sie war, ließ sie den Wäschekorb fallen und rannte schreiend nach Hause. Sie hat dann viele Wochen krank gelegen. Von der Wäsche hat man nur noch Fetzen gefunden.

Die Stelle, wo das passiert sein soll, konnte mir niemand mehr zeigen oder beschreiben.

SCHLANGENBACH   NOTIZ

123 GEISTERHUND EINGEMAUERT

An einem Abend wollte ein Mann von Neuenheerse nach Asseln gehen. Er kam am alten Kirchhof vorbei und sah auf einem Erdhaufen neben einem frischen Grabe einen schwarzen Hund mit glühenden Augen liegen.

Der Mann sagte zu dem Hund: »Goh rin un kuck riut!« Da sprang der Hund ihm sofort auf den Nacken und blieb bis ins Haus darauf hokken. Schließlich mußte man den Hund einmauern, damit der Mann Ruhe hatte.

NEUENHEERSE

124   DER FALSCHE ›LUX‹

Meinem Vater ist das mal so gegangen... der hat hier nach dem Falkendiek zu auf Niemanns Land gelegen. Und da hat es so gerauscht gehabt. Und wie er so aus seinem Schäferkarren rausguckt – da sitzt ’n schwarzer Hund auf der Deichsel. Und sein Hund, der ist auch schwarz gewesen. Und deshalb ist ihm das so aufgefallen, und da hat er gerufen: »Lux, bist du das?« Doch da ist es abgebraust – in den Falkendiek rein. Das hatte gerauscht, wer weiß wie!

LÖHNE   mdl.

125   DER SCHWARZE HUND

Gustav W.: Kaspars Gustav hat mir das erzählt. Der war von seiner Braut gekommen... und der war ja auch kein Dölmer (Narr), das war der nicht.
Paula S.: Davon hab ich auch gehört, ich weiß aber nicht, wie es richtig gewesen ist.
Gustav W.: Der ist unten von Herford gekommen, vom Bahnhof – seine Frau stammt ja unten von Rinteln weg. Und der kommt Mitternacht oder ’n andern Morgen in der Morgenzeit... Mitternacht muß es gewesen sein. Unten, wo jetzt die – wie sagen sie dazu? – Villenecke; das war da alles Gehölz, Millionenviertel, richtig! Und da war auf der rechten Seite, auf der linken von ihm aus, wie er von Herford kam, alles Gehölz.
Mit einem Mal kommt ’n großer schwarzer Rüde neben ihn, hat ihm aber nichts getan. Und er geht seinen Weg weiter. »Junge«, sagt er, »der Schweiß, der kam mir immer so durch die Haare.« Da als jun-

ger Bengel, und der Rüde da immer nebenher – und war *so 'n* Kerl! Ich sag: »Ja, und was hast du gemacht!« »Ja, was sollte ich denn machen? Gar nix«, sagt er.

Und mit einem Mal, wie er oben bei Lindenbäumer ist – weg ist er!

BISCHOFSHAGEN   mdl.

126   DER GEISTERHUND AUF DEM BAUERNHOF

Also, wenn da bei Becherings in Eldagsen nachts einer über 'n Hof gegangen ist, dann ist so 'n großer schwarzer Hund da aus der Klappe gesprungen.

Wenn man von Petershagen kam, dann mußte man da über 'n Hof gehn. Und ich weiß, zu meiner Kinderzeit, daß unsere das immer mieden – also, die machten 'n Umweg des Abends, gingen nicht über'n Hof rüber, weil dieser Hund da war.

Und der Hund sprang die Leute von hinten an auf die Schultern. Und die Leute sind gestorben. Und die auf dem Hof dort, die sind auch alle 'n bißchen plötzlich gestorben – die sind alle ausgestorben.

ELDAGSEN   mdl.

127   DER GESPENSTISCHE HUND

Was mein Schwager war, nicht, der hatte nach unserem Haus hin gewollt; der hatte meine älteste Schwester. Und hat 'n Hund bei sich, und der hat sich mit jedem Hund gebissen. Und da ist er dort in Harrienstedt beim Spritzenhaus. Dort sitzt so'n großer Hund. Und der hat da gewinselt und gewinselt. Der Hund hat da nicht an vorbei gewollt, und sonst ist er auf jeden Hund losgegangen.

Und da glaubten sie auch, daß das kein richtiger Hund gewesen ist. Und wie er da 'n Ende vorbei ist, da mit 'm Mal kommt er angelaufen, sein Hund, und springt immer an ihm hoch, als wenn er sagen wollte: »Och, wat bin ick froh, dat ick daran vorbie bin!«

HARRIENSTEDT   mdl.

128   KATZE ALS AUFHOCKER

Als ich noch nach der Schule ging, da haben sie manchmal erzählt, daß
die Häverer Katze verschiedenen aufgesprungen ist – oder auch aufs
Rad hinten, auf den Gepäckhalter. Und dann ist sie immer schwerer
geworden, daß sie das Rad bald nicht mehr rundtreten konnten. Und
dann – sobald sie über die Grenze waren nach Großenheerse zu – ist
sie abgesprungen.

HÄVERN   mdl.

129   PÖLTERKEN

In Siddinghausen bei Büren ist ein Spukgeist, der heißt *dat stumpe dink*
oder auch Pölterken. Er erscheint nachts in Gestalt eines Esels mit tel-
lergroßen Augen. Manchmal hält ihn jemand für einen wirklichen
Esel und versucht ihn zu reiten, aber zu seinem großen Entsetzen fällt
er hindurch, als wäre gar nichts da.

SIDDINGHAUSEN

130   MÄUSE UND ESEL OHNE KOPF

Mein Bruder Adolf, der war doch überall, der mußte bei das Vieh...
Und der ist bei jemandem nachts, der kriegt 'ne Sau melk; und Adolf
sitzt mit dem Alten dadrinne. Mit einem Mal ist der ganze Stall voll
Mäuse, die laufen auf den Wänden rauf und runter.
Und einmal ist er da oben auf dem Stock gewesen, hier im Dickern-
dorn, da ist ein Esel ohne Kopf bei ihm her gekommen. Jäo, das ist
Tatsache! Und er wäre auch mit – Hurra –, wäre er abgedampft.

LÖHNE   mdl.

MAHRT und ALP sind ebenfalls Aufhockergestalten – nur drücken sie nachts die Schlafenden. Es können quälende Tiergeister sein – ein Hund, ein Frosch – aber auch Hexen in Tiergestalt oder das Spinnweib, wie in Jöllenbeck.

Sagt der Schläfer unterm Drücken rasch: »Hol dir was Weißes!«, dann kann man den Plagegeist erkennen, denn unwiderruflich kommt dann am nächsten Morgen eine Nachbarin und borgt sich ein Ei oder ein Schälchen Milch. Meist sind es ja Frauen, die männliche Schläfer drücken.

Die Vorstellung scheint sich allerdings bereits in der Auflösung zu befinden, denn gelegentlich wird der nicht mehr verstandene Name Nachtmahr *in ein* Nachtmacht *oder gar ein* Nachmahl *abgewandelt (von dem man sich durch Versprechen von Lebensmitteln befreit). In neuerer Zeit erklärt man das Phänomen des Alpdrucks auch ganz rational als Folge schwerer Arbeit.*

131 NACHTMAHRT HOLT ETWAS WEISSES

Dann gibt es doch diese Nachtmahrten. Habt ihr da schon was von gehört?

Kopfschütteln der Zuhörer.

Linnemeiers Mutter erzählte das immer. Ob das nun aber hier in Hävern gewesen ist, weiß ich nicht.

Und nach der war nachts die Nachtmahrt gekommen und hatte sich ihr auf die Brust gelegt. Und sie hatte gar keine Luft kriegen können. Ah, 'n schwerer Traum ist das dann! Und zuletzt hat sie gesagt: »Hol' dir was Weißes!« Das muß man dann sagen.

Und den andern Tag war dann die Frau gekommen und hat sich 'n Ei geholt.

HÄVERN   mdl.

132 NACHTMAHR VERTRIEBEN

Da haben zwei Knechte zusammen auf'm Bett geschlafen. Der eine hat sich immer mit der Nachtmahr quälen müssen. Da hat der andere gesagt: »Ich weiß 'n guten Rat: nimm 'ne Hechel und leg die auf die Brust; wenn dann die Nachtmahr kommt, muß sie da auf liegen!« Als nun die Mahr in der Nacht kommt, da dreht sie die Hechel um, daß der Knecht die Zähne kriegt. Da schreit er ganz furchtbar und wird wach und findet noch eben Zeit und ruft: »Komm morgen wieder, dann kriegst du was Weißes!«

Andern Morgen kommt auch die Nachtmahr – es ist ein Frauensmensch gewesen. Da hat er ihr 'n Ei gegeben. Und von der Zeit an hat er keine Last mehr gehabt.

LOXTEN

133 DIE MAUS ALS ALP

In Häverstedt war ein Knecht schrecklich mager, der andere kerngesund. Der Magere erzählte einmal, er könnte nie schlafen, ihn quäle nachts ein Tier.

Sein Mitknecht ließ ihn abends den Platz im Bett mit seinem eigenen tauschen und hielt sich wach. Tatsächlich kam um Mitternacht eine Katze und sprang ihm auf die Brust. Obwohl er schlagartig schwach und müde wurde, packte er das Tier, um es zu erwürgen. Da verwandelte sich die Katze in immer andere Tiere und zuletzt in eine Maus. Da warf der Knecht sie in eine Tuhe und schlug den Deckel zu.

Am anderen Morgen kam ein Nachbar zum Bauern und erzählte, seine Frau sei ganz plötzlich und ohne jedes Todeszeichen gestorben. Der Bauer solle doch die Nachbarn benachrichtigen. Der hatte aber selbst keine Zeit und beauftragte den Knecht.

Wie der nun die Truhe aufklappte, um seine Sonntagsjacke herauszunehmen, sprang die Maus heraus und rannte davon. Sie lief ins Nachbarhaus, an der Bettstelle hinauf und schlüpfte der Toten in den Mund. Da wurde sie sogleich wieder lebendig – und jeder wußte, wer die Maht gewesen war.

HÄVERSTÄDT   mdl.

134 SPUK IN UFFELN

Einmal sprang ein Frosch ins Zimmer einer Witwe und ließ sich nicht verjagen. Er sprang ihr sogar auf die Brust und gab schauerliche Töne von sich. Schließlich konnte sie mit Hilfe ihres Sohnes das Tier aus dem Fenster werfen.

Nun wurde aber der Sohn nachts durch eine schwarze Frau gequält – Nacht für Nacht, bis zum Morgengrauen! Niemandem mochte er es erzählen, außer seiner Mutter. Daraufhin schlief sie einige Nächte hindurch mit im Zimmer des Sohnes, aber nur der konnte die Nachtmahr sehen; die Mutter hörte nur die Geräusche, die die Frau verursachte, und das Stöhnen ihres Sohnes.

Dann sollte der Onkel helfen, der ein großer und kräftiger Mann war. Der legte sich an die Stelle des Sohnes und hielt sich wach. Aber er konnte kaum Gewalt über die Nachtmahr bekommen. Trotzdem würgte er sie so, daß sie flüchten mußte. Aber auch der Onkel wollte kein zweites Mal im Bett des Sohnes schlafen.

Der junge Mann wurde nun stärker als vorher geplagt, bis er ganz kraftlos wurde und sich schließlich arbeitsunfähig melden mußte. Natürlich kam es herum, was mit ihm los war, und da rieten ihm die Nachbarn zu einem Wunderarzt in Bielefeld. Und der konnte dem Sohn auch davon abhelfen; es wäre aber auch allerhöchste Zeit gewesen, sagte der.

UFFELN   mdl.

135 ›NACHTMACHT‹ MIT HUFEISEN

Diese Geschichte von der Nachtmacht haben mir meine Eltern erzählt. Die Nachtmacht war eine Hexe, die konnte sich verwandeln und konnte durchs Schlüsselloch kriechen. Eines Morgens stand nun im Stall ein Pferd, das hatte kein Eisen unter den Füßen. Der Mann nahm das Pferd und ging mit ihm zur Schmiede und ließ das Pferd beschlagen. Am andern Morgen, als er aufstand, war das Pferd nicht da. Eine Frau hatte gesehen, wie eine Hexe unter den Händen und Füßen Eisen hatte.

HUSEN   schr.

136 SPINNWEIB ALS ALP

Ein Jöllenbecker schlief vor vielen Jahren öfters unruhig, er glaubte, das Spinnweib plage ihn. Da fragte er einst im Traume: »Was willst du denn haben?« Das Spinnweib, das er an seinem Bette zu sehen glaubte, antwortete: »Einen Wocken Flachs!« »Sollst du haben!« gab er zurück. Dann hatte er Ruhe, das Spinnweib verschwand.

Am anderen Morgen kam ein altes Weib aus der Nachbarschaft und bettelte um Flachs. Der Bauer gedachte des Versprechens, das er im

Traum gegeben hatte, und gab, um was die Alte bat. Das Spinnweib quälte ihn nie wieder.

JÖLLENBECK

137 ›NACHTMAHL‹

Etwa vor 75 bis 80 Jahren wohnte auf dem Husen in der Nähe von Coors eine Familie mit Namen H. Von dem Mann wurde viel erzählt. Wenn er tagsüber bei den Leuten gewesen war, und die Leute hatten ihm nichts gegeben, dann passierte es öfter, daß die Leute nachts gequält wurden. Da wurde ihnen des Nachts eine Flachshechel auf die Brust gesetzt, bis sie ihm versprachen, auf irgendeine Stelle Lebensmittel hinzusetzen. Sowas nannten die Leute Nachtmahl. Sie (H's) gaben sich nicht zu erkennen; aber weil die Leute Verdacht auf die Familie H. hatten, brachten sie öfter Lebensmittel zu ihnen hin, um vor dieser Plage verschont zu bleiben.
Da sammelte die Gemeinde Geld für die Familie H., damit sie die Überfahrt nach Amerika hatten. Seitdem ist sowas nicht mehr vorgekommen. Als sie wegzogen, haben sie meinem Großvater noch einen Bleitopf als Andenken geschenkt.

HUSEN   schr.

138 HUND ALS ALP

Als ich mit 22 Jahren in Essen auf Ziegelei war, habe ich mal nachts ein Erlebnis gehabt. Ja, wie soll man so was erklären? Da springt dir auf einmal ein großer Hund aufs Bett, legt seine Pfoten um deinen Hals, du kriegst den heißen Atem direkt ins Gesicht. Kannst keine Luft mehr kriegen, so schwer liegt dat aule Biest auf deiner Brust! Ich war in Schweiß gebadet, klitschnaß das Hemd. Erst als mein Schlafkumpel kam, sprang der Hund ab.

Die anderen – es waren alles Lipper auf der Bude – haben mir dann geraten, in Zukunft meine Pantoffeln nicht so vors Bett zu stellen, daß der Hund da reinspringen könnte. Man sollte immer die Schuhspitzen nach außen stellen, haben die mir gesagt.

Das habe ich bis auf den heutigen Tag so gemacht. Na ja, man glaubt heute an solchen Spuk nicht mehr, ich auch nicht, aber manchmal denkt man doch noch darüber nach.

LIPPE   mdl.

139 NACHTMAHRT IST BERUFSKRANKHEIT

Von den Nachtmahrten erzählte denn früher Diskers Vater so viel von. Das sollen denn so 'ne Beklemmungen gewesen sein.

Meistens haben denn Leute das gekriegt, die in Ziegeleien gearbeitet haben. Wenn sie tags schwer gearbeitet hatten, dann sind sie abends müde und kaputt gewesen, und nachts habe sie denn 'ne Beklemmung gekriegt, dann haben sie das alles als Nachtmahrten betrachtet.

Da sagten sie immer, wenn du die Pantoffel quer vors Bett stelltest, dann kriegten dich die Nachtmahrten denn. Ob das nun wahr ist – da denke ich mir, das ist wohl meist so 'n Alpdruck, sozusagen.

BUCHHOLZ   mdl.

HEXEN sind uns schon als nächtlich drückende Mahrten oder als Verursacherinnen von Spuk in den voraufgegangenen Sagen begegnet. Es sind meist Frauen (Hexenmeister kommen recht selten vor), die mit besonderen Kräften Schadenzauber ausüben: sie behexen das Vieh und machen Menschen krank, sie bannen Gespanne fest, melken (oft in Tiergestalt) fremde Kühe aus oder verhindern das Buttern. Auch die eigene Verwandtschaft ist vor ihrer Bosheit nicht sicher: eine Frau hat ihren Mann, der gern spät nach Hause kam, für fünfzehn Jahre gelähmt in einen Stuhl gebannt. Man muß ihre Geheimnisse kennen, um helfen zu können; Ärzte erkennen die Ursachen eines angehexten Siechtums nicht.

Hexen haben die Fähigkeit, sich in Katzen oder (doch seltener) in Hasen zu verwandeln. Wirft man einen Stein nach einem solchen Tier, dann hat am nächsten Morgen die Nachbarin eine Beule am Kopf; wirft man ein Messer über eine unheimliche Katze hin, steht plötzlich ein Weibsbild da.

Sagen vom Blocksbergflug sind seltener geworden und fast völlig ausgeblaßt; eher hört man schon, daß eine Bäuerin im Sieb zu fliegen vermag – versucht ein Lauscher, es ihr nachzutun und weiß das rechte Sprüchlein nicht, dann landet er unversehens auf dem Mist.

Ganz ungewöhnlich ist eine Sage, in der eine Schar von Hexen unter einem Findling lebt und nur ein einziges Mal im Jahr für eine Stunde zutage kommen darf; und ihr Vergnügen ist dann auch nur eine Last. Der Sammler stand dieser Geschichte auch völlig ratlos gegenüber. Entweder hat man ein Volk von Unterirdischen durch den geläufigeren Namen Hexen ersetzt, oder es handelt sich um einen literarischen Text. Es paßt nicht in das Bild der Hexe in unserem Sagenraum, daß sie ständig in Gemeinschaft anderer Hexen lebt – noch daß sie mit ihresgleichen in der Silvesternacht Sabbath feiert. Auch Sagen von Teufelsbuhlschaft gibt es hier nicht mehr.

Im Lippischen wird noch hin und wieder von den Hexenverfolgungen zwischen 1665 und 1681 erzählt, wobei der Direktor des Hexenprozesses, Hermann Cothmann, als ›Hexenbürgermeister‹ erwähnt wird. Die größten Schurken waren der zeitweilig regierende Bürgermeister Dr. Kerkmann, der Siegler Hilmar Kuckuck und als Protokollführer der Stadtsekretär Johannes Berner. Uns wurde in der Schule im Fach Heimatkunde erzählt, daß die Prozesse nur stattfanden, weil Cothmann, Kerkmann, Kuckuck und Berner sich bereichern und für frühere Niederlagen im Rat bei Abstimmungen rächen wollten. Juristische Hilfe bekamen sie für die Prozeßführung aus Rinteln, und auch die lippischen Landesherren blieben gegenüber den berechtigten Beschwerden der Opfer der Prozesse taub und bestraften zusätzlich die Beschwerdeführer. Das alles sind Tatsachen und geschichtliche Erinnerungen, aber eigentlich keine Sagen, wie Sie sie suchen – wenn man vom Hexenglauben absieht. Das ›Hexenbürgermeisterhaus‹ ist erhalten geblieben – als Heimatmuseum.

Wenn ich mich recht erinnere, ist im Mai 1665 beim Rat der Stadt Lemgo eine Siebzehnjährige erschienen und hat sich selbst beschuldigt, eine Hexe zu sein. Sie habe von der Plögerschen das Zaubern gelernt und sei auch mit auf dem Hexentanz gewesen, den der Obristleutnant Abschlag geordnet und mit einer reichen Witwe Böndel angeführt habe. Sie wiederholte am nächsten Tag, vornehme Damen und Obristleutnant Abschlag seien in einer gläsernen Kutsche gekommen, man habe Wein getrunken, und sie habe sich von einem Unbekannten beschlafen lassen und Gott verleugnet. Allerdings habe sie diese Abscheulichkeiten nicht wiederholt und wolle geistlichen Beistand, um wieder auf den rechten Weg zurückzufinden. Man hat diese ›Zeugin‹ aus Lemgo entweichen lassen, weil sie ihre Pflicht erfüllt hatte, Gegner der Kerkmann-Clique zu beschuldigen.

Frau Plöger wurde verhaftet und gefoltert und erzählte natürlich alles, was sie über die Hexen gehört hatte: Hurerei, Tänze in der Walpurgisnacht, Vergiftungen von Angehörigen und Fremden gegen Bezahlung.

Sie nannte auch Namen, und darunter war auch der vom Obristleutnant Abschlag, dem die juristische Fakultät in Rinteln schon einmal gegen den Vorwurf der Hexerei beigestanden hatte.

Es hätte ja auffallen können, daß alle – oder fast alle – Beschuldigten wohlhabend und beinahe ausnahmslos ohne unmittelbare Erben waren. Aber gegen den Rat wagte niemand etwas zu unternehmen – und schon gar nicht gegen die Hexenrichter. Abschatz soll sich sogar beim Fürsten beschwert haben; aber der bekam seine Eingabe nie zu Gesicht, weil sein Sekretär ein Verwandter Cothmanns oder Kerkmanns war.

Sie wurden zum Feuertod verurteilt, aber man konnte sich die Gnade erkaufen, mit dem Schwert hingerichtet zu werden, wenn man eine bestimmte Summe bezahlte. Davon – vom Recht dieser Begnadigung – machten die Richter denn auch reichlich Gebrauch; die Beträge flossen ja in ihre eigene Tasche. Als aber der Landesherr davon erfuhr, beanspruchte er das Recht der Begnadigung und einen Anteil der entrichteten Summe für sich, ohne sich um die Rechtmäßigkeit der Prozeßführung zu kümmern. Übrigens wurde das meiste des Nachlasses eingezogen – und über den Verbleib der Erträge braucht man nicht zu rätseln.

In dieser Serie von Hexenprozessen wurde auch als einziger evangelischer Pfarrer vor einem deutschen Gericht der Pastor Andreas Koch angeklagt. Er hatte immer zur Besonnenheit gemahnt und nicht mit Anklagen gegen die Verbrecher gespart. Sie mußten ihn mundtot machen und verurteilten ihn zum Tode; auch hier erhob der Landesherr keinen Einspruch. 1681 überstand Maria Rampendahl die greulichsten Foltern, ohne andere der Hexerei zu beschuldigen. Sie starb auch nicht an den Folgen der Tortur, gestand nichts ein und konnte nur des Landes verwiesen werden. Von Rinteln aus, das damals Universitätsstadt war, verklagte sie – unterstützt von tüchtigen Anwälten – erst ihre Peiniger und dann, weil das nichts helfen wollte, Stadt und Fürsten beim Reichskammergericht.

Cothmann ist unter dem Streß dieser Schwierigkeiten nach der Ermordung von ungefähr neunzig Menschen qualvoll gestorben.

Lemgo   Notiz

125

141 DER HEXENSTEIN IN OEYNHAUSEN

Die Wiese liegt am Mittelbach im Kreise Herford; dort liegt ein großer Stein, mitten in der Wiese. Das ist aber wohl eine Legende... darüber sind keine amtlichen, schriftlichen Sachen vorhanden, jedenfalls nicht, daß ich es wüßte. Aber jedenfalls – die Sage geht, daß man an diesem Stein eine Hexe verbrannt hat. Das Thema schwingt dann ja schon in diesen Hexenwahn hinein, und der Hexenglaube, das war ja, besonders daß ältere Leute, besonders Frauen den bösen Blick hatten und Vieh verhexen konnten...

Da war viel in dem Raum zum Lippischen hin, zum Teil auch im Kreis Herford. Und auf diesem Stein, da soll man eine Hexe verbrannt haben; die Reste sollen unter dem Stein begraben liegen. Inwieweit das stimmt, weiß ich nicht, aber der große flache Stein liegt heute noch in der Wiese und wird dort auch noch von den Nachbarn »de Hexenstoin«, wird er genannt.

Bad Oeynhausen

mdl.

142 DAS VERGNÜGEN DER HEXEN

Es wurde erzählt, der Hexenstein von Vlotho soll ein Findling gewesen sein. Er lag auf der kahlen Höhe, die ›Auf dem Vogelbaum‹ heißt. Darunter sollen sich Hexen aufgehalten haben. Das ist schon ein sonderbarer Ort für Hexen, aber noch seltsamer ist, daß sie in der Silvesternacht um 11 Uhr hervorgekommen sein sollen – nur dieses eine Mal im Jahr und zu dieser Zeit.

Sie setzten sich oben auf den Stein und rutschten mit ihm wie auf einem Schlitten talwärts. Bergab mag's ja 'n Mordsvergnügen gewesen sein – aber sie mußten den schweren Brocken ja auch immer wieder nach oben schieben. Sie schafften es gerade bis zum Glockenschlag zwölf. Dann mußten sie wieder verschwinden – und aus war's mit dem Spaß für ein ganzes Jahr!

Der Stein ist dann für den Bau des Kriegerdenkmals auf dem Amtshausberg verwendet worden, und damit sind auch die Hexen verschwunden. Es muß ja doch eine Erlösung für sie gewesen sein.

VLOTHO   NOTIZ

143 DEN HEXENFLUG SEHEN

Der Schuster erzählte immer von Hexen. In einer Nacht – das war, glaube ich, im Sommer – da zögen die Hexen nach'm Hexentanzplatz nach'm Harz, nach'm Brocken.
Dann müßte man 'n paar Eggen auf 'n Kreuzweg so zusammenstellen und darunter sitzengehn – dann könnte man die Hexen sehen, wenn sie dahinzögen.

HÄVERN   mdl.

144 DER FLUG IM SIEB

Jedesmal in der Walpurgisnacht wurde ein Knecht in Dankersen geplagt. Er sah, daß das Sieb, mit dem er das Pferdefutter ausstaubte, von der Wand verschwunden war. Nun wußte er, daß die Bäuerin eine Hexe war. Und da setzte er sich auf, um sie abzupassen, damit sie sich ihm nicht auf die Brust setzen konnte. Doch da bekam er um eins in der Nacht einen Schlag mit einem Besenstiel über den Kopf, daß er aus dem Bett flog – aber das Sieb hing wieder an der Wand! Damit war die Alte wohl vom Blocksberg zurückgekommen. Er ist auch nicht mehr geplagt worden.

DANKERSEN   mdl.

145 DIE HEXE IM SIEB

Das war in Dankersen zur Mainacht. Ein Pferdejunge wußte, daß seine Bäuerin eine Hexe war. Er wollte ihr auflauern und versteckte sich. Punkt zwölf in der Nacht kam die Bäuerin und nahm ein Futtersieb;

127

das legte sie auf die Deele und sagte, als sie sich reingesetzt hatte: »Ollerwägen dür und keinerwägen an!« Da sauste das Sieb mit ihr durch die große Tür davon.

Der Junge hatte keine Angst, nahm ein zweites Sieb und wollte den gleichen Spruch sagen. Aber er hatte sich verhört und brachte nur heraus: »Ollerwägen dür und ollerwägen an!« Da raste das Sieb mit ihm los und immer an die Balken und zuletzt an den Türbogen, daß es umkippte und den Jungen auf den Misthaufen warf.

DANKERSEN   mdl.

146   DIE HEXE ALS ZIEGE

Mein Schwager, der hat mal in Kirchlengern ein Mädel gehabt. Und die Mutter, die hat auch hexen können. Da sind sie abends... und da war noch einer hinter der Bahn hier, ein Achillis, der ist mit ihm zusammengewesen – und da sind sie abends mit der Ziege an 'ner großen Kette durchgekommen. Und da haben die Mädels gesagt: »Das ist unsere Mutter.«

Und einen Aband, da ist mein anderer Schwager mit dagewesen, und da ist das Mädel mit Willi in 'ne Kammern gahn, und Karl, der ist da hinnerhergahn. »Nei, hoä (er) soll nicht mit, hoä soll truiggebluiben (zurückbleiben).« Da hatte sie (die Mutter) in 'n Bett gelegen, den Mund weit offen, und da hat das Mädel gesagt: »De Mudder is unnerwiägens (unterwegs), de Geist is weg.« Das sind aber Tatsachen!

Willi, der ist gleich von abgekommen, von dem Mädchen. Achillis aber nicht, der ist da nicht von abgekommen, und hat er auch von abwollen, kam er nicht von ab. Und da ist er gequält worden im Bett, und da hat der Alte gesagt, sein Vadder: »Mensch, das ist ja Dummheit. Jetzt lege ich mich da ins Bett.« Der hat 'ne Weile dringelegen, da ist er überkopps die Teppe runtergekommen, so haben sie den fertiggemacht. Und das es sowas gibt, das sind Tatsachen.

LÖHNE   mdl.

Da war einmal ein junger Knecht, der freite um ein junges Mädchen.
Und da kam er einmal einen Abend an das Haus, da hört er all sowas
flüstern. Und da denkt er: ›Was gibt das wohl?‹ Er geht im Kuhstall
sitzen und denkt: ›Was soll das nun wohl geben?‹

Es dauert nicht lange, da kommen die Mutter und die Tochter in ge-
waltigem Staat, haben so'n Salbenpöttken in der Hand, und da sagen
sie:

»Stipp ein, stipp an,
schlag nirgends nicht an,
und flieg nach Engelland auf'n Hexenball!«

Nun flogen sie durch den Schornstein, und weg waren sie.

Da sagt der Knecht: »Das will ich auch mal versuchen.« Er tut sich die
Kuhkette über'n Nacken – er wollte sehen, ob er loskam –, er nahm
das Salbenpöttken auch, stochert mit seinen Fingern drin und sagt:

»Stipp in, stipp an,
schlag allerwegs an,
und flieg nach Engelland auf'n Hexenball!«

Er flog mit'm Kuhtrog durch den Schornstein – der Schornstein flog
auseinander, und er selbst auch den ganzen Kopf voll Blut – über Berge, durch Wälder und Dorn und steht mit einem Mal in Engelland
auf'm Hexenball.

Und da sagt das Mädchen: »Mutter, der Junge ist da!« Da nahmen sie
ihn in die Stube und wuschen ihn ab und beschmierten ihn mit Salbe,
daß er wieder anders aussah. Und da sagte die Mutter: »Junge, du
mußt aber jetzt wieder nach Hause hingehen; das geht nicht, daß du
hier mit dabei bist.« Da sagte er: »Ich weiß aber keinen Weg.« »Ja, wir
bringen dich ein Ende weg!«

Und da nimmt sie 'n Ziegenbock, und da kommen sie an so'n großes
Wasser. Da sagt die Mutter: »So, Jung, nun steig mal auf den Ziegenbock, darfst aber nix sagen, bis du zu Hause bist.«

Na, er auf den Bock; der nimmt sich hoch, macht'n Sprung, und da
steht er an der anderen Seite auf'm Ufer. »Donner«, sagt der Junge,

»das war aber ein deftiger Sprung!« So wie er das gesagt hat, steht er mitten im Wasser. Und wenn er nicht draußen ist, steht er heute noch drin.

HERZEBROCK

148 DER GELIEBTE DER HEXE

Ich muß mal sehen, was ich davon noch zusammenbringe!

In Sundern bei Gütersloh hat ein Bauer gewohnt – mit Namen Gehrke oder Göhrke. Bei dem diente eine Magd, die Regine hieß; bei uns sagt mann ›Ginken‹ dazu. Die soll eine Hexe gewesen und in der Mainacht zum Hexensabbath geflogen sein – nach Zwolle.

Ihr Verlobter war nicht aus Sundern, und da wollte er natürlich 'n bißchen genauer wissen, wen er da zur Frau kriegen würde. Also beobachtete er sie. Er muß wohl was munkeln gehört haben; denn ausgerechnet zu Walpurgis versteckte er sich in der Waschlucht. Für die, die das nicht mehr kennen: das ist ein Raum an der Dielenseite gewesen, aber von der Diele nicht extra abgetrennt.

Na, Mitternacht sieht er Ginken aus der Kammer kommen. Die stellt sich unter den Rauchfang und sagt einen Spruch und saust auf und davon – auf 'nem Besen oder so. Er war neugierig, hatte was von ›Rasch voran‹ und so weiter verstanden – aber doch nicht richtig; denn als er hinterher wollte, rief er: »Rasch voran, stoß irgendwo an!«

Da flog er auch schon oben raus, schlug sich aber schon im Schornstein grün und blau – und an den Bäumen erst recht. Aber er kam in Zwolle an. Zu seinem Glück sah ihn nur Ginken, und die schob ihn gleich beiseite und sagte: »Mach bloß, daß du wegkommst! Setz dich auf den Ziegenbock da – aber sprich kein Wort unterwegs!«

Er hat aber doch kurz vor Sundern über die verfluchte Hexerei geschimpft, und da warf ihn der Bock ab, daß er zu Fuß nach Hause gehen mußte.

Selbstverständlich hat er gleich seine Sachen gepackt und ist abgewandert. Was aus Ginken geworden ist, weiß ich nicht.

SUNDERN   NOTIZ

149 DER HALFTER

Da war 'n Bauer gewesen, der hatte 'n Knecht und 'n Pferdejungen gehabt. Und der Pferdejunge, der war auf'm Lande bei dem Knecht immer so müde gewesen. Da sagt der eines Tages zu ihm: »Junge, was bist du für'n Faulwams! Du schläfst ja allzeit – bei den Pferden.« »Wenn du so rennen mußt des Nachts wie ich, solltetst du auch wohl müde sein.« »Ja, wie kommt das denn?« »Das darf ich nicht sagen.« »Ach, das sage man!« »Wenn ich des Nachts im Bette liege, dann kommt die Frau von unserm Bauern und schmeißt mir den Halfter über: dann bin ich ein Pferd. Und dann setzt die sich auf mich und reitet mit mir über Hecken und Zäune, daß ich knapp wieder da bin, wenn wir aufstehn.« »Junge, ich will dir was sagen: heute nacht leg ich mich in dein Bett; dann will ich das mal sehn.«
Als die Frau 'n andern Abend kommt und will dem Knecht den Halfter überschmeißen, da nimmt er den schnell und schmeißt 'n ihr über: da ist das ein schöner Fuchs. Nun setzt der Knecht sich drauf und jagt mit ihr im Mondschein herum, daß ihr das Wasser vom Balge fließt. Und dann reitet er mit ihr nach'm Schmied und läßt ihr vier Eisen unterschlagen. Dann stiebt er mit ihr nach Hause und ruft den Bauern heraus: »Bauer, komm mal raus, und guck mal, was für 'ne schöne Fuchsstute ich gefangen habe!«
Der Bauer kommt heraus: »Das ist ja ganz was Feines!« und sagt: »Tu das Tier in'n Stall!« und macht die Stalltür auf. Da nimmt der Knecht den Halfter vom Pferd ab: da steht dem Bauern seine Frau da und hat unter jeder Hand und unter jedem Fuß 'n Hufeisen.

LOXTEN

150 DIE HEXE BANNT PFERDE

Wann war das? Zweiundzwanzig – ja! Teikemeiers hatten hier oben Holz, Tannen. Und wie die bauen wollten, machten sie für sich erstmal das Holz raus, und nachher verkauften sie die Ecke Tannen. Und hier, Keteler – Schrammhinnerk von der Heide –, der ist heute ja auf dem Vogelsang, der Opa, und einer von Quetzen, Wiegmann... Da war ja noch alles Feldweg: *so* tief sanken sie drinnen ein. Dann hatten sie sechs Pferde davor, wenn sie von Kampschuster herkamen, daß sie drinnen runterkamen.

Die ersten Pferde bleiben stehen. Na, was ist das denn? Na, da kriegen die sich alle in die Wolle. »Ich habe dir ja gesagt, deine Pferde, die taugen vorne nichts, die ziehen nicht!« Das waren dann Wiegmann seine, die waren an der Deichsel, nicht? Und dann, die ersten waren Schrammhinnerk seine, hier von der Heide – vornweg. Versucht es mit vier Pferden! Vier Pferde reißen es nicht raus. Da mußten auch Keteler seine vor weg.

»Meine beiden, die schaffen's«, sagt Wiegmann. (Doch die) tun es auch nicht.

»No«, sagt der Alte – ich habe ihn noch gut gekannt – »das wollen wir doch mal sehen! Steht wieder das alte Weib da?« Er nahm sich die Axt hinten vom Wagen – und haute so drei Schläge vor die Deichsel, nicht? »So«, sagt er, »nun wollen wir doch mal sehen!« Naja, er treibt wieder an – da schaffen es die zwei Pferde.

Nachher – erzählten sie – ist da ein Weib rumgelaufen mit 'nem verbundenen Kopf. An dem Tag, wie er vor die Deichsel geschlagen hatte, da hatten sie die vor'n Kopf geschlagen. Das war da oben die alte Lichtenbergsche, die war hier aus Neuhaus' Haus. Darum sagte ich ersthin ja schon, da passierte viel. Und der alte Neuhaus, der könnte 'ne Masse erzählen.

Und die, diese Frau, die war von Rosenhagen, die hatte das sechste und siebente Buch Moses.

QUETZEN   mdl.

151   DIE HEXE MACHT EIN GESPANN FEST

Es war noch vor meinen Militärjahren. Ich war auf dem Felde anspannen gewesen und hatte Roggen gesät. In der Dämmerung mußte ich noch 'n Fuder Kartoffeln nach der Stadt bringen. Es war just kein schönes Wetter. Aber was sein muß, das muß sein.

Als ich meine Kartoffeln alle aufgebuckelt und bei den Leuten im Keller hatte, war ich froh und müde. Ich stieg auf meinen Flächtenwagen (Wagen, der nur Seitenbretter hat) und steuerte nach Nienhagen zu. Der Wind war ganz heftig, und es nieselte 'n bißchen. Aber ich hatte die Sturmlaterne am Wagen, und die Pferde wußten den Weg nach Hause auch so.

Ich war just oben auf dem Platze, mithin nicht mehr weit vom Haus, da legt der Wind so unerhört los, daß man meinen sollte, der Jôljäger selbst wäre unterwegs. Mir flog die Mütze vom Kopf, aber was das Schlimmste war, der Wind blies mir die Sturmlaterne aus. Und die Pferde blieben auch gleich stehen.

Was sollte ich nun machen? Die Laterne kriegte ich bei dem wilden Wind doch nicht wieder angesteckt. Und dieses kleine Ende ging das wohl auch so. »Gö, hü! Gö, hü!« (Aber) die Pferde blieben stehen! Ich brülle und ziehe an der Leine – aber die Pferde gingen nicht von der Stelle!

Ich wollte schon die Peitsche nehmen und ›langen Hafer‹ geben, da merkte ich, daß die Pferde am Schnauben und Prusten waren und hin- und hertreten. Ich klettere vom Wagen und packe die Pferde beim Kopf. Da fühle ich, daß der Linke ganz naß von Schweiß war. Und das vorm stehenden Wagen? Ich suche den Weg vor den Pferden ab, doch da war nichts zu finden. Und doch wurden die Pferde immer unruhiger. Ich klopfte dem alten Max auf den Hals, aber der schob immer noch mehr rückwärts. Das rechte Pferd bäumt sich sogar kerzengerade auf! Was hatte das zu bedeuten? Was hatte das auf sich? Da soll doch wohl nicht...

Auf einmal wußte ich, was ich zu tun hatte. Ich holte die Pferde ins Gespann, ging hinten an die Waage und zog mir den eisernen Spannstock aus der Waage. Dann angelte ich mich wieder langsam nach vorn und schlug dreimal mit dem eisernen Hammer vor die Wagendeichsel. Und nun heulte der Wind nochmal auf, die Pferde rissen den Kopf nochmal hoch und kamen nun wieder langsam zu Verstand. Ich blieb den Pferden beim Kopf, und beide gingen mit – bald, als wenn nichts gewesen wäre.

Den andern Morgen ging ich nach Nachbars altem Haus. Da wurde immer so allerhand von gemunkelt. Die Alte saß hinterm Ofen und hatte den Kopf dick zugewickelt. Sie hätte im Dustern auf der Deele auf die Harke getreten, und da wär ihr der Stiel vor den Kopf geschlagen!

Ich aber wußte nun, wen ich getroffen hatte, als ich vor die Deichsel geschlagen hatte.

LÖHNE   mdl.

152   DIE HEXE BANNT EIN PFERD

Einmal wollte ein Bauer aus Brockhagen in Gütersloh Korn verkaufen. Dabei verspätete er sich, hatte wohl auch einen Kleinen genommen – Heimatwasser. Er kommt erst in der Dunkelheit weg und fährt so auf den Wald zu.

Mit einem Mal bleibt der Gaul in der Dunkelheit stehen und ist nicht vorwärts zu bringen – kein Zureden, kein Schlag mit der Peitsche – nichts! Er steigt ab und will den Gaul am Kopfgestell führen – auch nichts.

Er mußte es erst ein bißchen seitwärts leiten, da ging es weiter. Der Bauer sah aber zwischen den niedrigen Tannen eine Frauensperson. Die soll das Pferd bext haben.

BROCKHAGEN   NOTIZ

153   DER HEXER VERDIRBT EIN GESPANN

Und dann erzählte der junge Sch. von Windheim – der lebt noch – der glaubte auch tüchtig an Hexen. Und da hatten sie hier – ich glaube, wie Brannings weggezogen sind, ist es, glaube ich, gewesen… da, wo

Klenke jetzt wohnt! Siebenunddreißig sind die weggezogen. Und da hatten die sich, glaube ich, Mist gekauft und haben zwei Wagen, einen hinter den andern gehängt gehabt.

Und da ist ihnen dieser eine Kerl vorbeigefahren. Da hat er (Sch.) gedacht: »Na, wenn das man was gibt!«

...ja, (zunächst) ist alles gut gegangen – (doch wie) er so untern Wagen guckt, da sieht er, daß das eine Gestell ganz auseinander ist. »Tja, sieh, wenn ich da nun nicht hingeguckt hätte, dann hätte der ganze Mist da auf der Straße gelegen.«

Sieh, der gab das dann auch zu.

WINDHEIM   mdl.

154   DIE ›KAISERSCHE‹

Die ›Kaiersche‹ soll im 18. Jahrhundert in Todtenhausen gelebt haben und eine Hexe gewesen sein. Aber die zeitliche Einordnung kann nicht stimmen, wie die folgende Geschichte erkennen läßt:

Ein Bauer wollte von ihrem Hof eine Dreschmaschine holen, aber selbst ein Dutzend Leute haben sie nicht von der Stelle gebracht, bis die Frau selbst an der Maschine entlangstrich. Da fuhr sie so schnell, daß man sie sogar auf der Anhöhe kaum festhalten konnte.

An einem anderen Tag wollte ein Mann zur Mühle gehen, sprach aber vorm Haus der Kaiserschen mit einem Freund. Als er nun weiter wollte, kam er nicht von der Stelle. Viel später erst kam er los. Obwohl er niemanden in der Nähe gesehen hatte, legte man es der Frau zur Last; manche sollen sich ja aufs Festmachen verstanden haben.

Daß sie eine Hexe war, erkennt man auch daran: ein Bauer pflügte seinen Acker in der Nähe ihres Feldes, und das ging nur mühsam vor sich. Jedesmal beim Wenden saß eine Katze in der Furche. Man weiß ja, daß Hexen sich in Katzen verwandeln können. – Als er mit der Arbeit fertig war, war auch die Katze verschwunden.

TODTENHAUSEN   mdl.

155 WEISSE LEBER

Es soll nun wohl bald zwanzig Jahre sein, da starb die alte Schulteske. Du hast sie wohl nicht mehr gekannt? Sie war dreimal verheiratet gewesen. Der erste Mann starb schon zwei Jahre nach der Hochzeit. Da sie 'ne schöne Stelle (Hof) hatte, fand sich nun auch wieder 'n Bräutigam. Es war ein fixer, gesunder Kerl; aber sie war gerade 'n Jahr verheiratet, da fing er an zu siechen. Anderthalb Jahr hat er dann so gedoktert und ›gebraucht‹ (Volksheilmittel, Besprechen); da war's auch mit ihm zu Ende.

Es dauerte aber gar nicht lange, da verheiratete sich die Frau zum drittenmal. Diesmal war's der größte und stärkste Kerl in der ganzen Gegend, und er sah aus wie das ewige Leben. Da meinten die Leute: der soll seine Alte wohl unterkriegen! Aber was war da zu machen? Es dauerte man nicht dieses Jahr, da wollte es mit ihm so richtig nicht mehr. Als er 'n Doktor nahm, schickte der ihn sofort nach Lippspringe. Aber das eine half nicht mehr als das andere: er mußte da auch dran glauben. Als da der alte Doktor Schröder – er ist nun auch schon längst tot – eines guten Tages zu uns kam, da sagte dein Großvater zu ihm: »Sagen Sie mal, Herr Doktor, wie ist das bloß möglich, daß so 'n schwaches Frauensmensch drei starke, gesunde Kerls totlieben kann?« »Ja, Kampmeier«, sagte der Doktor, »das ist 'ne merkwürdige Geschichte. Ich kann mir das nicht anders ausdenken, als daß die Frau 'ne weiße Leber hat.« »Das habe ich auch schon gedacht«, sagte mein Alter. »Da hilft wohl nix gegen?« »Nein«, sagte der Doktor, »wenn der eine von den Eheleuten 'ne weiße Leber hat und der andere nicht, dann muß er sterben.«

<small>LIPPSPRINGE</small>

156 DIE HEXERISCHE EHEFRAU

In Dreyen gab es eine Familie. Von der Frau wurde behauptet, daß sie einem anderen etwas Böses antun könnte. Und eines Tages kam sie denn auch – sie war Sammlerin bei der Frauenhilfe, aber sie hatte die Eigenschaft, immer nur bei Dunkelheit zu kommen –, und so kam sie denn auch in ein Haus und sammelte. Na, da wurde dann auch von den Schweinen gesprochen: »Ja, wollen Sie mal die Schweine begukken?« Na ja, sie gingen denn auch in den Stall; da schaute sie denn auch über die Klappe, mit der nun der Trog verdeckt wird, und rieb sich den Leib. Und als sie nun weg war, da stellte man am andern Morgen fest, daß die Schweine den Dünger in die Krippe gemacht haben. Und das haben sie gemacht, solange sie lebten.

Ihr eigener Mann, der gehörte auch zum Kriegerverein und kam denn eines Tages auch ein bißchen spät nach Hause. Und von der Zeit an konnte er nicht mehr laufen, da hat er nun fünfzehn Jahre im Stuhl sitzen müssen. Und in der Gemeinde wurde behauptet, das hätte ihm seine Frau angetan. Ob das nun wahr ist, das weiß ja keiner; aber merkwürdig war das, daß das nun ganz plötzlich kam.

DREYEN   mdl.

157 DIE FEDERKRÄNZE

Unserer Oma hat früher mal 'ne Frau erzählt, ihr Kind wäre 'ne lange Zeit krank gewesen. Sie hätten alles Mögliche versucht, kein Doktor hätte feststellen können, was dem Kind eigentlich gefehlt hätte. Es hätte immer bloß dagelegen und wäre immer weniger geworden.

Eines Tages, da war mal 'ne Zigeunerin ins Haus gekommen und hatte gebettelt. Und die Frau hat das Kind gesehen, und da sagt sie zu der Mutter: »Stoppet man eis (mal) dat Bedde ümme, dar sind Mißgunstkränze inne!« »Na, wat schall (soll) denn dat?« »Ja, ja, dat Kind is behext. Dar sind Mißgunstkränze in 'n Bedde, de mött ji (die müßt ihr) verbrennen!«

Na, die Frau tut das auch. Sie holt noch 'ne Bekannte dazu. Die beiden schütten die Bettfedern aus und sortieren sie durch. Und tatsächlich – da waren richtig von Federn so zusammengesetzte Kränze oder mehr so Rosetten drin gewesen, fein Federn an Federn.

Naja, sie hat die Kränze genommen, hat sie ins Feuer gesteckt, das Bett wieder fertiggemacht, und es dauert nicht lange, da war das Kind gesund.

Buchholz

mdl.

158   HEILUNG EINES BEHEXTEN JUNGEN

Anna ihr Bruder, dessen Junge, wie der klein war, der war behext. Da hat eine Frau, die hat ihm geholfen, sonst wäre er kaputt gegangen. Also der Bengel, der wollte keinen Menschen mehr sehn, das einzige, wenn wir kamen, wir konnten mit ihm sprechen. Auch sein Opa nicht, den wollte er nicht sehen, immer – weg-weg – weg! Kopfschmerzen, Leibschmerzen, sagte der. Der war abgemagert, daß er nicht mehr laufen konnte. Und da ist ihnen geraten: eine Frau. Und die hat dafür gebetet, ist so eine Betfrau gewesen, die hat ihm davon abgeholfen. Da hat sie gesagt: »Wenn diese Nacht rumgeht, und daß er nicht mehr brechen braucht, dann wird der Junge wieder gesund.«
Und da ist sie auch hier gewesen, und da hat sie alles rausgetrieben, den Teufel. Da hat sie immer – pssssst – gemacht, hat so gepustet. Und dann hat sie ihm, dem Vadder, einen Brief gegeben, den sollte er auf der Brust tragen. Und dann hat sie auch vorne was unter die Platten gelegt. Und seitdem ist nichts mehr da passiert. Die hat sogar angedeutet, welche Frau das machte. Das machte eine Frau.

Löhne

mdl.

159   DER VERHEXTE SCHULJUNGE

Der Helmut Remmert, das war von Wilhelm Remmert der Halbbruder, und der hat am Tisch gesessen als Kind und hat geschrieben oder gerechnet – weiß ich nicht. Und die Frau, die hat da irgendwo gehamstert oder was, das weiß ich auch nicht. Jedenfalls hat die denn diesem

Jungen auf die Hand gefaßt und ist wieder weggegangen. Wie sie rausgegangen ist, da hat der Junge geschrien wie sonst einer, genauso hat sie es erzählt. Und da ist die Mutter draufzugekommen und hat gesagt: »Junge, was hast du?« Der hat immer bloß geschrien, und da ist der Vater gekommen, und der hat dann…: »Ja, die Frau ist just hier gewesen.«
Und die Frau haben sie gut gekannt gehabt, und da ist die (Mutter) hinter der Frau hergelaufen und hat gesagt: »Hier, du kommst herein und siehst zu, daß der Junge wieder schreiben kann!« Und da hat sie gesagt: »Und du kannst mich totmachen, ich kann es nicht.« Hat es (auch) nicht zurückgenommen. Die (Eltern) sind nach einem anderen (Heiler) gewesen. So habe ich es gehört. Und das ist kein Gerede.

BISCHOFSHAGEN mdl.

160 DIE ZIGEUNERIN VERURSACHT KRANKHEIT

Gustav W.: Das weißt du ja auch – das mit Langens Tochter? Ja, bitte – heute ist sie verheiratet, und ich glaube, sie hat sogar Kinder. Und hat vierzehn Jahre gelegen; 'n Zigeunerweib hatte sie doch behext.
Paula zu ihrer Schwiegertochter: Das glaubst du auch nicht? Die könnten wir mal besuchen; ich glaube, die wohnt jetzt an der Nordsee irgendwo, in Piewitzheide (?). Das ist aber wahr, und die Schwester, die ist mit mir aus der Schule gekommen. Und da fragte der Pastor: »Frieda, wie geht es denn der Schwester?« »Ach, überhaupt nicht gut«, sagt sie, »meine Eltern beten jeden Abend: ›Mach End, o Herr, mach Ende aller unsrer Not!‹ Aber es hilft nicht.« Und die aß überhaupt nicht, die lag im Bett, die aß nicht.
Dietrich: Wie haben sie ihr denn davon abgeholfen?
Gustav W.: Von heute auf morgen – Feierabend! Das alte Zigeunerweib ist totgegangen.

BISCHOFSHAGEN mdl.

161 HEXE BELAUSCHT

In einem Dorfe bei Warburg ist eine Frau schon lange im Verdacht der Hexerei gewesen, da haben sie einmal zwei Männer belauscht, haben sich abends ans Fenster geschlichen und durch die Ritzen, welche die Vorhänge ließen, gespäht. Da haben sie denn gesehen, wie die Alte ein weißes Tuch mit Fransen über den Tisch gedeckt und indem sie den Namen irgendeines Bauern im Dorfe nannte, die Fransen wie das Euter einer Kuh faßte und daran molk. Das hatten sie eine Weile mit angesehen, bis die Alte sagte: »Nu de Stürbecksche.« Das war aber der Name des einen der beiden, da haben sie ihr die Scheiben zerschlagen, sind aber dafür von ihr verklagt und zu namhafter Strafe verurteilt worden.

WARBURG

162 MILCH WIRD ZU BLUT

Unser Vater erzählte mal, da hatten sie 'ne Kuh. Und früher liefen doch auch mehr Zigeuner rum, und da war auch 'n Zigeunerweib gewesen und wollte was haben. Der hatte Vaters Mutter nichts gegeben, Opa wollte das nicht haben. Tage nachher – unser Opa ist in 'n Stall gegangen, wollte die Kuh melken –, da gab die Kuh keine Milch, es war Blut. Die Milch war rot – Tatsache, die war rot! Hat er mit eigenen Augen, hat er das gesehen – die war rot! Da sind sie hergekommen: an sämtliche Türen, hinten an die Klappe, haben sie alle so'n schwarzes Kreuz hinter gemacht. Nachher war es wieder richtig.

LIPPINGHAUSEN

mdl.

163 DIE BUTTERSALBE

In dem Dorfe S. nicht weit vom Städtchen Steinheim lebte ein Schneider in schlechten Verhältnissen. Der nähte eines guten Tages in einem

Bauernhause. So war es früher allgemein Sitte, daß die Handwerker nicht in ihrer Werkstatt, sondern bei ihrer Kundschaft arbeiteten.

Wie unser Schneider einmal von seiner Arbeit aufschaut, gewahrt er, daß die Bäuerin mit auffällig wenig Sahne zu buttern beginnt. Aus dem Schranke holt sie jedoch ein Schmierdöschen, entnimmt daraus und streicht es unter den Boden des Butterfasses. Dabei spricht sie leise: »Iut jeden Hiuse 'nen Leppel (Löffel) vull.« Nach wenigen Minuten hat sie aus der wenigen Sahne eine Rolle Butter gemacht, die den guten Meister in Staunen versetzt. Als die Frau für einige Zeit die Stube verläßt, kann er es nicht unterlassen, sich etwas von der Wundersalbe aus dem Schrank zu nehmen und auf einem Läppchen Leinen in der Tasche zu verbergen. Ein Grund, um sich einen Weg zu seinem Hause zu machen, ist bald gefunden.

Hier fordert er seine Frau auf, sie solle buttern. Die aber entgegnet, sie habe noch nicht mal eine halbe Tasse voll Sahne und lehnt entschieden ab. Der Schneider holt selbst das Butterfaß, streicht etwas von besagter Wundersalbe unter den Boden des Fasses sprechend: »Iut jeden Hause 'nen Kettel vull.« (Statt Leppel, wie die Frau gesagt hatte, hat er *Kettel*, Kessel, verstanden.) Lustig arbeitet der Rausch im Faß. Doch sieh, es dauert nicht lange, da steigt die Sahne über den Rand. Sie ergießt sich über den Fußboden und tritt schließlich über den Süll (Türschwelle). Bald hat er eine prächtige Butterwelle fertig, und voll Bewunderung steht der Meister da. Da klopft es. Ein feiner Herr tritt ein. Unter dem Arm trägt er ein dickleibiges Buch. Ohne Aufforderung setzt er sich an den Tisch und – bumms! hört der Schneider, wie der Pferdefuß auf den Boden des Zimmers stampft. Wie klopfte da dem guten Mann das tapfere Herz! Jener aber legt sein Buch auf den Tisch und sagt: »Du hast nun von meiner Sahne gebuttert, jetzt mußt du dich auch in mein Buch eintragen.« In seiner Angst ergreift der Schneider die Teufelsfeder, schreibt aber nicht seinen Namen, sondern: »Jesus von Nazareth, erbarme dich meiner!« Der Teufel will die Tinte löschen und sieht jenes ihm so sehr verhaßte Wort. Stock und Hut läßt er im Stich, und durch das verschlossene Fenster nimmt er die Flucht, das Fensterkreuz mit sich reißend. Unser Schneider aber findet im Teufelsbuche fast alle Frauen des Dorfes aufgezeichnet, die alle von des Teufels Sahne gebuttert hatten.

Seit dieser Zeit aber hat der Teufel die Familie des Schneiders dauernd geschädigt, weil es ihm dort so übel ergangen war.

S<small>TEINHEIM</small> schr.

164 MITTEL GEGEN DIE BUTTERHEXE

Früher glaubte man ja immer ans Spuken. Jetzt war unsere Nachbarsche, die ›Roätmoske‹, die war so Buntnäherin. Und die hatte'n Lehrmädchen, und jetzt müssen sie eines guten Tages – müssen sie buttern. Und das waren noch diese alten Butterfässer mit dem Butterstab. Nun hatten sie schon immer gebuttert und gebuttert. Nun war das so im Sommer, wo das so'n bißchen gern nicht buttern will. Und da hatten sie denn gehört, daß man nachts, so um die Mitternachtszeit, auf'n fremdes Grundstück gehn müßte und müßte da buttern; dann kriegte man die Butter.

Gesagt – getan.

Es war so schöner Mondschein. Die beiden Weiber, die nehmen sich die Fässer und gehn damit quer übern Weg auf das Grundstück von dem Nachbarn Gößling. Und immer gebuttert, immer gebuttert. Und was das Unglück will, da kommt der Nachbarsjunge, der ja wohl nach Leuten gewesen war oder – was weiß ich, der kommt den Schlag runter. Wie er die von weitem so sieht, da stutzt er, bleibt stehn, und da – na ja, er geht ein bißchen näher. Guckt aber nun immer, kann aber nicht recht feststellen, was das nun ist. Und wie er nun näher kommt und hört das Rauschen noch (dazu) in den Fässern, da kriegt er's mit der Angst zu tun. Er quer durch, und in 'nem großen Bogen läuft er nach Hause.

Ob die Weiber nun Butter gekriegt haben, das kann ich nicht wirklich sagen, also das weiß ich nicht. Aber sie haben da wenigstens an geglaubt. Wenn's überhaupt nicht buttern will, dann wird da'n Bolzen heiß gemacht, und dann wird der Bolzen ins Faß geworfen. Dann war die Hexe – die hatte sich die Zunge verbrannt. Anstatt daß sie dann vielleicht hätten etwas Wärme dabeigeben müssen oder – was weiß ich? – da hätten sie dasselbe ja mit erreichen können. Aber sie glaubten nun, der Hexe, der würde die Zunge verbrannt; und deswegen wurde der Bolzen da reingetan. Ein bißchen warmes Wasser hätte dasselbe getan. Aber man muß da ja an glauben.

WITTEL   mdl.

165 DIE TÜCKISCHE NACHBARIN

Wenn man den Butterklumpen nicht fertig kriegen konnte, dann hatte das einer behext, nicht?

Da war hier eine Frau gewesen – und das sind aber nun Tatsachen, weil ich das ja nun selbst miterlebt habe, denn hier wurde früher immer gewebt, nicht, und dann wurde auch geschert, was heute ja auch wieder der Fall ist. Scheren, das ist die Kette machen, die daraufkommt, auf'n Webstuhl; das wurde hier fertiggemacht. Dieses Buntscheren, das konnte meine Mutter – das konnte die, nicht? Und dabei mußten wir dann ja immer buttern – du kennst noch ein altes Butterfaß? Mit dem... und wenn dann eine Frau herkam zum Scheren, dann sagte meine Mutter: »O Gott, o Gott, nun kommt dies Weib, nun kommt dies Weib!« Dann mußten wir mit unserm Butterfaß weg, dann mußten wir in die Kammer mit rein...

Und dann kriegten wir's nicht fertig – bloß so 'ne kleinen Stücken immer drin, niemals daß das zusammenhielt und groß wurde, aber... und dann war meine Mutter böse. »Siehst du, ich hab es mir gedacht«, sagte sie.

Das war ein Weib, die hatte das sechste und siebente Buch Moses. Und wenn sie da drin lesen, daß sie das sechste und siebte Buch Moses lesen... und wenn sie es dann nicht wieder rückwärts lesen, dann passierten diese Sachen alle, nicht? – Ja, und wer's nun bloß vorwärts lesen kann...

Ich habe sie nicht gesehen, die Bücher, das sechste und siebente Buch

Moses. Das wurde man gesagt, daß es die gegeben hätte. Und was dadrinne steht, das weiß ich auch nicht.

Und dann fuhr mein Vater immer nach – wo war es? – Bergkirchen oder Obernkirchen, ja, bei Bückeburg. Da war so 'ne alte Frau, und die, die sagte ihm dann, die könnte was von der Schwarzen Kunst. Und dann brachte er – ich weiß nicht, ob das nun Tropfen waren oder so'n Pulver mit, und dann klappte es wieder. Mein Vater, der wurde dann oft so wild – der machte Stöcke heiß, also so Feuerstocher, und machte den heiß, und dann stieß er den rein ins Butterfaß, dann sagte er: »Dem alten Teufel den Oors verbrennen!«

ILSE

mdl.

166   KOHLKÖPFE ALS GEGENZAUBER

Ich sprach einen Bauern, der erzählte, daß auch seine Mutter lange Zeit hindurch habe keine Butter karren (karnen, buttern) können. Da sei ihr geraten worden, morgens vor Sonnenaufgang oder abends nach Sonnenuntergang zu buttern. Sie habe das befolgt und ihre Karre (Karne, Butterfaß) morgens früh gefüllt, während seine Schwester derweil ins Schlafzimmer gegangen sei, um das Bett zu machen. Und siehe, ehe das Bett gemacht war, in so unverhältnismäßig kurzer Zeit, sei die Butter in der Karre gewesen, und zwar zwei- bis dreimal soviel, als die Sahne normalerweise hätte liefern müssen. Natürlich sei die große Buttermenge durch Hexerei geworden, und man habe sich deshalb gescheut, sie zu genießen. Nach Tagen habe seine Mutter abermals vor Sonnenaufgang gebuttert und diesmal ihr gehöriges Quantum erhalten. Sie habe nun wieder versucht, zu gewohnter Tageszeit ihre Butter zu bereiten. Das sei ihr nebenhergeraten. Was sie dann auch hätte anstellen mögen, ob sie früh, vor Sonnenaufgang, oder spät, nach Sonnenuntergang, ihre Butterkarre vorgenommen habe, das Butterglück sei nicht eher wiedergekehrt, als bis ihre Kühe mit Kohl (unpaarige Anzahl Kohlköpfe), den sie einer hexeverdächtigen Frau aus ihrem Garten weggenommen habe, gefüttert worden seien. Bei ihrem Gange zum Kohlstehlen habe sie das Haus rücklings verlassen und auch rücklings wieder betreten müssen. Auch habe sie während des ganzen Vorganges kein Wort sprechen dürfen.

Letzteres sei ihr schwer geworden, da sie dabei einen Schäfer angetroffen habe, der ihre Absicht erkannt und sie zum Sprechen habe verleiten wollen.

VEHLAGE

167 DER HASE ALS MELKERIN

Gustav W.: Sie haben die Kühe auf der Langen Wand gehütet. Und da ist ein Hase gekommen und hat die eine Kuh immer gemolken. Und da hat dein Onkel Wilhelm, der hat den Hasen ins Auge geschmissen – mit'm Stein.

Lina W.: Die Frauen haben hier den Nachmittag gesponnen. Und bei dem Spinnen ist sie eingenickt und hat geschlafen. Und da haben die andern gesagt: »Och, die schläft 'n bißchen.« Mit einem Mal schreckt sie zusammen und packt sich ans Auge. Und da fragen die andern, was sie hätte. Da kommt sie zu sich – und da hat sie das Auge kaputt gehabt!

Und da haben die (anderen), wie sie abends reingekommen sind, die haben gesagt: »So! Jetzt haben wir den Hasen, der uns die Kuh immer melkte, getroffen!« Und da haben sie die Frau wohl vorgenommen, und da hat sie gesagt, sie wäre es gewesen.

BISCHOFSHAGEN   mdl.

168 DER HEXENMEISTER ALS HASE

Die Diekbuddenkuhle ist längst verschwunden; sie hat am Weg von Petershagen nach Hahlen und der Kutenhauser Straße gelegen. Da hütete ein Junge seine Gänse. Einmal saß ein Hase am Teichrand, der sich überhaupt nicht von der Stelle rührte. Da schlug der Junge mit dem Stock nach ihm, aber der Hase hopste nur beiseite und blieb wieder sitzen. Das geschah immer wieder. Als der Junge seinen Hund auf den Hasen hetzen wollte, kniff der den Schwanz ein, legte die Ohren an und winselte. Da merkte der Junge, daß es mit dem Hasen nicht richtig war. Das mußte wohl der Hexenmeister sein, von dem sie schon lange erzählten. Der Hase sah den Jungen dann auch nur starr an, bis der sich fürchtete – und hoppelte langsam fort, auf Stemmer zu.

HAHLEN   mdl.

169   DER MANN IN HASENGESTALT

In Aminghausen saß ein Mann am Kammerfenster und beobachtete einen Hausen, der im Kohl saß. Er holte die Flinte und schoß auf das Tier, verfehlte es aber, obgleich er ein guter Schütze war. Er schoß ein zweites Mal – aber der Hase machte nur Männchen. Da wußte der Schütze, was Sache war, und lud ein Nickelstück. Und damit traf er. Mit dem Hasenbraten war es aber nichts, denn nun stand ein Mensch im Kohl.

AMINGHAUSEN   mdl.

170   KATTRINKENS KÜNSTE

Ja, in der Gegend vom Sandhagen ist es immer nicht richtig gewesen. Da haben früher viele Hexen sich aufgehalten und ihr Spiel getrieben. Die schlimmste von allen ist Kattrinken gewesen, die hatte schon als Kind aus abgefallenen Birnen im Mondschein lebendige Mäuse machen können, aber ohne Schwanz. Sie lief mal, in 'n Hasen verwandelt, herum und wurde vom Jäger geschossen. Der Hase hinkte nach Kattrinkens Haus, der Jäger folgte langsam nach, ging ins Haus und fragte nach Feuer. Was sah er? Kattrinken saß auf der Bank und piekte sich das Schrot aus den Füßen. Als das der Jäger sah, machte er sich schleunigst weg.

Auch ist sie mal vom Amtmann wegen Hexerei zitiert worden; sie ist richtig nach ihm hingekommen und wurde gleich von dem Amtmann festgesetzt. Als der nun eine Stunde später ausging, entwischte ihm Kattrinken: die saß verkehrt auf'm Ziegenbock und hatte den Schwanz in der Hand und lachte den Amtmann aus.

STEINHAGEN *(wahrscheinlich)*

171 BEQUEMER HEIMWEG IN TIERGESTALT

Ein Mann traf im Felde eine wunderschöne Katze, die ihm beständig folgte und sich sehr zutraulich zeigte. Da faßte er den Entschluß, die Katze mit nach Hause zu nehmen; er breitete ein Tuch aus und band die Katze darin. Als er nun weiterging, wurde die Katze immer schwerer und größer. Zum Aufknoten der Zipfel des Tuches hatte der Mann keine Zeit mehr; er griff nach seinem Messer, um sie zu durchschneiden. Unglücklicherweise – oder glücklicherweise – durchschnitt er auch den Zaubergürtel – zu seinem Füßen lag eine alte Frau.

LÜERDISSEN

172 DIE HEXENKATZE AUF DEM BRUNNEN

Das war früher ja so 'ne Sage, wie ich Kind war: in Hävern war so 'ne Frau, die konnte sich in 'ne Katze verwandeln. Damals sagten sie, das wäre Böckerings Mutter, die könnte sich verwandeln, in 'ne Katze. Und dann machte sie die Leute bange, und dann ging sie auf der Brunnenwinde sitzen. Früher hatten die Leute ja alle noch so 'ne Winde vorm Haus, wo sie Wasser mit aus 'm Brunnen holten. Und da setzte die sich denn drauf. Und manchmal, wenn sie unterwegs waren, dann lief sie den Leuten immer zwischen den Beinen durch und machte sie denn bange damit. Und da konnte die keiner kriegen, also – die mußte mit 'm Silberstück geschossen werden, wenn sie die treffen wollten.

Und der Schulmeister dort – von Hävern, der hat ihr mal aufgelauert, hat sie wohl sitzen sehen auf der Brunnenwinde und hat nach ihr geschossen mit Silberstücken, mit 'm Fünfzigpfennigstück. Ob er da nun eine Kugel von gemacht hatte – oder wie und wo…?

Kurz und gut: er hat sie aber getroffen. Andern Tag denkt er: »Will mich doch mal überzeugen«, und ist dann hingegangen nach Böcherings und hat denn gefragt, wie es mit Mutter so wäre. Ja, Mutter wäre gefallen, haben sie gesagt, die läge im Bett.

Sieh, da haben sie doch recht gehabt, daß das die alte Hexe gewesen ist.

HÄVERN   mdl.

173 DER MESSERWURF

Ja, in Ovenstädt, da war das Volk da auf der Straße gewesen… Und da geht dort immer 'ne graue Katze – oder 'ne weißbunte ist es, glaube ich, gewesen – (die geht) immer vor (ihnen) hin und her. Und zuletzt haben sie – na, einer hat, glaub ich, sein Messer drübergeschmissen. Und da hat – schwupp – 'ne Dame vor ihnen gestanden.

OVENSTÄDT   mdl.

174 DIE VERHEXTE MÜHLE

Es war ein Müller, dem wurden immer seine Knechte in der Mühle umgebracht. Da kriegte er mal 'n neuen Knecht, der sagte: »Ich will doch mal sehen, ob ich hier nicht mit fertig werde.«

Abends steckte er sich ein Feuer an, hängte einen kupfernen Kessel übers Feuer und tat den ganz voll Öl. Und dann setzte er sich dabei und machte ein ordentlich starkes Feuer unter den Kessel, daß das Öl ordentlich brodelte. »So«, sagte er, »nun wollen wir doch mal sehen, was dann nun wohl kommt!«

Es muß so gegen elf, halb zwölf gewesen sein – auf einmal kommt da eine Katze durchs Ausgußloch: »Miau, miau!« »Mietken (Miezchen)«, sagte er, »komm 'n bißchen näher und wärme dich!« Da sagt die Katze *(mit tiefer Stimme gesprochen):* »Sprich (!) unser Hermann zu mir!« Das dauert nicht lange, da kamen so elf Stück beieinander, da sagt eine: »Sollen wir oder wollen wir oder sollen wir warten, bis die große Bunte kommt?« Da sagen die andern: »Wir warten noch'n bißchen.« Auf'nmal kommt da so 'ne große durch das Ausgußloch, und alle auf ihn los.

»Junge«, sagt er, »jetzt hat's aber dreizehn geschlagen!« Und er nimmt seine Kelle und *(der Erzähler springt auf und macht die entsprechende Armbewegung)* – hastmichnichtgesehn! – was das Zeug halten kann, man über die Katzen hin mit dem heißen Öl!

Und was war zu machen? – 'n andern Morgen lagen zwölf alte Weiber aus 'm Dorf im Bett und waren verbrannt, und die Hexerei hat von da an aufgehört.

ursprgl. HERZEBROCK

TEUFEL *und* TEUFELSBÜNDNER. *Den Teufel nennt man nicht gern beim Namen und bezeichnet ihm in unserer Gegend deshalb gelegentlich als Kortwämsken. Als solcher übernimmt er in Rehme eine Aufgabe, die ihm eigentlich gar nicht zukommt, sondern die der Drak oder Langschwanz in anderen deutschen Landstrichen übernimmt: er schleppt Lebensmittel oder blanke Taler herbei. Daß er sein Gold im Mondschein sehen läßt, ist herkömmlich.*

Man kann Langwames mit Feuer beschwören, aber die Sage läßt offen, ob es sich um den gabenbringenden Drak oder Langschwanz oder um den Teufel selber handelt. In einer Erzählung dient er dem Lüttken Äolen, wie man den Teufel um Herford herum nennt; aber die von dort mitgeteilten Beiträge nennen den Teufel nur so – die Inhalte sind gänzlich zu Schwänken geworden und gehörten deshalb nicht in diese Sammlung.

Einem Bauern bietet er Hilfe an, die diesen Leben und Seele kostet, weil ihn der Teufel im erbetenen Wasser ertrinken läßt. Einen Müller hingegen bringt er – ungewöhnlich für ihn – durch List lediglich um seinen Besitz; die Erzählung ist fast schwankhaft vorgetragen. Überhaupt ist er nicht so recht gefährlich: ob man ihn nun eine Scheune bauen läßt oder ob er eine gläserne Kutsche herbeischaffen muß. Die Freimaurer hingegen sind unabwendlich verloren; ihr Bündnis mit dem Teufel ist nicht aufzulösen.

175 DER GRÜNE JÄGER

Bei Lahde ist ein Jäger mit einem Dreispitz umgegangen; der trug auf jedem Zacken ein Licht.

Einmal ging ein Schuster nachts nach Hause und stieß an einen Pflug, der am Wegrand lag. »Wen hat der Düwel denn dar?« fragte er ärgerlich. Da stand mit einem Mal der grüne Jäger vor ihm und ging von nun an wortlos neben ihm her. Wenn er ihm allzu nahe an den Leib kam, sagte der Schuster: »Hau aff!« Dann ging der Grüne etwas abseits, kam aber gleich darauf wieder näher. »Hau aff!« sagte der Schuster wieder, bekommt es aber nun doch mit der Angst.

Erst mit dem ersten Morgenlicht ist der Grüne verschwunden.

Der Schuster war aber ganz in die Irre gegangen und fand sich in den Tannen vor Windheim wieder. Einige Tage darauf ist er an dem Schrecken gestorben.

Der grüne Jäger muß wohl der Teufel gewesen sein.

LAHDE   mdl.

176 EIN UNHEIMLICHER BEGLEITER

Früher, als es noch keine Straßen gab, nur Wege, ging eine Mutter mit ihrem Kind von Schnathorst nach Nettelstedt. Sie kamen viel nach hier.

Als sie mal erst bei Dunkelwerden weggingen, geschah folgendes: sie gingen jedesmal über die Egge. An beiden Seiten war Gehölz. Wie sie über die Egge gingen, sah die Mutter immer einen neben sich herlaufen, aber sie ließ sich nichts ankommen. Sie nahm das Kind von einer Seite zur anderen. Aber das Gespenst lief immer mit. Da sagte der Junge zur Mutter: »Mutter, kiek es, dor es einer met en Peerfäut (Pferdefuß)!« Endlich kamen sie auf die Straße, da war der Teufel verschwunden.

NETTELSTEDT   schr.

177 DER BRÄUTIGAM MIT DEN PFERDEFÜSSEN

An einem Spinnabend saßen Jungen und Mädchen zusammen in einer Spinnstube. Es wurde hier nun allerhand Scherz getrieben. Da sagte das eine Mädchen: »Die Person, die jetzt zuerst in die Stube kommt, das soll mein Bräutigam sein.« Nach einer Weile öffnete sich die Stubentür. Es trat ein Mensch ein und setzte sich hin. Bald sah die ganze Gesellschaft, daß er Pferdefüße hatte. Jeder wußte nun, daß es der Teufel war – und in einem Augenblick war die ganze Stube leer.

NETTELSTEDT   schr.

178 KARTENSPIEL MIT DEM TEUFEL

Auf dem Hofe Nr. 25 in Dankersen war früher der Krug, darum wird der Besitzer auch heute noch Kröger genannt. Einmal saß der Wirt mit ein paar Gästen beim Kartenspielen. Da kam ein feiner Herr herein und bat, sie möchten ihn mitspielen lassen. Er setzte sich zu ihnen. Als sie aber eine Weile gekartet hatten, da fiel dem Fremden ein Handschuh zur Erde, und da bekamen die Spieler einen tödlichen Schrecken, denn der Mann hatte Klauen. Da stob die ganze Gesellschaft auseinander.

Einer aber war dabei gewesen, der hatte ein schlimmes Mundwerk und hatte vorher die lästerlichsten, gottlosesten Sachen geredet, den nahm der Fremde beim Kragen, schleifte ihn aus der Gaststube hinter sich her und zu einer gläsernen Kutsche, die er vor der Tür stehen hatte, und fuhr mit ihm dahin, wo jetzt der Kirchhof ist. Der Weg auf dem der Düwel den Kerl ›halt het‹, heißt seit der Zeit: Halenweg.

DANKERSEN

179 LANGWAMES

Langwames zieht zwischen – das hat mein Großvater erzählt – Langwames, der zieht in den Zwölften. Und in den Zwölften – das ist zwischen Weihnachten und Neujahr, das sind die Zwölften – dann zieht Langwames mit 'm ... ja, mein Großvater sagte, er hätte so 'n Schweif. Ich weiß das nicht. Ja, das hat Großvater, mein Großvater, der hat uns das auch erzählt. Ob das aber nun wahr ist? Ich hab es aber noch nicht gesehen, ich weiß es nicht, ich hab es noch nicht gesehen...

JENHORST   mdl.

180 LANGSCHWANZ DIENT DEM LÜTTKEN ÄOLEN

Ich war noch jung, und meine Schwester, die mußte einkaufen und ging nach Räoen hier. Da sage ich zu meiner Mutter, och, ich sage: »Ich will Minna man 'n bißchen entgegengehn.«
Ich ging aus 'm Haus, war auch so freudig, so lustig und sang mir so eins vor mich hin. Und wie ich so just bei Barnhei war, da war... da wird das ganz hell, als wenn's bei Tage wäre, als wenn's so blitzt, wollen wir mal sagen, so war das. Ich gucke hoch, und – Herrjeh! – da seh ich es schon: so 'ne dicke, glühende Kugel war zuerst da, und dann war da so'n langer Schwanz, der war so lang – wollen wir mal sagen, wie dieses Zimmer. Und da rauscht das so schrecklich – sch-sch-sch! – geht das. Und da bin ich stehn geblieben, ich konnte nicht mehr, ich war ganz fertig. Und da hab ich ihm noch so'ne Weile nachgeguckt... und da flog es aber über Reimers Haus, ganz niedrig, just so übers Dach. Und dort über der Osnabrücker Bahn hab ich es gesehn, da war es aber nun ganz klein. Da hab ich mich wieder umgedreht, aber nach'm Laden bin ich nicht mehr hingegangen.
Ich kam ins Haus, und da sagt meine Mutter: »Na, wie siehst du denn aus, was hast du denn?« »Ich muß mich erstmal hinsetzen. Ich hab da oben was gesehn...« »Was war das denn?« Ich erzählte das denn so. »Ja«, sagt Mutter, »das ist der Langschwanz gewesen. Das hab ich früher auch mal gesehn.« Wie sie noch 'ne Magd gewesen war – oben in der Fallscheide da hat sie gewohnt, den Schniepels ihrer Besitzung, das ist deren Besitzung gewesen – und wenn sie von der Fabrik gekom-

men war, dann war sie immer an der Bahn längs gegangen und dann allein nach der Fallscheide. »Och, das hab ich so oft gesehn, das war Langschwanz«, sagt sie da. Sie hatte ihn immer mal gesehn. Dann hatte er richtig geklingelt, hatte richtig so geklingelt in der Luft – stimmt auch! Meine Mutter hat immer gesagt, der stünde mit dem Lüttken Äölen (dem ›kleinen Alten‹, dem Teufel, in Verbindung, und wenn der irgendwas haben wollte, dann flöge der Langschwanz dahin und brächte was. Das hat meine Mutter immer gesagt.

LÖHNE   mdl.

181 LANGWAMES MIT FEUER BESCHWÖREN

Wenn du den Teufel haben willst – den kannst du ja kriegen! Dann mußt du 'n Feuer auf 'm' freien Feld anmachen *(beuten)*, und dann betest du 'n Spruch. Der Teufel, der schwebt zwischen Himmel und Erde.

Und wenn du Feuer machst *(boßt)*, und du sagst dann den Spruch – ich weiß 'n aber nicht –, dann kommt der Teufel, ganz rot. Mit 'm Schweif ist der... soll er sein. Ich weiß es nicht, ich hab 'n noch nicht gesehen. Aber das weiß ich, das haben sie alle erzählt, wenn du den... Und auch der Langwames, der zieht auch, der hat auch 'n Schweif – das hat mein Großvater gesagt. Der Langwames, der zieht auch und hat auch 'n Schweif. Und dann, wo er dann so hin will und wo er ist oder wo... (das) weiß ich auch nicht. Dann kreist er, und dann geht er runter *(dal)*.

Und wenn du den Teufel haben willst: den kannst du ganz leicht kriegen, habe ich gehört. Dann mußt du 'n Feuer auf freiem Felde machen, das muß aber frei liegen. Ich glaube, das Kleinenheerser Feld, das ist noch nicht frei genug, mag aber just so gehen, weil Großenheerse dazwischen liegt, nicht? (...) und dann kommt der Teufel – ganz rot soll er kommen, mit 'm Schweif.

KLEINENHEERSE   mdl.

182 DAS GUTE SONNTAGSESSEN

Von alten Leuten habe ich noch mancherlei vom Langwams gehört; der flog nachts – so lang wie ein Weserbaum – mit glühendem Schwanz durch die Luft und brachte den Leuten, die einen Vertrag mit dem Teufel hatten, Geld und Lebensmittel. Zur Zeit der Inflation soll ein Bauer bei Nammen immer viel Geld gehabt haben; aber die eine Giebelseite seiner Scheune ließ er nie fertig bauen. Er sagte, die fiele doch immer wieder ein. Da paßten die Nachbarn umschicht auf, als er die Mauer mal wieder hochgezogen hatte. Um Mitternacht kam dann der Langwams geflogen, durchstieß die Mauer und schüttete drinnen Geld ab.

Von seiner Frau sagte das Gesinde, sie könnte besonders gut kochen. Zur Zeit das Kirchgangs blieb sie immer zu Hause, und wenn sie meinte, daß die Luft rein war, begann sie mit ihrer Arbeit. Aber ein Knecht hatte wohl geahnt, daß nicht alles mit rechten Dingen zuging. Der war auf dem Kirchweg umgekehrt und hatte sich zum Hof zurückgeschlichen. Da hörte er den Langwams auf dem Boden poltern. Die Frau stellte sich unter die Luke und befahl: »So, nu lot fallen!« Aber Langwams sträubte sich: »Nee, nich vandage (heute nicht). Et is wat Frömdes in'n Huse.« Da gab es mittags nur Kartoffeln und Soße. Der Knecht hat die Geschichte erst viel später erzählt.

Nammen   mdl.

183 LANGWAMES BRINGT ESSEN

Manchmal besuchte der Böse die Hexen als Langwams. Der war feurig, hatte einen dicken Kopf und einen Schwanz, so lang wie ein Weserbaum. Er kam durch die Lüfte gezogen und verschwand gewöhnlich im Dache eines Hauses, wo jemand wohnte, der sich ihm verschrieben hatte. Der Langwams brachte Geld ins Haus, oft auch einen Topf voll Essen. Denn wenn eine Hexe kein Essen im Hause hatte, so stellte sie sich unter die Balkenluke, murmelte unverständliche Worte und hielt einen Topf hin. Dann erschien ein großer Kater in der Balkenluke und erbrach sich in den Topf. Im Topfe war dann das schönste Essen.

RAVENSBERG

184 KORTWÄMSKEN IN REHME

In der Gegend von Rehme treibt ein Geist sein Wesen, den das Volk mit dem Namen Kortwämsken bezeichnet. Einige sagen, es sei der Teufel selbst. Er bringt Leuten, die sich freundlich mit ihm zu stellen wissen, Speck, Wurst und dergleichen ins Haus. Einer Frau warf er eine Blase mit Milch durch den Mössenstein zu. Wer ihn verspottet, darf seiner Rache sicher sein. Ein paar Drescher hat er in der Scheune einmal so derb zerschlagen, daß sie tagelang das Bett hüten mußten.

REHME

185 KORTWÄMSKENS KOHLEN

Und unten von der Mindener Straße ist mal einer von Herford gekommen und hat sich die Pfeife anzünden wollen und hat kein Feuer gehabt. Das muß in der Ecke gewesen sein vorm Sunderhof hinter Schmiede Ahning, wo da diese stille Straße nach dem Friedhof ist; da waren früher alles hohe Tannen an der Mindener Straße. Das weiß ich noch, daß da noch hohe Tannen waren.
Und der geht daher, und da sieht er – och, und da sieht er: links neben der Straße im Feld ist ein Feuer. »Och«, sagt er, »da ist ja Feuer, da kannste dir ja Feuer bei denen nehm'n.« Und geht hin und legt sich ein Stück Kohle auf seine Pfeife. Und in dem Moment kriegt er einen gescheuert, daß ihm der Kopf nach rückwärts gestanden hat. ›Na, Donnerwetter‹, hat er gedacht, ›das ist gut gegangen!‹ Geht nach Hause. Am andern Morgen findet er in seiner Mutz (Pfeifenkopf) 'n Goldstück.

Kortwämsken hat sein Gold da getrocknet oder sein Gold da im Mondenschein gesonnt.

BISCHOFSHAGEN mdl.

186 DER TEUFEL ÜBERLISTET DEN MÜLLER

Auf dem Saalberg bei Sonneborn liegen die Reste einer ausgebrannten Mühle. Da oben soll der Teufel in der Walpurgisnacht mit den Hexen seinen Sabbath feiern. Kein Mensch nimmt dann seinen Weg über den Hexentanzplatz. Einmal soll sich ein Schäfer dorthin verirrt haben; den hat man am anderen Morgen mit umgedrehtem Genick gefunden. Es wird erzählt, daß einmal ein junger Müller auf der Bergkuppe eine Mühle erbaut haben soll – ein Mann, den keine Warnung bange machen konnte. Auf den Rat des Pastors hin errichtete er aber ein Kreuz in der Höhe. Auch in die Schwellen des Wohnhauses schlug er das Kreuzzeichen.

Das ging einige Jahre gut; dann heiratete er und hatte auch bald einige Kinder. Der Teufel und die Hexen konnten ihren Sabbath nicht mehr feiern, weil die Kreuze sie abwehrten. Der Müller hatte auch reichlich zu tun, weil es da oben nie an Wind fehlte. Trotzdem war das Geld knapp, denn er hatte zum Bauen bei einem Wucherer Geld aufnehmen müssen. Als der Teufel einmal in Gestalt eines reichen Kaufmanns ihn verlocken wollte, Geld anzunehmen, erkannte der Müller den Pferdefuß, und es wurde nichts aus dem Geschäft.

Er kam auch so aus seinen Schulden heraus und erwirtschaftete sich sogar einigen Wohlstand. Darüber geriet er ans Trinken und saß öfter in der Wirtschaft, als daß er in der Mühle mit den Knechten arbeitete. Da hielt der Teufel die Gelegenheit für günstig. Er verwandelte sich in einen alten Fuhrmann, der Getreide zur Mühle fahren mußte. Unterwegs traf er denn auch mit dem Müller zusammen, und sie stiegen gemeinsam den Berg hinauf. Unterwegs ließ der Teufel den Wagen gegen einen Stein laufen, und als sie das Gefährt wieder flott hatten, bot er dem Müller einen Schluck aus seinem Flachmann zur Stärkung an, und der wurde davon erst so richtig benebelt.

Vor der Mühle band der Müller die Pferde ans Kreuz, und als der Teufel das sah, peitschte er die Pferde, daß sie scheuten und das Kreuz umrissen. Da konnte er vor der Mühle frei umhergehen, aber wegen des Kreuzes in der Schwelle nicht ins Gebäude hinein. Noch einmal ließ er den Müller aus der Buddel trinken, und der war nun so hinüber, daß er selbst den ersten Sack Korn in die Mühle hineintrug und gar nicht merkte, daß der Teufel sich obendrauf gesetzt hatte.

Nun ging alles blitzschnell: der Teufel setzte die Mühle in Brand, die Funken flogen bis zum Wohnhaus, und der Müller konnte mit Mühe nur sich selbst, seine Frau und seine Kinder retten.

Die Familie ist dann abgewandert. Heute steht nur noch ein ausgebrannter Rest auf dem Berg.

Ich habe diese Geschichte so erzählt bekommen, aber mein Gewährsmann hat sie vor langer Zeit auch nur noch gelesen. Anscheinend weiß sonst niemand mehr davon.

SONNEBORN   NOTIZ

187 DER TEUFELSBÜNDNER ERTRINKT

Es war eine schreckliche Dürre in Oestereiden, Westereiden, Eickhoff und Steinhausen in der Nähe von Büren. Das zog sich bis Brenken, Holthausen, Edelborn und Barkhausen hin – alles, was höher liegt. Wer's konnte, fuhr mit Fässern und Tonnen ins Alme- oder Altetal, um für die Menschen und das Vieh Wasser zu besorgen. Die Bauern gruben in ihren Feldern nach Wasser, aber das war vergeblich.

Irgendwo in diesen Dörfern soll ein Bauer um Regen gebetet und schließlich bei der unnützen Arbeit auch Gott gelästert haben. Da tippte ihn jemand an, der vorher nicht dagewesen war, und bot ihm seine Hilfe an.

Was tut man in solchem Fall? Man fragt nach dem Preis. Der Fremde sagte nur: »Bete mich an!«

Früher wußten die Leute, daß ein solcher Kerl nur der Teufel sein konnte. Da muß der Bauer wohl schwere Bedenken gehabt haben – aber bequem ist der Mensch ja auch. Er schlug ein – von einer Wette weiß ich nichts – aber das ist eigentlich üblich, weil man doch meint, den Teufel überlisten zu können. Na, in der Notlage war's wohl ein Kurzschluß: der Bauer war einverstanden – ohne Bedingung.

Da hat ihn der Teufel reingelegt: es stieg Wasser aus der Erde – und gleich so mächtig, daß der Bauer sich nicht mehr befreien konnte und ertrinken mußte. Damit gehörte seine Seele dem Teufel.

Die Löcher um Eickhoff, Steinhausen und Westereiden sollen heute noch »Teufelskuhlen« heißen.

STEINHAUSEN   NOTIZ

188 DIE TEUFELSKUTSCHE

Da lebte einmal in Bielefeld ein Mann, der mit dem Teufel einen Pakt geschlossen hatte. Er lebte herrlich und in Freuden; denn der Teufel mußte alles tun, was er verlangte. Dafür hatte er ihm seine Seele verschrieben.

Die Jahre gingen dahin. Schließlich hatte er nur noch zwei Tage zu leben. Er rief den Teufel und sagte ihm: »Ich will in einer gläsernen Kutsche spazierenfahren! Spann acht Pferde an!« Im Augenblick stand die Kutsche mit acht pechschwarzen Rappen vor der Tür. Der Mann sprang auf den Bock, schwang die Peitsche, und in gestrecktem Galopp ging es über Berg und Tal. Den Teufelspferden sprühte Feuer aus den Nüstern.

Auf den holprigen Wegen aber brach plötzlich eines der gläsernen Räder. Im Nu war der Teufel vom Wagen und hielt die Achse. Da lachte der Mann und jagte den Sparrenberg hinauf. Er fuhr so dicht an den Mauern der Burg entlang, daß der Teufel in arge Bedrängnis geriet. Er jammerte: »Halt an, ich kann die Achse nicht mehr halten!« »Wenn du nicht festhältst, sind wir geschiedene Leute!« rief der Mann ihm zu und schlug auf die Pferde ein und lenkte das Gefährt so nahe an die Mauer, daß der Teufel festgeklemmt war. Der mußte die Achse loslassen, und sogleich ging die gläserne Kutsche in tausend Stücke. Die acht Rappen aber wurden zu Mäusen. Der Teufel fluchte lästerlich. Den Mann aber mußte er in Frieden lassen.

BIELEFELD

schr.

189 DER TEUFEL BAUT EINE SCHEUNE

Ein Bauer in der Gegend von Minden hat einmal einen Pakt mit dem Teufel gemacht, er solle ihm eine Scheune bauen; aber sie müsse, ehe der Hahn am andern Morgen krähe, fertig sein. Das ist der Teufel eingegangen, hat wacker gebaut und Steine und Balken mit einer Hast angefahren, daß, als der Bauer um Mitternacht von dem gewaltigen Lärmen erwachte, die Scheune zu seiner Verwunderung schon fast fertig war.

Da ist ihm ein Grauen angekommen, er hat seine Frau geweckt, ihr alles erzählt und sie angetrieben, nun Rat zu schaffen. Da hat sie sich ein wenig besonnen, ist dann schnell in den Hühnerstall gegangen und hat dort einen so großen Lärm gemacht, daß die Hühner und der Hahn durcheinandergeflogen sind und dieser angefangen hat zu krähen. In dem Augenblick war der Teufel mit einem ungeheuern Quaderstein gerade über der Mindener Brücke, und als er den Hahnenkrat hörte, warf er den Stein wütend hinab, der fiel auf das Gebälk und zerschmetterte einen Teil desselben, und so oft man es auch hat wiederherstellen wollen, es ist nicht gelungen, und man sieht das Loch noch heutigentags.

MINDEN

190 DER FREIMAURER ALS TEUFELSBÜNDNER

Früher hat man von Freimaurern erzählt, sie wären Teufelsbündner.
Da war ein Mann aus Kutenhausen bei einer reichen Familie in Minden in Dienst. Dem bot der Herr an, Nachfolger des verstorbenen Lo-
gendieners zu werden; allerdings müßte er dann selbst der Loge beitre-
ten. Er stimmte auch zu.
Eines Abends wurde der Mann in ein völlig schwarzes Zimmer geführt, in dem ein schwarzer Sarg stand, und darunter lag ein Hund.
Der Mann bekam es mit der Angst zu tun; aber weil ihm alle gut zure-
deten, zog er sich aus und legte sich in den Sarg. Da setzte ihm jemand
ein Messer auf die Brust und forderte ihn auf, eine Eidesformel nach-
zusprechen. Da sprang der Mann doch auf und flüchtete nackt aus
dem Hause.

KUTENHAUSEN   mdl.

191 TOD DER FREIMAURER

Jeder Freimaurer stirbt nach Ablauf der mit dem Teufel vereinbarten
Frist eines plötzlichen Todes, mitten im vergnüglichen Leben: sei es
auf dem Balle oder im Theater oder anderswo – aber nie ruhig und
vorbereitet im Bett.

PADERBORN   schr.

192 DOLCHTOD AM ORDENSFESTE

In Haus Gierken, einem Gute bei Schlangen in Lippe, haben früher
Freimaurer eine Loge gehabt. Hier mußte jedes Jahr ein Ordensbru-
der, den das Los traf, sterben. Der Meister vom Stuhl stach an dem
jährlichen Ordensfeste mit einem Dolch in ein an der Wand abgebilde-
tes Herz, was dann innerhalb eines Jahres den Tod eines Ordensbru-

ders zur Folge hatte. Falls der betreffende Freimaurer innerhalb dieser Frist keines natürlichen Todes starb, hatte der Selbstmord zu begehen.

SCHLANGEN schr.

193   DER TEUFEL HOLT EINEN FREIMAURER

In Hause Gierken, beziehungsweise auf Oesterholz, hielten die Freimaurer geheime Sitzungen ab, denn der Besitzer des Hauses war selbst Freimaurer. Eines Tages hieß es, er sei plötzlich am Schlagfluß gestorben; aber das war nicht so. Der Teufel hatte ihn geholt, wahrscheinlich, weil er ausgelost war, und niemand glaubte dem Arzte die Sache mit dem Schlagfluß, zumal der Leichnam ganz blau angelaufen war.

OESTERHOLZ schr.

Die WILDE JAGD wird in vielerlei Gestalt und unter verschiedenen Na-
men genannt. Da ist Hackelberg in den Zwölften mit seinen Hunden un-
terwegs, und manchmal bleibt einer von ihnen für ein ganzes Jahr am
Herd eines Bauernhauses liegen. Er ist aber nicht nur Einzelgänger, son-
dern wenn man auf das Geschrei in den Lüften antwortet, wird man von
›den wilden Jägern‹ geholt.

Auch in einer Kutsche ist der Wilde Jäger unterwegs und verfolgt eine an-
sehnliche junge Frau – offensichtlich auch eine Jenseitige –, die er auf dem
Rückweg mit abgeschlagenem Kopf mit sich führt; hier klingt der Typus
von der Jagd auf die Moosweiblein an.

Dem Sagenkreis um die Wilde Jagd ist auch die Erzählung zuzurechnen,
in der einem Bauern der Wagen mitsamt der Ladung entführt wird, so
daß er nur mit den Pferden zu Hause ankommt.

Im ganzen Sammelgebiet ließen sich Nachrichten vom Wilden Jäger auf-
nehmen; selten aber wurde mehr mitgeteilt, als daß er bekannt sei.

Da hat mal einer Kühe am Berg gehütet, das war da in Dübelsmühlen-siek. Dieser Mensch nun, ich glaube es ist 'n Kühlmann gewesen, die-ser Kühlmann hört mit einmal so 'n helles Rufen: »Hopp-ho, hallo!« Und er rief just so zurück: »Hopp-ho, hallo!«

Mit einmal sieht er einen ihn anstarren. Einen grünen, spitzen Hut hatte der Kerl auf und ein grünes Wämschen an. Dieser Kühlmann verjagte sich ordentlich. Da fing der mit dem grünen Hut das Lachen an, daß er sich die Ohren zuhalten mußte, so hat das gedröhnt. Er lief nach Hause und kriegte hohes Fieber – läßt sich ja denken, von diesem Erschrecken. Ja, und dann ist er daran gestorben.

Nun sagt mir bloß, Peums Vater, wer ist dieser Kerl mit dem grünen, spit-zen Hut gewesen (fragt die Sammlerin)?

Das ist es ja gerade, Deern, das weiß doch keiner.

Hatte denn dieser Kerl einen Pferdefuß (fragt die Sammlerin weiter)?

Da haben sie nichts von erzählt – bloß daß er eine lange Feder an sei-nem Hute sitzen hatte, das erzählen sie auch.

(Meine Fragen lassen erkennen, meint die Sammlerin, wie sehr ich ver-sucht habe, Vater Pohlmann auf den Teufel festzunageln. Ich wußte da-mals zu wenig über Sagen, um seine Erzählung als Sage vom Wilden Jä-ger zu erkennen. Vater Pohlmann, dem das Fabulieren niemals schwer ge-worden war, hielt sich jedoch streng an die Überlieferung: »Do hät se nix van vertellt«.)

DÜBELSMÜHLENSIEK   mdl.

195   »HO-HOPP«

Zu der damaligen Zeit wurde noch im Walde gehütet. So hörte auch ein alter Mann beim Kühehüten ein »Ho-hopp« rufen. Da rief der Mann auch »Ho-hopp«. Als er das gerufen hatte, kam es ihm vor, als ob der ganze Berg lebendig würde. Das erzählte er seinen Nachbarn, doch die vermahnten ihn nur, er sollte das sein lassen, sonst holten ihn die wilden Jäger.

Nettelstedt *schr.*

196 HACKELBERGS HUND

Wenn im Winter der Sturm so heulte, erzählte Großmutter von Hakkelbarg, der mit seinen Hunden durch die Lande ritt.

Dabei erzählte sie dann eine Begebenheit, daß sich ein Hund von Hackelbergs Meute mal verlaufen hatte. Er war plötzlich in einem Haus in Raddestorf erschienen, hatte sich ans Herdfeuer gelegt, war nicht zu vertreiben gewesen und hatte dagelegen, hatte nichts gefressen das ganze Jahr und war zum Skelett abgemagert. Immer, wenn der Sturm heulte, hatte er nur leise im Schlaf gewinselt.

Und als dann wieder die Heiligen Zwölfe herankamen und Hackelbarg wieder mit seinem Gefolge durch die Lande ritt, da plötzlich wurde der Hund unruhig und rannte zur Tür und ward nicht mehr gesehen.

Raddestorf *schr.*

197 DIE KÄTCHENBURG

Die Kätchenburg hat unterhalb von Ovenstädt in der Marsch gestanden. Und da sind Raubritter draufgewesen, und die haben soviel gesündigt – da sind sie untergegangen mitsamt der Burg.

Und das Burgfräulein, das kommt alle hundert Jahr des Abends zum Vorschein. Dann kommt ein Licht aus diesem Loch heraus. Das Loch ist noch da. – Also, zu meiner Kindheit haben sie immer erzählt, wer da reinkäme, der käme nie wieder raus. Und ich weiß noch, da ist 'ne Kuh reingelaufen, und die Kuh ist versoffen; die haben sie auch nicht wieder rausgekriegt, die ist untergegangen.

Und da ist ein Bauer von Eldagsen, der hat einen Hahn in Ovenstädt umtauschen wollen. Und der hatte sich des Abends verlaufen. Und der kommt hier draufzu, auf die Kätchenburg: er hatte 'n Licht gesehn. Das Licht hat gebrannt, er geht da draufzu, klopft an, und es kommt 'n Burgfräulein, macht ihm auf und fragt, was er wolle.

Tja, er wolle da und da hin, ob sie ihm das sagen könnte. Tja, hat die gesagt, denn sollte er man erstmal reinkommen. Was er denn da bei sich hätte.

»Ja, 'n Hahn.« Ja, ob sie nicht tauschen wollten, er kriege Gold dafür, und sie wolle dann den Hahn haben. – Na, er hat sich mit ihr unterhalten, und da hat sie ihm gesagt, sie sind verdammt worden, und sie kämen alle hundert Jahre zum Vorschein.

So, und da hat er sich soviel Geld mitnehmen dürfen, wie er tragen konnte. Und da geht er los, Richtung Eilassen. Wie er an die Eilasser Grenze ran kommt, da rauscht das mit einmal so in der Luft. Da kommt einer mit'm Pferd runter und fragt ihn, was er da drin hätte. Ja, das hätte er eingetauscht gegen 'n roten Hahn.

Und da riß der ihm den Sack weg und geht wieder hoch mit dem Pferd. Das ist der Teufel gewesen.

OVENSTÄDT   mdl.

198   DER WILDE JÄGER IN MÖLLBERGEN

Auf Brandskamp bei Möllbergen hütete ein Knecht die Pferde. Heute ist Brandskamp ein Ortsteil von Möllbergen.

Weil es tagsüber zu heiß war, hütete er nachts. Dabei bemerkte er an einem Kreuzweg eine ansehnliche junge Frau. Die bat ihn: »Junge, bring mich doch mal rüber.« Na, das wollte er wohl gern tun, so 'ne hübsche Frau auf den Arm nehmen – aber sie flog ihm auf der anderen Seite durch die Luft davon.

Wie er nun wieder auf der anderen Seite war, stand da eine Kutsche mit zwei Pferden davor. Ganz feurig soll sie gewesen sein, und manche alten Leute nennen sie die »gläserne Kutsche«. Drin saßen zwei Perso-

nen: ein Jäger und sein Knecht. – Diese Kutsche mußte der Knecht rü-
berführen, weil die Pferde nicht wollten.

Auf der anderen Seite ging der Wagen auch in die Luft und sauste in
die Richtung, in die die Frau geflogen war. Nach einiger Zeit kam die

Kutsche zurück, aber den Pferden fehlte nun der Kopf – und der Frau, die über den Pferden lag, war auch der Kopf abgeschlagen worden.

MÖLLBERGEN mdl.

199 GEISTER ENTFÜHREN DEN WAGEN

Ein Bauer kam mit Steinen vom Berg gefahren, und er hatte die Bremse festgedreht. Immer wieder war die Bremse los, und er mußte absteigen und sie wieder festdrehen. Da sah er einmal nach hinten, als er wieder auf dem Wagen saß, und erblickte viele weiße Gestalten. Mit einem Mal ging der ganze Wagen in die Luft. Der Bauer mußte ganz allein mit den Pferden nach Hause.

NETTELSTEDT schr.

RIESEN, ZWERGE und SCHRECKGESTALTEN sind in älteren Sa-
gensammlungen wesentlich häufiger anzutreffen. Meine Beiträger haben
indessen von ihnen nicht mehr allzuviel erfahren können – und wenn
schon, dann waren es es meist trümmerhafte Bemerkungen. Im heutigen
Volksglauben spielen sie kaum eine Rolle mehr und halten sich allenfalls
als literarische Überlieferung.

Vollends die Riesen oder Hünen sind nur noch in erklärenden Sagen oder
in schwankhaften Erzählungen gelegentlich anzutreffen. Etwas häufiger
mag noch von Zwergen oder Bergmännlein berichtet werden, aber auch
da finden sich nur die auch in anderen deutschen Landschaften geläufigen
Sujets. Auffallend ist, daß Kobolde als Hausgeister im Sammelgebiet gänz-
lich fehlten, und auch Sagen vom Spinneweib sind nur noch in der Erin-
nerung und wurden mir schriftlich zugebracht.

Von großem Reiz und wohl auch alte Vorstellungen bewahrend ist insbe-
sondere die Sage vom Fräulein aus England, das auf einer Tonscherbe die
Weser entlanggeschwommen kommt; allerdings ist der wesentliche Zug
der Mahrtenehe bereits ausgefallen.

Hockenbock und Erbsenbock, ebenso das geschlechtslose Wesen der ›lan-
gen Mettke‹, sind wohl lediglich fikte, also aus erzieherischen Gründen
zur Warnung für Kinder erfundene dämonische Gestalten.

200 RIESEN SPIELEN SCHLAGBALL

Es ist immer erzählt worden, daß zwei Riesen Schlagball gespielt haben. Ihr Spielfeld ging vom Hünenbrink bis zur Stellerie (Ortsteil von Frotheim). Der eine Riese hatte Erde in seinen Holzschuh bekommen. Er zog den einen Holzschuh aus und schüttete ihn auf unserem Felde aus. Dadurch soll der Hügel da hingekommen sein.

FROTHEIM   schr.

201 DER HÜNE ALS KNECHT

Da kommt mal 'n Hüne zum Bauern und bietet sich als Knecht an. Der Bauer nimmt ihn auch und schickt ihn noch denselben Tag nach'm Backhaus, er soll Brot rausziehen.

Als er wiederkommt, der Hüne, da fragt 'n der Bauer, wo er's Brot hingesetzt hätte. »Och«, hat er gesagt, »die paar Knubbel hab' ich nicht bringen wollen, die hab' ich mir hinter'n Zahn geschmissen.« – Es waren aber achtzehn Brote gewesen.

›Donnerbesen‹, denkt der Bauer, ›wenn das so weitergeht, dann frißt der dir noch die Haare vom Kopf. Du mußt sehn, daß du den Kerl bald wieder los wirst!‹

Nun hat er noch'n andern Knecht gehabt, und da sagte er: »Einer von euch ist zuviel und muß gehn. Ihr könnt morgen 'n paar Fuhren Holz aus'm Berg holen. Wer nun zuerst wiederkommt, den behalte ich.«

Nun fährt der eine Knecht schon in der Nacht nach'm Berg hin und lädt das Holz auf. Was der Hüne ist, den hat kein Mensch geweckt, der schläft und schläft. Schließlich wird er auch wach und fährt los. Er ist noch gar nicht weit vom Hause weg, da sieht er, daß der andere ihm schon mit dem Holz entgegenkommt. Da knöpft er schnell die Hose los und setzt in die Spur vor den Wagen 'n derben Haufen hin; da bleibt der andere drin stecken.

Nun fährt der Hüne nach'm Berg und holt sich 'n Fuder Holz. Als er wiederkommt, da sitzt der andere immer noch fest. Da packt der Hüne bei der Deichsel an und zieht den Wagen raus, und dann sagt er zu dem anderen, er soll man immer nett achter ihm herfahren. Und der hat das auch getan; was hätte er auch anderes machen sollen?

So kommt der Hüne zuerst auf dem Hof an, und der Bauer hat ihn behalten müssen.

LOXTEN

202   DIE ›KAHLE EGGE‹

Vor vielen hundert Jahren, als unser ›Ennkefeld‹ noch nicht Feld war und noch ein Baum bei 'nem andern stand, als hier im Bärenberge noch die Bären herumliefen wie Füchse und Eichhörnchen – ja, da stand auch auf der Egge noch ein Baum beim andern, dicker als die große Buche im ›Hallsken‹ Feld. Zu der Zeit wohnte auf'm Sparrenberg bei Bielefeld 'n unwieser großer Riese. Und ein Freund von ihm, auch so 'n unsachter großer Sleef, auf unserm ›Rawensken‹ Brinke. Diese beiden Freunde hatten zusammen man einen Backtrog, der auf'm ›Rawensken‹ Brinke stand; und sie backten immer zusammen. Da hatte sich mal der Riese auf'm Sparrenberg hingelegt und war eingeschlafen. Auf einmal flog ihm ein Huhn, wo ein Fuchs achter her spekulierte, ins Nasenloch. Da mußte er so unbändig prusten, daß der ganze Berg bebte und zwei Stunden weit alle Hasen aus der Kuhle geschossen kamen. Er wachte auf, und es kam ihm vor, als wenn sein Freund auf'm ›Rawensken‹ Brinke den Backtrog auskratzte. »Ei, den soll doch der Düwel!« dachte er, zog die Hosen hoch, trat in die Holsken und stand in drei oder vier Tritten auf'm ›Rawensken‹ Brinke. Da sah er nun gleich, was 'n betrogen hatte. Sein Freund, der große Lümmel, lag an 'm Stollbrinke in der Sonne und kratzte sich im Schlaf den Bart, wo sich just 'n Zaunigel in verlaufen hatte. Das machte den Riesen vom Sparrenberge ganz fuchtig. »Wart, du grober Bartschrapper!« rief er. »Ich will dir's heimzahlen!«

Er nahm den Backtrog unter'n Arm und ging damit weg. Und als er bei der Egge vorbeikam, stülpte er den Backtrog, den er nicht weiter mitschleppen wollte, oben drauf. Da sind alle Bäume unterm Backtrog erstickt, und seit der Zeit will da auf der Egge kein Baum mehr wachsen.

Halle

203 DER SCHMIED VON WIETERSHEIM

Bei Wietersheim liegt der Schoppenberg, eine niedrige Erhöhung im Schaffeld, das bis zur Weser hin reicht. Darin hat ein Schmied von unglaublicher Körperkraft gehaust. Er war nur in Tierfelle gekleidet, und genauso altertümlich war sein Werkzeug: ein Steinhammer.
Trotz seines gewalttätigen Aussehens war er gutmütig und hilfreich; wenn einem Bauern ein Ackergerät, ein eisernes, kaputt ging, brachte er es zum Schoppenberge. Nachts holte der Schmied die Egge oder den Pflug in den Berg und arbeitete daran mit seinem Steinhammer, daß die ganze Gegend dröhnte. Am anderen Morgen konnte man die ausgebesserten Stücke wieder abholen.
Der Wilde war aber scheu und wollte nicht beobachtet oder belauscht werden. Das wußte man. Aber ein junger Knecht, der ihm einen Pflug zur Reparatur gebracht hatte, versteckte sich dummerweise einmal in einer hohlen Eiche, um den Schmied zu sehen. Nun, dieser Urweltkerl muß das wohl gespürt haben, daß ein Mensch in der Nähe war: er zerschmetterte den Pflug auf der Erde und ging in den Wald zurück und blieb ein für alle Mal verschwunden.

Die Erzählung ist vor der Jahrhundertwende wieder aufgelebt; da fand man nämlich bei der Anlage einer Sandgrube am Schoppenberg die Grundmauern eines Hauses, und die Leute erklärten es zu den Überresten der alten Schmiede.

Wietersheim   mdl.

204 DAS ZWERGENKIND UND SEINE PFLEGEMUTTER

Da oben hinter Brackwede ist bei einem Bauernhof ein großes Loch, da wohnen Zwerge drinnen; so groß als die Hünen waren, so klein ist'n Zwerg. Es sind aus Neugierigkeit viele Leute in das Loch gekrochen und nicht wieder herausgekommen. Die Zwerge, die nun nicht mehr ans Tageslicht kommen, gingen früher bei Nacht heraus, und einer davon war'n Schmied. Die Bauern, die ein Wagenrad zum Beschlagen oder einen Pflug oder sonst was vor das Loch brachten, hatten es am andern Morgen fertig wieder und legten dafür ein kleines Geldstück hin, das sich der Zwerg holte, oder sie setzten Milch davor, die er gern trank. Mal hatten die Zwerge eins von ihren Kindern vor das Loch gelegt. Eine Frau nahm es zu sich und legte es an ihre Brust und wiegte und verwahrte es wie ihr eigenes Kind. Jeden Morgen lag bei dem Zwergenkind dicker Sand, und das waren alles Goldkörner, und die Frau wußte das und hatte wohl'n Scheffel voll. Einmal lag der lüttke Zwerg in der Wiege und schrie und ramentete wie verrückt. Da rief die Frau: »Verdüwelter Zwerg, halt dein Maul, oder ich schmeiße dich vor die Tür!« Den andern Morgen war der kleine Zwerg von seinen Eltern weggeholt, und als die Frau den Schaden besah, war ihr schöner Scheffel Goldkörner zu Häcksel geworden. Das geschah ihr ganz recht! Wer für ein Kind Elternstelle vertreten will, der soll da nicht hart mit umgehn und sie stoßen.

Steinhagen (wahrscheinlich)

205 DIE GABEN DER ZWERGE

Zwerge holten einmal eine Adlige von der Hinnenburg bei Driburg, damit sie einer Zwergenfrau bei der Entbindung helfen sollte. Als Lohn bekam sie nach ihrer Arbeit drei Gläser und drei goldene Kugeln. Wie es bei solchen Geschenken ist – sie müßten gut aufgehoben werden, es dürfte nichts abhanden kommen oder zerbrechen. Sonst bliebe das Glück nicht in der Familie.

Ein Glas ist wohl noch auf der Hinnenburg vorhanden, die anderen könnten in anderen Linien der Asseburgs kaputtgegangen sein. Man hört eben nichts von anderen Asseburgs, als von dem Grafen Bocholt-Asseburg auf Hinnenburg. Man reimt sich wahrscheinlich so etwas zusammen, wenn man nur von einer Familie des Namens weiß.

Hinnenburg   Notiz

206 EIN ZWERG ERSCHEINT

Ein Mann von Oberlübbe ging einmal zu seiner Braut, und wie er des Abends zurück kam, mußte er durchs Hiller Moor. Da begegnete ihm ein Bär, der lief mit ihm bis kurz vor Eickhorst. Denselben Tag, wie dieser Mann begraben wurde, mußte mein Vater nach Oberlübbe und was holen. Da stand auf einmal ein kleiner Zwerg auf dem Weg, und als er ihn näher ansehen wollte, verschwand er in einem Bulthaufen.

Oberlübbe   schr.

207 DIE HEIDEMÄNNCHEN BEI BROCKHAGEN

Vor Jahrzehnten ist im Winter eine Frau täglich von Remse bei Marienfeld durch die Heide nach Brockhagen gegangen. Morgens in der Frühe machte sie sich auf den Weg und spann den ganzen Tag über in Brockhagen. Man nannte sie »Spinnmoder«. Mit der Dämmerung ging sie wieder nach Hause. An einem ihrer letzten Arbeitstage ging sie sehr spät nach Hause und war noch in der Heide; sie kannte aber Weg und Steg genau. Da hörte sie plötzlich ein seltsames Pfeifen, das immer näher kam. Um abzuwarten, was da auf sie zukäme, setzte sie sich unter eine Kiefer und fing an zu stricken. Da kam irgend etwas auf sie zu, das sie nicht erkennen konnte. Nach und nach kamen eine Menge kleiner Männchen – Heidemännchen vielleicht.

Sie strickt, weil sie meint, dann könnte ihr nichts passieren, und sieht nicht auf. In der Dunkelheit, als es stockfinster ist, ist der Spuk vorbei. Sie ist gut nach Hause gekommen.

MARIENFELD NOTIZ

208 HILFE BEIM HOLZDIEBSTAHL

Ein Bauer stahl in einer finsteren Nacht aus dem Bollberg ein Fuder Holz. Auf dem grundlosen Wege konnten die Pferde nicht weiter. Auf einmal wurde der Wagen wieder flott. Der Bauer bemerkte zu seinem Entsetzen ein Männchen, das herzhaft in die Räder griff, ja, sogar in seinem Eifer um die Nabe herum radschlug.

NEUENHEERSE schr.

209 DAS BERGMÄNNCHEN IM MÖMKENLOCH

Einstens lebte im Teutoburger Wald im Mömkenloch bei Lämershagen ein Bergmännchen. Das verstand sich auf Schmiedearbeiten wie kein Schmied weit und breit. Wer abends dort vorbeiging und sein Ohr an die Erde legte, der hörte drinnen hämmern und feilen. Die Bauern, die einen Pflug auszubessern hatten, brachten ihn am Abend vor das Loch. Am anderen Morgen konnten sie ihn fertig wieder abholen.
Auch andere Schmiedearbeiten verrichtete das Bergmännchen so sauber und schön, daß jedermann seine Freude dran haben konnte. Die Leute legten ihm dann zum Dank ein kleines Geldstück hin. Es trank auch gern Milch, und auch Pfannkuchen mochte es gern. Heute ist das Mömkenloch zugeschüttet.

LÄMERSHAGEN schr.

210 DAS FRÜHSTÜCK DER HOLLEN

Als Gütersloh noch ein kleines Dorf war, gab es auf dem Gelände des Landeskrankenhauses nur Sandhügel mit kleinen Löchern, in denen die Hollen oder Unterirdischen hausten. Ein Schäfer aus Pavenstädt hatte da gehütet, und weil er übermütig und auch hungrig war, rief er aus Spaß: »Hallo, ihr Hollen! Bringt ihr mir wohl'n Frühstück?«
Wie er so vor sich hin ging, sah er tatsächlich vor einem Loch einen Teller mit Broten und eine Tasse Milch stehen. Er hatte keine Angst und ließ es sich schmecken und rief dann: »Danke schön, ihr Hollen!«
Als er nach kurzer Zeit wieder an dem Loch vorbei kam, war das Geschirr verschwunden.

PAVENSTÄDT   NOTIZ

211 DAS FRÄULEIN VON ENGLAND

Zwischen Petershagen und Windheim hat man sich von einem gespenstischen Fräulein erzählt, das in einer Tonscherbe die Weser entlanggekommen und einem Schäfer erschienen ist. Sie hat ihn aber wohl nicht gesehen, sondern ist zum Dorfe gegangen, und er hat eine Weile gewartet, ehe er sich zu dem Scherben schlich und ihn versteckte. Es waren ja überall Weidenbäume und Gestrüpp am Ufer.
Sie ist nach einer Weile zurückgekommen und hat ihr Fahrzeug gesucht und gejammert, sie müsse noch in dieser Nacht bis England fahren und dort Braut werden.
Da hat ihr der Schäfer den Scherben zurückgegeben, und sie hat ihm weißes Leinen dafür versprochen. Er sollte es am nächsten Tage abholen. Dann fuhr sie wieder die Weser abwärts und blieb verschwunden.
Der Schäfer hat aber wohl doch seine Befürchtungen gehabt. Er ist erst ein Jahr später wieder an die Stelle gegangen, und da hingen wirklich zwei verwitterte Leinenfetzen in einem Weidenbaum.

PETERSHAGEN   mdl.

177

212 SCHRECKGESTALTEN

Wenn der Wind die Hocken (Getreidestiegen) umgeschmissen hatte, erzählte man den Kindern, das hätte der Hockenbock gemacht.

Wenn die Kinder heimlich im Garten an die Erbsen gingen, hieß es: »Bleibt da weg, in den Erbsen sitzt der Erbsenbock, der stößt euch!«

Wenn ich früher als Kind an die Weser ging, dann hieß es: »Paß auf, da sitzt ›de lange Mettke‹ in, *de* hat 'n Haken, *de* zieht dich rein!« Und nun ist das so: der eine stellt da sich 'n Kerl unter vor und der andere mehr so 'ne Wasserfrau, so 'ne Nixe, und andere wieder 'ne Schlange, die einen da reinzieht.

BUCHHOLZ   mdl.

213 WASSERJUNGFERN TÖTEN JUNGE MÄNNER

Die Wasserjungfern locken die Kinder und auch Jünglinge durch zauberisches Singen und süße Schmeichelworte zu sich in die dunkle Tiefe, wo sich das Nixenschloß befindet, suchen auch Jünglinge durch ihre reizende Gestalt, ihre süßen Worte und lockenden Bewegungen zum Baden zu veranlassen, um sie dann an ihrem Busen zu erdrücken. Im Donoper Teiche sind schon öfter Wasserjungfern gesehen worden. Ein junger Mann hätte ihnen beinahe die Hand gereicht, doch dachte er an die oft gehörte Warnung; aber noch in seinem Alter erzählte er mit Bewunderung von der entzückenden Schönheit der Jungfern.

DONOP   schr.

214 DAS SPINNWEIB

Einmal, so erzählte ein alter Niederjöllenbecker, saß ein Trupp Burschen und Mädchen an einem Spinnabend zusammen. Da kam die Rede auch auf das Spinnweib. Der große Knecht behauptete, das Weib spuke auf dem Jöllenbecker Kirchhof. Nur die große Magd glaubte ihm nicht. Sie lachte und sagte, sie wollte wohl in der Nacht dreimal um die Kirche gehen, wenn die anderen für sie mitspännen. Ja, das wollten sie wohl tun, sagten die Mädchen.

Kurz vor Mitternacht ging sie fort. Es schlug eben zwölf, als sie den Kirchhof betrat. Da kam ihr etwas entgegen. Sie glaubte, es wäre der große Knecht oder einer, der gemeinsames Spiel mit ihm mache, schlug auf die Gestalt ein und nahm ihr die Mütze weg. Dann machte sie doch, daß sie fortkam.

Unterwegs aber hörte sie eine hohle Stimme hinter sich rufen: »Chif mui de Müss'n wuier (Gib mir die Mütze wieder!)« Sie kümmerte sich nicht darum, ging geradewegs nach Hause und prahlte mit ihrer Tat. Als sie aber mit der lütken Magd im Bette lag, klopfte es plötzlich ans Fenster, und wieder rief die hohle Stimme. Zaghaft öffnete die kleine Magd. Da streckte sich ein langer Arm durchs Fenster und gab der großen Magd einen Faustschlag vor die Brust, daß ihr das Blut aus dem Munde quoll und sie ohnmächtig in die Kissen zurücksank... »Un dat kam, wuil dat se nich ant S-chpinnewuif loff hadde (Und das kam, weil daß sie nicht an das Spinnweib geglaubt hatte)«, fügte der Jöllenbecker hinzu.

JÖLLENBECK   schr.

215 DAS SPINNWEIBCHEN

Im Okendahl bei Hegensdorf sitzt das spinnewiweken (Spinnweibchen), das muß immerzu spinnen. Sie hat, als sie noch lebte, am Abend vor dem Festtage ihr Stück Garn vollhaben wollen und hat bis nach zwölf Uhr gesponnen, dafür muß sie nun im Okendahl spinnen bis in den jüngsten Tag.

HEGENSDORF

216 DIE FAULE SPINNERIN

Diese Geschichte habe ich von meiner Großmutter. Ein Mädchen, das spinnfaul gewesen war, hörte von einem Bekannten, wenn es diesen Rat befolgte, wäre es vom Spinnen erlöst. Das Mädchen folgte dem Rat. Punkt Mitternacht lief es dreimal um die Kirche und rief: »Wat herinne sitt, kumm herut!« Sofort erschien ein Mann mit einer Pingelmütze (Zipfelmütze mit einem Glöckchen) auf dem Kopf. Das Mädchen, vor lauter Übermut, riß ihm die Mütze vom Kopf. Zuletzt, nach vielen Plagen (Bitten), gab es ihm die Mütze wieder. In demselben Augenblick waren beide verschwunden. Wo sie geblieben sind, weiß keiner.

NETTELSTEDT   schr.

217 DORLIESKEN

Wenn im Winter des Abends die Spinngruppe mit ihren Spinnrädern zusammenkam, dann erzählten sie sich meist alte Spukgeschichten und Sagen. Meistens kam die Geschichte von ›Dorliesken‹ mit vor.

Das Dorliesken konnte sich nicht anders ausruhen als ›up de Dor‹, darum nannten es alle Leute Dorliesken. Vor dem Dorliesken hatten alle Leute Angst.

Bei Tiemann 57 (Hausnummer) war ein Spinnabend. Wie Hucken und Milken Vater mit ihren Frauen nun nach Hause wollten und waren kurz vor Heidemeier 21, da sahen sie etwas auf dem Tor. Sie sagten gleich: »Das ist das Dorliesken!«

Sie berieten nun, was sie machen wollten, denn sie hatten Angst. Sie liefen in aller Windeseile wieder zurück nach Tiemann 57 und wollten Tiemanns Vater holen, denn der fürchtete sich vor nichts und ging auch gleich mit.

Wie sie bei Schöphörster 29 waren, blieben Hucken und Milken Vater immer etwas zurück, denn sie hatten Angst. Wie sie am Tor von Heitmeiers waren, schimpfte Tiemanns Vater sie aus: »Dat is ja gor kein Dorliesken, dat is jä 'n Fülln!« Als die anderen richtig zusahen, war es Schöphörsters Fohlen. Das war ausgebrochen und wollte über Heitmeiers Tor springen; da blieb es auf den Torspitzen hängen.

Dat is dai Sage van Dorliesken.

HUSEN   schr.

SCHÄTZE, die unter der Erde liegen oder zu vorbestimmten Zeiten zutage treten, tauchen nur selten in neueren Erzählungen auf; meist wird nur beiläufig erwähnt, daß hier oder dort ein Schatz vergraben sei. Die Gewährsleute waren an diesen Vorstellungen aus alter Zeit meist so wenig interessiert, daß es sich nicht lohnte, ihre knappen Mitteilungen anzuführen. Allenfalls Sagen vom weitverbreiteten Typus der mißlungenen oder nur halb geglückten Bergung eines Schatzes fanden Beachtung, wohl deshalb, weil das Erzählerische in ihnen eine größere Rolle spielt.

Auffallend ist, daß kaum ein Erzähler etwas von versunkenen Glocken wußte – und wenn, dann waren solche Sagen wegen ihres Schwerpunktes in einen anderen Zusammenhang zu rücken. Aus diesem Grund gehört auch die silberne Wiege Wittekinds, die nur beiläufig genannt wird, nicht in diese Gruppe, sondern zu den Geschichten aus alter Zeit.

218 DER TRAUM VOM GELD

Der Bauer auf dem Schneikerschen Hof in Eggeberg bei Halle war einmal recht klamm. In der Nacht träumte er, er würde in Minden auf der Weserbrücke Rat finden. Also fuhr er los und wartete dort und sah ins Wasser. Schließlich wurde ein anderer Mann, der dort auch schon eine Weile gestanden hatte, auf ihn aufmerksam und fragte: »Was macht ihr denn hier eigentlich?«
Der Bauer erzählte ihm von seinem Traum, ohne Namen zu nennen. Da antwortete der andere: »Das ist alles Unfug, was man so träumt. Ich habe vorige Nacht geträumt, daß ein Schatz vergraben wäre – unterm Birnbaum bei Schneiker in Eggeberg. Und ich kenne Schneiker und Eggeberg überhaupt nicht.«
Da fuhr der Bauer schnell wieder nach Hause. Er rodete heimlich den Birnbaum aus und muß wohl den Schatz dabei gefunden haben; denn er konnte alle Schulden bezahlen und sich zum Erstaunen aller Nachbarn noch ein neues Haus bauen.

EGGEBERG (HALLE)   mdl.

219 DIE SCHATZTRUHE

Im Siebental soll ein Schatz begraben sein, eine Schmucktruhe, deren Inhalt unbekannt ist. Weil ihn der Teufel bewacht, kann man den Schatz nicht ohne weiteres heben. Immer um die Jahrhundertwende erkennt man die Stelle, wo er verborgen ist, an ganz auffälligen Blumen, die über der Erde aufblühen. Wenn man ihn zu dieser einzig möglichen Zeit heben will, darf man keinen Ton von sich geben – sonst versinkt er wieder für die nächsten hundert Jahre.
Es mag zur Wende unseres Jahrhunderts gewesen sein, da brachte einmal ein Kind seiner Mutter einen Strauß dieser ganz besonderen Blumen und sagte, es hätte sie im Siebental gepflückt. Da wußten die Leute in Henglarn, daß der Schatz nun wieder zu packen war. Einige Bauern, die daran glaubten und sich nicht fürchteten, zogen in der Nacht

– so etwas muß ja zwischen zwölf und eins geschehen – mit Spaten und Schaufeln los, um reich zu werden. Aber die Geräte waren gar nicht nötig, denn die Truhe stand offen auf der Erde und leuchtete weithin.

Sie alle waren wohl arme Kerle, jeder auf seinen Nutzen bedacht, keiner gönnte dem anderen den größten Anteil. Und da kam es denn, daß einer rief: »Donnerwetter, wie sollen wir's uns denn teilen?«

Im selben Augenblick hörte man ein höllisches Gelächter, die Truhe versank für weitere hundert Jahre, und die Männer standen im Finstern.

HENGLARN   NOTIZ

220 DIE SCHATZGRÄBER

Das Wirtshaus, das in der Nähe des Spritzenhauses gestanden haben soll, gibt es schon lange nicht mehr. Der Wirt soll ein schrecklicher Geizknochen gewesen sein und all sein Geld vergraben haben. Nachts sollen einmal eine Anzahl Männer nach dem Goldkessel gegraben haben – mit allen Vorsichtsmaßregeln, versteht sich. Dazu gehört auch, daß sie bei ihrer Arbeit keinen Laut von sich geben. Als sie den Schatz nun wirklich zutage gebracht hatten, fuhr ein seltsames Gespann an ihnen vorbei, das hatte statt der Pferde Enten. Darüber mußten sie lachen – oder ob einer vor Schreck aufgeschrien hat: jedenfalls versank das Gold wieder. Ob der Wirt es selber war, der den Schatzgräbern das Gold nicht gönnte, oder der Teufel – das konnte ich nicht mehr erfahren.

HAHLEN   mdl.

221 SILBER WIRD ZU BLEI

Ein Hirt entdeckte vor langer Zeit, daß der Boden, auf dem jetzt die Blankenroder Feldmark und die Bleikuhlen liegen, große Massen Sil-

184

ber enthält. Bald wurde er reich, und niemand wußte, woher das kam. Geizig, wie er war, gönnte er keinem etwas und ging deshalb nur nachts aus, um zu graben.

Aber die Leute waren ihm nachgeschlichen und überraschten ihn, wie er gerade ein Gefäß mit Silber nach Hause bringen wollte. Sie fragten ihn, was er da hätte. Er antwortete: »Blei!« Und von derselben Stunde an wurde alles Silber dort und in seinem Haus in Blei verwandelt.

BLANKENRODE   schr.

222   DER SCHATZ BRINGT UNGLÜCK

In Altenbeken fand man beim Aufreißen des Deelenbodens einen vermauerten Eichensüll, denn früher ließ man beim Höherlegen des Bodens die Türschwelle liegen. Darunter stand ein Topf mit Silbermünzen vergraben, und obenauf lag ein goldenes Kreuz.

Die Tochter griff zuerst gierig danach und hängte sich das Schmuckstück um den Hals. Seit dieser Zeit verging sie und starb nach einigen Monaten. Auch brachte das gefundene Geld den Hausbesitzern kein Glück.

ALTENBEKEN   schr.

223   GOLDENE HERDKOHLE

In der Nähe des Langenberger Tores in Wiedenbrück liegt ein kleines Haus. Der zugehörige Garten war auffallend groß. Man sagt, früher habe ein Schloß darin gestanden; aber das ist schon lange nicht mehr da – und wer weiß, ob's stimmt?

Da soll ein geiziger Besitzer drin gewohnt haben. Nicht einmal seinen Nachkommen hat er was gegönnt, denn er hat alles vergraben, was er zu Lebzeiten zusammengeschachert hatte. Dieser Schatz ist noch nicht gehoben, und deshalb muß der Tote ihn immer noch bewachen. Nur einmal in sieben Jahren liegt das Gold bei Vollmond offen.

In dem kleinen Haus hat einmal eine Magd gedient. Die wurde davon wach, daß es in ihrer Kammer so unwahrscheinlich hell war. Sie dachte: ›Da geht ja bald die Sonne auf!‹ Also wollte sie in der Küche Feuer anlegen – da sah sie im Garten den hellen Schein, wußte aber nicht, daß es der Schatz war, der da glühte. Sie wollte es bequemer haben und ging hinaus, um sich von dort Glut zu holen. Sie holte sich mit der Kohlenschaufel eine reichliche Menge davon, aber die Kohlen verlöschten auf dem Herd auch ein zweites und drittes Mal. Zuletzt rief ihr eine Stimme sehr böse zu: »Wenn du nochmal kommst, dreh ich dir den Hals um!« Sie konnte niemanden sehen, war aber erschrocken genug, ins Haus zu laufen.

Da schlug es eins, und es war wieder stockdunkle Nacht. Sie wunderte sich und ging wieder ins Bett. Am anderen Morgen lagen lauter Goldmünzen auf dem Herd.

WIEDENBRÜCK   NOTIZ

224 DER SCHATZHUND

Da lebte vor vielen Jahren nicht weit von Bielefeld ein Schuster, und neben ihm hatten ein alter Mann und seine Frau ihre Kammer. Die beiden waren gebrechlich und zur Arbeit nicht mehr nütze. Sie mußten sich das Nötigste durch Betteln verdienen. Da sie aber rechtschaffene Leute und ohne eigene Schuld in Not geraten waren, trugen sie ihr Los geduldig und ohne Murren. Sie vertrauten auf Gott und seine Hilfe.

Einmal träumte der Schuster, im nahen Walde liege unter einer Eiche vergraben ein Sack voll Gold. Weil er aber von der Wahrheit seines Traumes nicht recht überzeugt war, erzählte er dem Alten nebenan, was er geträumt hatte. Mißtrauisch setzte er hinzu: »Wirst du nun in den Wald gehen und den Schatz suchen?« Der Alte, der kein Verlangen nach solch unsicherem Besitz hatte, erwiderte: »Was mir der Herr hat zugedacht, das wird mir auch ins Haus gebracht.« Der Schuster lächelte nur spöttisch und ging wieder an seine Arbeit. Doch der Schatz kam ihm den ganzen Tag über nicht aus dem Sinn. Auch am nächsten Tag mußte er immerfort daran denken. Bei jedem Hammerschlag sah er einen Haufen schimmernden Goldes vor sich liegen. Es geriet ihm schließlich nichts mehr auf seinem Schusterschemel.

In der dritten Nacht trieb es ihn in den Wald hinaus, er mußte den Schatz heben. Aber bei der Eiche fand er keinen Sack und kein Gold. Nur ein schwarzer, jämmerlicher Hund lag dort und winselte erbärmlich.

Verdrossen wollte der Schuster umkehren, als er seines Nachbarn gedachte. Der lag jetzt warm auf seinem Bettstroh, indes er bei Sturm und Regen durch die dunkle Nacht zurück mußte. Im Groll über seine Torheit beschloß er, dem Alten einen Streich zu spielen. Er trug das Hundetier auf dem Rücken nach Hause und setzte es in die Kammer seines Nachbarn. Dann legte er sich schlafen und freute sich im voraus an dem Ärger, den die beiden Alten mit dem kümmerlichen Tier haben würden.

Als die am nächsten Morgen früh erwachten, fanden sie in der Ecke ihrer Kammer den seltsamen Gast, der noch elender war als sie. Und weil sie Hunger und Not kannten, hatten sie Mitleid mit ihm und gaben ihm eine Schale Milch und eine Brotkruste. Das war alles, was sie besaßen. Dann betteten sie das zitternde Tier auf warmes Stroh.

Am anderen Morgen galt ihr erster Blick wieder dem Hund – aber der war fort. An seiner Stelle aber lag da ein Sack, der war gefüllt mit reinem Gold. Eine große Dankbarkeit kam in ihr Herz. Sie liefen in die Stube des Schusters und erzählten ihm, was sich bei ihnen zugetragen hatte. Der wurde bleich, als er merkte, was für ein Narr er gewesen war.

BIELEFELD schr.

187

ALTE ZEIT und NAMEN spielen eine unterschiedlich wichtige Rolle in der lebendigen Überlieferung. Während Namenserklärungen von Orten in Fülle beizubringen waren, blieb die Nachforschung nach historischen Sagen wenig ertragreich.

Sämtliche vorliegenden Sagensammlungen drucken das immer gleiche Material ab: Legendenhaftes von Bischöfen und Heiligen und glaubensstarken Klerikern, allerlei Wundergeschichten, Berichte von Fürsten und Herren aus der jüngeren Vergangenheit; aber hier sind Daten vonnöten, und die Gewährsleute dieser Sammlung haben sich keinen Deut um Datierungen, wie sie Chroniken bieten müssen, gekümmert. Da ihnen Jahreszahlen lästig waren, konnten sie auch die Geschichten, die ohnehin in Heften und Anthologien alle paar Jahre auftauchen, nicht erzählen. Einige wenige Beispiele, etwa die Wundergeschichten aus Corvey oder die beiden Erzählungen vom in Paderborn so wichtigen Liborius, wurden in Trümmern beigebracht; da habe ich dann auf die älteste greifbare Druckfassung zurückgegriffen.

Viel näher standen den Gewährsleuten Gestalten wie der verbrecherische Werber des Soldatenkönigs ›Schwanewert‹ oder Räuber und Mordbrenner wie ›Irmons Jungen‹ oder der ›wilde Aust‹. – Auch ›Weltschöpfungsgeschichten‹ von der Entstehung der Westfälischen Pforte oder einige Gründungssagen waren geläufig, hingegen fand man keine geschlossene Erzählung von den Externsteinen, wenn nicht Halbgelehrtes, in dem etwas von altgermanischen Heiligtümern anklang, das aber aus Quellen minderen Wertes in der Schule angelernt worden war.

Falls der Leser viele der Sagen, die er aus dem Wittekindzyklus kennt, vermissen sollte, verweise ich auf mein Vorhaben, möglichst nur mündlich Überliefertes aufzunehmen. Die Sammlerin Irene Flottmann fand nur einen einzigen guten Erzähler, der ihr Beiträge liefern konnte: Herrn Volmer. Frau Flottmann sagt im Vorwort zu ihrer Staatsexamensarbeit, die Wittekindsagen wären fast ausgestorben, ursprünglich auch gar keine Volkserzählungen, »sondern von Widukindverehrern in Studierstuben, wahrscheinlich von Pfarrherrn, erdichtet worden; hochdeutsch wurden sie von ihm der Gemeinde weitergegeben so wie die biblischen Geschichten... Keine der im Laufe der letzten Jahre aufgezeichneten Sagen wurde vom Volke in plattdeutsch erzählt, obwohl das die Umgangssprache der Menschen auch in Enger war... Die erste Kunde über den Engerschen Sagenkreis findet sich aus dem 10. Jahrhundert ... in einer älteren Nachricht des Mathildenlebens.« Dort wird mitgeteilt, Bonifazius habe den Herzog getauft; die Meldung ist aber wertlos, denn Bonifazius war zu dem Zeitpunkt, an dem das Ereignis stattgefunden haben soll, schon dreißig Jahre tot. Frau Flottmann zufolge stellte in der ersten Hälfte des 18. Jahrhunderts ein Pfarrer Hagedorn einige Geschichten aus dem Volke auf, weil »von Enger und dessen Wittekind auch dem gemeinsten Pöbel und wohl gar den Kindern ein und das andere bekannt sei.« Etwa 80 Jahre später stellte Pastor Wilhelm Redeker aus Bergkirchen eine bessere und umfangreichere Sammlung zusammen. »Auffallend ist, daß nach 1830 die Sagen fast völlig aus dem Gedächtnis verschwunden sind ... 1879 sagte Dettmer ..., daß die Mehrzahl der Sagen verschollen sei. Erst nach 1880 sind die Sagen neben Redeker und Dettmer vor allem durch das ›Buch vom Sachsenherzog Wittekind‹, das Hartmann und Weddigen 1883 veröffentlichten, wieder ins Volk gedrungen. Jetzt gingen die Erzählungen in die Schullesebücher und Heimatkalender über ...«

225 DIE ENTSTEHUNG DER WESTFÄLISCHEN PFORTE

Heute erzählt man den Kindern noch die Geschichte, wie die Westfälische Pforte entstanden ist:

Die ersten Einwohner im Wesertal dienten dem Teufel und sahen ihn als ihren Herren an. Schließlich aber wollten sie ihm nicht mehr gehorchen und wurden aufsässig. Das machte ihn so wütend, daß er alle umbringen wollte. Er war ja ungeheuer stark und wollte sie deshalb mit einem Schlag erledigen. Also flog er davon und holte sich einen gewaltigen Berg, der genau in die Wallücke paßte, durch die die Weser damals nach Norden hin abfloß.

Mit diesem Brocken schmiß er die Rinne zu. Und so füllte sich das Wesertal allmählich mit Wasser, weit nach Süden hin und über den Weserbogen hinaus. Die Leute mußten ihren ganzen Besitz zurücklassen und flohen auf die Berge und Höhenzüge. Das Wasser stieg aber immer noch weiter und hätte fast die Bergspitzen auch noch überschwemmt.

Da setzte ein heftiges Gewitter ein, und ein mächtiger Blitz schlug einen Riß in den Teufelsdamm, daß das Wasser in kurzer Zeit ins Flachland stürzte und die Menschen hinter den Bergen wieder frei waren. Diesen Durchbruch im Gebirge nannte man Porta.

Der Teufel wollte aber nicht aufgeben und versuchte es ein zweites Mal. Mit einem noch größeren Berg auf dem Rücken kam er angeflogen; aber er hatte sich übernommen: der Brocken drückte ihn zu Boden und begrub ihn. Er hatte Mühe, sich herauszuarbeiten. Danach ist ihm wohl die Lust an weiteren Schikanen vergangen.

Der Berg liegt bei Vlotho und heißt Bonstapel.

PORTA   mdl.

226 DER RECHTE GLAUBE

Früher ging es um den richtigen Glauben noch reichlich heftig zu. Den Katholiken sagte man alles Schlechte nach – klar, bei denen gibt es ja die

Beichte und die Vergebung der Sünden. Ganz lustig ist aber der Bekeh-
rungsversuch eines evangelischen Bauern ausgefallen.
In der Mitte des vorigen Jahrhunderts machte die Münstersche Garnison
in unserer Gegend und im Teutoburger Wald ein Manöver mit. Ein Teil
der Münsterschen lag südlich bei Brackwede in der Senne im Quartier.
Und wo die Konfessionen aufeinanderstoßen, da hat man die eigene ja
immer besonders energisch verteidigt. Da hat ein Sennebauer den jungen
Soldaten aus dem Münsterland erzählt:
Vor alten Zeiten lebte da hinter den Bergen, hinterm Teutoburger
Wald, ein mächtiger Fürst. Der hieß Hermann. In dessen Tagen woll-
ten die Römer – wißt ihr, wo euer Papst wohnt, – die wollten unser
Land hier erobern. Sie kamen mit einem großen Heer angerückt, und
eure Gegend haben sie auch erobert und euch alle katholisch gemacht.
Als sie aber hierher kamen, da hat sie der Hermann gründlich zusam-
mengeschlagen – da blieb kaum einer über. Und seitdem blieb unsere
Gegend frei von ihnen – keiner hat sich wieder hergetraut. Seht ihr, so
seid ihr katholisch geworden – wir aber sind lutherisch geblieben.
Diese Geschichte wird noch häufiger erzählt, weil sie spaßig ist.

<small>BRACKWEDE</small>   <small>NOTIZ</small>

227 ORTSNAMEN DURCH KARL
     UND WITTEKIND

Ja, das hast du auch alles aufgeschrieben, nicht, daß Karl der Große die
Buchholzer Kirche gebaut hat? Da ist er auf so 'nem Heerzug gewesen,
sozusagen, so 'nem Streifzug, so 'nem Inspektionszug, sozusagen. Widukind und Kaiser Karl, die haben immer zusammen gekämpft, Streit
gehabt.
Und da in Minden sind sie an der Weser gewesen und haben gesagt:
»So, dütt is min, un dar is din, dat welt wi!« Und daher ist nachher auf
der Stelle die Stadt Minden entstanden, nicht? Min und Din, nicht?
Mindin.

Und da sind sie weitergezogen mit seinem Gefolge – nach Ovenstädt rauf, nach Gernheim da, nicht? Und in Ovenstädt, da haben sie Rast gemacht mit seinem Gefolge. Da hat er gesagt, hier wollte er ... in dieser Gegend wollte er drei Kirchen bauen: »Eine hier oben auf der Stätte und eine, wo der Wind so heimweht, und eine unten im Buchenholz.« Nicht? Da sind die drei Kirchen hier entstanden.

Da muß Buchholz ja zu damaliger Zeit 'ne größere Ortschaft gewesen sein, sonst hätte mich gedünkt *(har mi dücht)*, hätte er in so 'ne ablegene Ecke gar keine Kirchen hingebaut, nicht?

Ich habe das gelesen – mal in so 'ner alten Chronik: die fand ich da mal bei uns, nicht? Da lag so 'n altes vergilbtes Blatt – lag da so lose in. Und da stand das drauf. Ich denke: »Dat is jo gediegen!« So 'ne alte Bibel oder wie das war.

BUCHHOLZ mdl.

228   WITTEKIND PRÜFT DIE TREUE

Eines Tages wollte Wittekind wissen, wieviel Leute ihm denn wohl treu ergeben waren, und da ließ er durch seine Diener verkünden, daß er gestorben sei. Und am Beerdigungstage strömten nun von allen Seiten die Getreuen des Landes herbei – im großen Saal war der Sarg aufgebahrt. Und unzählige Leute kamen, auch einer, der noch in Hausschuhen ankam ... der kam zu spät, den nannte man Nalop, der kam aus Bünde. Ein anderer, ein Schürmann aus Westerenger, konnte mit seinen Schuhen nicht zurecht kommen, und kam dann auch noch zu spät, und hat dadurch den Namen Schürmann erhalten. Alle, die nun zugegen waren, wurden zehntfrei. Und als der ganze Saal nun gefüllt war, da trat auf einmal Wittekind unter seine Getreuen, und die waren hocherfreut. Und alle, die da waren, wurden zehntfrei.

ENGER mdl.

229 HUFEISEN VERKEHRT

Die Kämpfe zwischen Wittekind und Karl dem Großen haben ja nun lange angehalten, und Karl versuchte ja nun immer, den Wittekind zu gewinnen oder gefangen zu nehmen. In der Nähe von Osnabrück hatte Wittekind zwei Burgen: Rulle und Schargen, und er weilte oft dort, um seine Getreuen zu besuchen. Und nun hatte Karl das auch herausbekommen und versuchte nun, Wittekind zu überlisten, aber Wittekind gebrauchte eine List – er ließ den Pferden die Hufeisen verkehrt drunterschlagen, so daß man nicht feststellen konnte, wo er war. Aber eines Tages hätte es ihn doch beinahe erwischt, weil ihn jemand verraten hatte. Da kam er an ein Hindernis, und da hatte er dann die Worte gebraucht: »Hengstken«, das war sein schwarzes Pferd, »spring oawer, kriegst 'n Spind Hoawern (Hafer).« Und er setzte dann auch rüber und war nun gerettet.

Und diesen Moment hat ein Maler, ich glaube es war ein Kirchenmaler Rüter, in unserem Gemeindehaus festgehalten, und hat ein großes Bild davon gemalt; leider ist das Bild beim Umbau des Gemeindehauses entfernt worden.

ENGER   mdl.

230 DER MOHR ALS BAUMEISTER

Wittekind hatte sich 785 taufen lassen und sagte dann, es sollen an drei Stellen Kirchen gebaut werden; in Bünde, in Rehme und in Enger. Und wo die Kirche zuerst fertig ist, da will ich wohnen. Der Kirchbaumeister in Enger ist der Sage nach ein Mohr gewesen, es erinnert noch ein Stein an ihn, der an der Ostseite der Kirche angebracht ist. Er saß früher ziemlich niedrig, man hat ihn aber umgesetzt, damit er durch Kinderhände, Steinwürfe usw. nicht verdorben werden könnte. Heute weiß man, daß es mit diesem Mohr eine andere Bewandtnis hat: Enger gehörte lange Jahre zum Bistum Magdeburg, und Magdeburg hat den Mauritius als Heiligen; dieser Mauritius wird immer als Mohr dargestellt – und daher wird diese Sage entstanden sein. Merkwürdig ist ja, daß der Turm der Kirche in Enger für sich allein steht; bis dahin hat man das ja noch kaum gefunden, aber in der heutigen Zeit ist das ja häufiger. Jeder ist nun erstaunt, daß der Turm für sich allein steht, und da erzählt die Sage, der Mohr hätte den Trick angewandt, hätte den Turm weggelassen, und dadurch wäre die Kirche in Enger früher fertig geworden. Heute weiß man, daß das Dionysiusstift, das in Enger war, einem Orden angehörte, der den Turmbau verbot. Erst später ist dann durch den Papst die Erlaubnis eingetreten, daß ein Turm gebaut werden konnte, dieser Turm wurde wohl kurz nach 1700 errichtet.

ENGER   mdl.

231 DER HASENPAD

Nach der Sage war Wittekinds Schwester Äbtissin im Kloster in Schildesche, die hat er natürlich auch oft besucht. Da ritt er selbstverständlich den Weg dorthin, und dieser Weg wird heute noch als Hasenpad bezeichnet. Es heißt, daß sein Diener Hase ihn auf dem Weg begleitet hätte, und der Weg ist heute noch vorhanden, ist allerdings umgelegt, weil er mitten durch Kornfelder führte. Das kann man ja heute keinem Bauern mehr zumuten, bei den großen Maschinen, die die haben, und den wenigen Arbeitskräften, daß nun ein Weg mitten durch das Feld führt. Da hat man den umgelegt, und er ist noch schön zu laufen und wird auch von vielen Wanderern und Heimatfreunden auch heute noch bewandert – entweder von Schildesche nach Enger oder umgekehrt von Enger nach Schildesche.

ENGER   mdl.

232 DER BAUM VON SCHILDESCHE

In sehr alter Zeit muß bei Schildesche ein weithin berühmter Baum gestanden haben. Der wäre stets grün gewesen, und man sagt weiter, daß alle seine Zweige kreuzweis gestanden hätten.

194

Dann nahmen Fremde das Land ein, das dadurch seine Freiheit verlor. Davon soll der Baum verdorrt sein.

Man hat auch erzählt, in einer schlimmen Zeit würde ein Kaiser aus dem Grab wiederkehren und noch einmal eine Schlacht führen. Er werde seinen Schild an den dürren Baum hängen. Da werde der wieder ausschlagen und grün werden. Vielleicht ist der Baum eine Esche gewesen?

Mit diesem letzten Kampf wird endgültig Friede auf Erden sein und die Goldene Zeit anbrechen.

SCHILDESCHE NOTIZ

233 WITTEKIND UND DIE BABILONIE

Nach der verlorenen Schlacht auf dem Wittenfelde hat sich Wittekind mit dem ganzen Rest seines Heeres in den Berg Babilonie verwünscht. Er sitzt da und wartet, bis wieder ein Krieg ausbricht. Dann kommt er mit seinem Heer wieder hervor. In Friedenszeiten sieht man ihn nur manchmal mit seinem Gefolge auf einem weißen Pferd um den Berg reiten, und dann verschwindet er wieder darin.

Auch seine silberne Wiege soll in dem Berge stehen.

BLASHEIM NOTIZ

234 DIE STIFTBERGER KIRCHE

Die Stiftberger Kirche. Ich will das man lieber auf Hochdeutsch... ich kann das nicht alles so auf Platt erzählen. Die Stiftberger Kirche (ich weiß nicht, ob du sie kennst, die alte Kirche, die Marienkirche), wo die da jetzt liegt, da sind sie wohl drum zusammengewesen, so haben unsere Eltern erzählt, und haben darüber beraten, wo jetzt die Kirche hin sollte. Doch sind sie sich nicht einig geworden, wie das so ist. Und da haben sie, ob das nun zwei oder drei Tauben oder ob sie nur eine haben fliegen lassen, das weiß ich nicht... aber jedenfalls haben sie 'ne

Taube fliegen lassen, ich glaube eine. Und die hat sich da hingesetzt, und da haben sie die Kirche eben da hingebaut. Und da haben sie nicht mehr gestritten. Die Taube hat das eben ins Reine gebracht.

HERFORD mdl.

235 DAS HAUS ZU HALLE UND DER TURM ZU BOCKHORST

Zu Halle am Kirchhof, gerade der nördlichen Kirchtür am Chor gegenüber, steht ein gar wundersames Haus. Es ist kurz und schmal, aber dagegen von ungewöhnlicher Höhe. So sieht sich's besonders von der Nordseite an, denn an der Südseite hat der in dem Fortgange der Jahrhunderte höher gewordene Kirchhof einen Teil des unteren Stocks verdeckt. Was nun dort zwei Stock sind, besteht aus einem Gemäuer von ganz außerordentlicher Dicke, und darauf hat man in neuerer Zeit ein hölzernes drittes Stock aufgesetzt. Daß dies Gebäude ursprünglich etwas anderes gewesen als ein Wohnhaus, sieht sich leicht; was aber? Das hat die Überlieferung nicht bewahrt. Nur das Wunderliche wird erzählt, der Turm zu Bockhorst habe einst zu diesem Hause gehört. Bockhorst ist aber ein wohl drei Stunden von Halle entlegenes Kirchdorf. Die Kirche dort ist uralt, älter selbst als die im nahen Städtchen Versmold, welches ursprünglich ein Filial von Bockhorst gewesen.

Vor einigen Jahren hat der jetzige Besitzer des Hauses in Halle die untere Mauer an der Ostseite abgeräumt und an der Westseite durchbrochen. Dort hat er einen alten Türbogen gefunden und über demselben die Jahreszahl in Mönchsschrift 770. Hier betrug die Dicke der Mauer beinahe fünf Fuß, und im Innern fanden sich eingemauerte Graburnen. Eine genauere Untersuchung des Gebäudes machte es nun klar, daß dasselbe einst ein Kirchlein gewesen sei. Selbst eine Altarnische ward noch aufgefunden. Und so hat sich hier eins der allerältesten und ersten Gotteshäuser Westfalens erhalten, gar weislich erbauet bei den Salzquellen; denn da pflegte sich ja doch die ganze Umgegend zu versammeln. Und jene Sage erhält nun durch diese Entdeckung auch ihr Licht.

HALLE

236 DER NAME SCHWARZENMOOR

Der Name Schwarzenmoor entsteht durch drei Mohren. Die drei Mohren haben bei Schmidt-Dröge da gewohnt. Wiederum sagt Lueg (der Lehrer), auf'm Schloß, da hätt'n Graf gewohnt, wie er mal gelesen hätte; was nun stimmte – wüßte er auch nicht. Dieser Graf hat'n Mohr, 'n schwarzen Mohr, gehabt, 'n Schwarzen. Und der ist nach Herford zum Wochenmarkt gefahren. Auch diese drei Schwarzen sind nach Herford zum Wochenmarkt gefahren. Und dadurch entsteht der Name Schwarzenmoor, von diesen schwarzen Mohren.

HERFORD   mdl.

237 DIE GRÜNDUNG DES KLOSTERS MARIENFELD

Auf dem Kirmesplatz vor dem Kloster lag früher ein beschrifteter Gedenkstein. Auf der anderen Seite zeigte er den heiligen Donatus (Schutzpatron gegen Unwetter). Der Stein ist aber mit den Jahren verwittert und verkommen. Heute ist er gar nicht mehr da. Widukind von Rheda soll 1183 hier bei Hundingen von einem Gewitter überrascht worden sein. Ein Blitz erschlug ihm sein Reitpferd und seinen Diener, ihm selbst aber geschah nichts. Zum Dank für diese Rettung soll er an dieser Stelle ein Kloster erbaut haben.

MARIENFELD   NOTIZ

238 DAS MARIENBILD ZU VERNE

Ein Ritter von Verne beteiligte sich an einem Kreuzzug; sein Name

soll Wilhard gewesen sein und seine Burg in der Nähe der Brünneken-
kapelle gelegen haben. Wie üblich, ging er vor seinem Auszug in die
Kirche – welche, weiß ich nicht – und schnitt einen Wildrosenzweig
ab. Es muß schon ein derber Ast gewesen sein. Auf dem Weg zur An-
dacht schnitzte er daran herum und steckte in der Kirche Messer und
Holz ein.

In Palästina schnitzte er in den Pausen der Kämpfe an dem Holze weiter und fertigte schließlich ein Marienbild daraus. Eines Tages war es
ihm abhanden gekommen, ohne daß er wußte, wie das geschehen sein
konnte.

Als er nach einigen Jahren in die Heimat zurückkam und an dem Ro-
senbusch, aus dem er den Zweig herausgeschnitten hatte, vorüberritt,
sah er sein Marienbild glänzend darin stehen. Da ritt er zum Priester,
um ihm von diesem Wunder zu erzählen, und beide trugen das Bild in
die Pfarrkirche. Dabei begannen die Glocken von selbst zu läuten.
Sogleich erfuhren die Bewohner von dem Wunder, und das Bild wurde in Verne zum Gegenstand der Verehrung.

VERNE   NOTIZ

239   DIE IRRGLOCKE

Ein Warburger Bürger, Gerd Wiegand, hatte im nahen Hessenlande
der Taufe seines ersten Enkels beigewohnt und wurde auf dem Rück-
wege zur Abendzeit von einem argen Schneesturm überrascht. In der
Dunkelheit und bei dem bösen Unwetter verliert er bald den rechten
Weg und irrt dann lange Zeit planlos umher. Nach langem Ringen gegen Sturm und Wetter sinkt er kraftlos in den Schnee und glaubt sein
Ende nahe. In seiner Not und Bedrängnis fleht er zur Gottesmutter
um Hilfe und gelobt, ihrem Bilde in der Johanniskirche eine silberne
Krone und ein Wachslicht zu verehren; auch verspricht er, dafür Sor-
ge zu tragen, daß zur Winterszeit des Abends geläutet werde, damit
verirrte Wanderer den Weg zur Heimat finden.
Dem Tode nahe hörte Gerd Wiegand plöztlich das Läuten der großen

Glocke »Mariahilf« auf dem Turm der Johanniskirche. Jetzt weiß er, wo seine Vaterstadt liegt. Er rafft sich auf und folgt der Richtung, aus der die Glockentöne deutlich zu ihm dringen. Bald gelangt er glücklich an das Stadttor. In der Meinung, man habe die Glocken eines ausgebrochenen Brandes wegen geläutet, ist er ganz erstaunt, als er in der Stadt alles in tiefster Stille findet und nirgends die Spuren eines entstandenen Feuers wahrnimmt. Im Hause angelangt, erkennt er, daß Gott ihm wunderbarerweise zu Hilfe gekommen ist, und daß die Glocke nicht zu einer Brandstätte rief, sondern nur ertönte, um ihm den Weg zum Heim und zu den Seinen finden zu lassen. Dankbaren Herzens erfüllte er dann alsbald sein Gelübde, und von der Zeit an ertönen zur Winter- und Weihnachtszeit allabendlich die Glocken von den Türmen der Stadt.

WARBURG   schr.

240 UNGEWEIHTE GLOCKE

Die alten Leute erzählen sich von einer ungeweihten Glocke. Sie hing im Kirchturm, und als die Glöckner eines Morgens am Läuten waren, flog sie aus dem Schalloche nach Biermanns Haus zu bis zur Öse. Hier ist sie in eine Wiese hineingeschlagen.
Auf dieser Stelle liegt nun eine Quelle, und diese hat keinen Grund. Von dieser Quelle bekommt Gehrden das Wasser. Sie heißt der Tournburn, der Turmbrunn. Ich habe erzählen hören, daß man manchmal noch das Läuten aus dem Grunde heraus hören könnte.

GEHRDEN   schr.

241 DER LOHN DER VERRÄTERIN

Ein Graf Otto von Rietberg hatte im Mittelalter eine Burg lange vergeblich belagert. Da meldete sich eine Magd bei ihm, die lange in der Burg in Dienst gestanden hatte und alle geheimen Wege kannte. Sie bot dem Grafen an, ihn zu führen, wenn er ihr dafür ein kostbares

Kleid, Schuhe aus Samt und ein goldgewirktes Tuch schenke. Das versprach der Graf.

Mit Hilfe dieser Magd gelangten die Belagerer ganz unbemerkt in den Burghof und machten die Besatzung nieder. Dann ließ der Graf der Magd die gewünschten Stücke anfertigen, ließ sie damit einkleiden und verurteilte sie zum Tode, weil sie ihn ebenso verraten würde, wie sie ihren ehemaligen Herrn verraten hatte.

Sie wurde vor seiner eigenen Burg in ihrem prunkvollen Kleid lebendig begraben.

242   DIE RAUBRITTER VON VLOTHO

Das Amt Vlotho wurde früher vom Burgberg aus verwaltet. Daher heißt er auch Amtshausberg. Unter anderem soll dort ein Geschlecht derer von Vlotowe gesessen haben – meist Fluß- und Straßenräuber, weil sie ja die Weser und die Straße gut überschauen konnten. Als sie einmal ein Schiff aus Minden mit teurer Fracht aufgebracht und den begleitenden Kaufmannssohn im Turm gefangengesetzt hatten, gelang es den Eltern nicht, ihren Sohn loszukaufen – das Lösegeld war zu hoch.

Da dachte sich seine Braut eine List aus. Sie war ein besonders schlankes Mädchen und paßte ganz unauffällig in die Kleidung eines jugendlichen Sängers. In dieser Gestalt wurde sie in die Burg eingelassen und blieb dort tagelang, weil sie so viele Geschichten und Lieder wußte.

In dieser Zeit ging der Burgherr einmal mit seiner Frau auf die Jagd. Das war für den Sänger die Gelegenheit, die Schlüssel zum Verlies vom Haken zu nehmen.

Der junge Kaufmann erkannte seine Braut sofort, und ohne Verweilen flohen die beiden zur Weser, fanden einen Fischerkahn und kamen unbehelligt in Minden an.

In alter Zeit, als in Corvey noch die reichen Mönche Haus hielten und ihrer so viele waren, daß sie Tag und Nacht Messe lesen und Litaneien ohne Unterbrechung singen konnten – in dieser alten Zeit hat sich dort eine sonderbare Geschichte zugetragen, die noch immer unter den Leuten von Mund zu Munde geht.

Wenn damals einer von den Mönchen in Corvey sterben sollte, so kam ihm der Tod nicht wie unsereinem, gleich einem Dieb um Mitternacht; nein, drei Tage vorher fand der, auf welchen es abgesehen war, eine weiße Lilie in seinem Chorstuhl. Dann wußte er Bescheid. Wie die Blume welkte, so welkte auch er, und wenn das letzte Blättchen vom verschrumpften Stiel sich löste, dann rang sich auch der letzte Atemzug mühsam aus der Brust des Sterbenden. So war es seit Menschengedenken, und jeder fand zuletzt die bleiche Blume.

Nun war einmal ein sehr strenger Abt in Corvey, der den vielleicht früher verwöhnten Brüdern auch nie das Geringste nachsah. Mancher von ihnen, der sich sonst Tage lang im Solling auf der Fährte der Hirsche und wilden Schweine herumgetrieben hatte, durfte jetzt die enge Zelle nicht verlassen und sah sich früh und spät von düstern Folianten umgeben; mancher, der auf den Bauernhöfen der Nachbarschaft wohl allzu bekannt war, mußte Tag und Nacht in den bestaubten Chorstühlen sitzen oder in endlosen Kasteiungen seinen widerspenstigen Leib züchtigen. Und so kam die Reihe an alle.

Klagen und Verwünschungen wurden bald genug laut, und nicht einer fand sich, der nicht die gute alte Zeit gepriesen hätte, wo noch der Grundsatz gegolten: Leben und leben lassen! Vor allen war es aber der Bruder Theobald, welcher dem neuen Abt am aufsässigsten war. Der Theobald ist ein lustiger Gesell gewesen, von dem die Bauernweiber die schnackigsten Geschichten zu erzählen wußten. Deshalb war ihm auch das strenge Regiment des Abtes am unerträglichsten, und nur mit dem größten Widerwillen verstand er sich zu den schweren Pönitenzen, die ihm der Abt gerade nicht gar zu selten vorschrieb. Als er aber einmal viele Wochen lang auf seiner Zelle bei Wasser und Brot fasten mußte, weil ihn die Jungfer Barbe, weiß Gott weswegen, verklagt hatte, da erreichte sein Groll den höchsten Gipfel, und er schwur, sich der lästigen Aufsicht zu entledigen, koste es auch, was es wolle. Die trüben Fasttage ließen ihm Zeit genug, einen Racheplan zu entwerfen und hinlänglich zu überlegen, so daß der Gedemütigte am Ende seiner Strafzeit völlig damit im Klaren war.

Am nächsten Sonntagmorgen eilte er, noch ehe die Sterne erblichen, in den Klostergarten hinab, pflückte eine weiße Lilie und legte sie in der Kirche heimlich auf den Pult des Abts. Als dieser zum Frühgottesdienst hereintrat, erschreckte ihn der Anblick der Totenblume so gewaltig, daß er zu Boden stürzte und den Geist aufgab.

Als sich die Brüder von dem ersten Schrecken erholt hatten, schritten sie gleich in den nächsten Tagen zur Wahl eines neuen Abts. Um aber einen recht gelinden Obern zu bekommen, so wählten sie den Bruder Theobald, von dessen finsterer Tat niemand etwas ahnte. Theobald aber wurde von Tag zu Tag mürrischer und tiefsinniger, denn des Abts bleiche Gestalt wich nicht von seinen Blicken. Wo er ging und stand, umschwebte ihn der wankende Schatten und ließ ihn nicht Ruhe und Frieden mehr finden. Es half ihm nichts, daß er zum Weine seine Zuflucht nahm, daß er größere und immer größere Pokale leerte. Seines Gewissens giftiges Gewürm ließ sich im goldenen Becher nicht ersäufen. Oft schien er in seiner Angst dem Wahnsinn nahe. Seine Untergebenen behandelte er wie ein Tyrann, so daß die armen Mönche sich oft den alten Abt zurückwünschten, unter dem sie es doch so schlimm nicht gehabt hatten.

Endlich, als er seines Elends gar nicht mehr Rat mag gewußt haben, ist er stillschweigend auf den höchsten Turm im Corveyer Dom gestiegen und hat sich von da herabgestürzt, so daß seine gebrochenen Glieder am Boden umherlagen.

Er war der erste in Corvey, der ohne die weiße Lilie gestorben ist. Von der Zeit aber hat der Tod die Brüder geholt wie andere ehrliche Leute auch, und keinem hat er die weissagende Blume mehr gebracht. Übrigens soll der Abt Theobald derselbe gewesen sein, unter dem die Geschichte mit dem Hirsch sich zugetragen hat.

Der Tag des heiligen Vitus wurde von den Mönchen zu Corvey immer als ein hoher Fest- und Freudentag begangen; denn der heilige Vitus war der Schutzpatron der Abtei. Das edelste Wild, das der Sollingerwald hegte, der feurigste Wein, der in den Klosterkellern lagerte, die schmackhaftesten Fische, die in den Teichen des Abtes wohnten, das alles prangte alsdann auf der geistlichen Tafel. Das beste Stück aber war immer ein weißer Hirsch, der sich, ungerufen und ungesucht, jedes Jahr selbst in der Küche von Corvey einstellte, sich schlachten und braten ließ. Und dieses kostbare Gericht ward, einem alten Brauche gemäß, unter die Armen verteilt, die sich stets reichlich im Kloster einfanden. Weder der Abt noch die Mönche bekamen je einen Bissen von dem weißen Hirsche.

Nun war einmal ein Abt in Corvey, ein strenger, gebieterischer Mann. Der befahl, das nächste Mal den weißen Hirsch für seine Tafel zuzurichten; die Armen könnten ja mit geringern Speisen vorlieb nehmen. Am nächsten St.-Vitus-Tag geschah es denn auch nach seinem Willen, und das köstliche Wildbret ward für ihn und die Mönche aufgetragen. Aber wie er just das Messer erhob, um für sich das saftigste Stück aus der Keule herauszuschneiden – hu! da zuckte es in der Schüssel, da begann sich's zu regen, zu heben; – der gebratene weiße Hirsch ward vor den Augen der entsetzten Mönche lebendig und sprang aus der Schüssel. Der Kopf war unten für die Dienerschaft geblieben, und so rannte der Hirsch erst drei Mal um den Tisch und dann zum nächsten offenstehenden Fenster hinaus. Keiner der Herren hatte Lust, nachzusehen, wo er blieb. Von dieser Zeit an hat sich kein weißer Hirsch mehr in Corvey sehen lassen.

CORVEY

245 DIE VERNACHLÄSSIGUNG DES LIBORIUS-FESTES

Manches Jahrhundert hatten die Gebeine des Heiligen im Dom zu Pa-

derborn geruht, und großer Segen war dem Lande durch einen so
mächtigen Patron zugewendet worden, aber mit der Zeit fingen die
Leute an, gleichgültig gegen ihren Schutzheiligen zu werden. Sie
glaubten, sie brauchten ihn nicht mehr, die Prozessionen hörten auf,
und der Tag des heil. Liborius ward nicht höher als ein anderer Festtag
gefeiert. Von der Zeit an aber ging es dem Paderbornischen Lande
schlecht: Hungersnot, Krieg und Seuchen brachen über dasselbe herein, und die Not lehrte die undankbaren Bürger wieder beten, und der
Himmel selbst gab ihnen ein Zeichen, daß der Heilige sie wieder zu
Gnaden angenommen habe. Denn in einer Nacht öffnete sich die große Dompforte, und dieselben Männer traten heraus, welche einst die
heiligen Gebeine aus Frankreich geholt hatten. Zum zweiten Male
ruhte jetzt der goldene Totenschrein auf ihren Schultern, und finster
und schweigend hielten die Ehrwürdigen mit ihren Reliquien den
Umzug durch die Stadt, ganz wie es früher geschehen war. Dann trugen sie den Sarg wieder in den Dom, die Pforte schloß sich geräuschlos
hinter ihnen, und die ganze Erscheinung war verschwunden. Dies
nahmen sich die Paderborner wohl zu Herzen, und als wieder St. Li-
boriustag einfiel, da hielten sie die Prozession feierlicher denn je zuvor, und Pest und Krankheit und alles Elend war sogleich zu Ende.

PADERBORN

246 DER RELIQUIENFREVEL

Abermals waren viele Jahrhunderte vorübergegangen, und der drei-
ßigjährige Krieg wütete im deutschen Lande. Paderborn wurde vom
tollen Christian belagert. Nur kurze Zeit widerstand die Stadt dem
harten Angriffe, und bald drangen die Lutherischen ein. Die hausten
wild in den Häusern und auf den Gassen, und der tolle Christian
schaffte den hohen Dom zum Pferdestalle um und hielt Rennen und
Spiele in den gewölbten Gängen. Den Sarg des heiligen Liborius aber
nahm er und ließ Goldstücke daraus prägen, und die Gebeine führte er
in einem leinenen Sacke mit sich auf seinen Kriegszügen. Aber schon

nach einem Jahre ereilte ihn die Strafe seiner Tat, denn um die Zeit ward er bei Stadtlohn im Münsterschen vom Tilly völlig geschlagen und aller seiner Macht beraubt. Da saß er und klagte und rief: »Ach, hätte ich den Alten ruhen lassen; er ist mein Unglück!« Darauf schickte er die Gebeine eiligst nach Paderborn zurück, wo sie lange in einer hölzernen Kiste lagen. Endlich, als es wieder Friede war, ließ man, wenn auch keinen goldenen, doch einen vergoldeten Sarg für sie verfertigen, in dem sie noch jetzt aufbewahrt werden.

PADERBORN

247 HERR VON HOLLE

Der da auf dem großen Bild ist der Wichtigste von allen. Er kommt im Stammbaum vor. Es ist der von Holle. Heute würde man ihn als Doppelagent bezeichnen. Er hat nämlich für die Spanier gearbeitet und auch für den Oranier. Für den Braunschweiger Herzog Heinrich war er als Berater tätig, auch für den dänischen König, unter anderem als Söldnerführer. Da ist es zum ersten Sitzstreik in der Geschichte gekommen, als er nämlich seinen Lohn nicht bekam, der ihm zugesichert war. Da haben sich seine Soldaten einfach vor die Schloßeinfahrt gesetzt – auf die Erde, daß keiner rein- oder rauskonnte.
Es gehört zum guten Ton, daß er sich manchmal hier noch sehen lassen soll. Das haben diese alten Herren so an sich.
Sonst wird viel erzählt. Man hat ihn zum Seeräuber gemacht. Er ist sicher wohlhabend gewesen. Er hatte viele Besitzungen. Unter anderem gehörte ihm das große Haus »Himmelreich«, eine für damalige Verhältnisse wohl sehr wehrhafte Burg. Den Namen hat er – so wird erzählt – dem Bau auf dem Totenbett gegeben.
Mit der Schreibung der Namen war man nicht zimperlich, und daher tauchen in der Überlieferung die Schreibweisen Hollo oder auch Holm auf. Und so ist die Erzählung ganz pfiffig: als er tot war, waren Leute mit einer Wagenladung Geld nach Himmelreich unterwegs. Da begegneten ihnen andere und riefen ihnen zu: »Weg, Holm ist tot!«

So ist der Name Wegholm entstanden. Begraben ist Holle in Minden.

WEGHOLM mdl.

248 DER FAULE MACHT KARRIERE

In Mastholte wohnte ein armer Bauer, der hatte einen überaus faulen Sohn. Die Eltern glaubten, aus ihm könnte überhaupt nichts werden. Sie waren recht froh, ihn los zu werden, als er eines Tages sagte, er wollte unter die Soldaten.

Das tat der Junge denn auch und bewährte sich weit weg von Mastholte in Kriegszügen so sehr, daß er befördert und schließlich sogar Oberst wurde. Als der Frieden geschlossen war, wurde er zum Fest ins Fürstenschloß eingeladen; mein Vater behauptet, sein Großvater hätte ihm erzählt, es wäre das Berliner Schloß zur Zeit Friedrichs des Großen gewesen. Dabei soll er eine Prinzessin kennengelernt und sogar geheiratet haben.

Nach einiger Zeit wollte die Frau die Familie des Obersten kennenlernen. Das war ihm aber doch unangenehm, und er bat, sie möge ihn vorher zu den Eltern reisen lassen. Dann könnte sie ja mit ein paar Bedienten nachkommen.

Als Bettler verkleidet ging er nach Hause. Da sagten die Eltern, er werde nun wohl zufrieden sein, wenn er endlich etwas lernte, und er könnte auch gleich als Schweinehirt anfangen.

Nach der abgesprochenen Zeit kam die junge Frau nach Mastholte, und ihre Bedienten stellten sich so an, als ob die Kutsche vor dem Haus der Schwiegereltern einen Schaden bekommen hätte. Da ließ ihr der Bauer ein Essen vor dem Haus auf der Bank herrichten, und während sie da saß und aß, kam ihr Mann als Schweinehirt zurück. Da erklärte die Frau den Eltern, welchen Stand ihr Mann wirklich erreicht hatte, und sie sollten mit ihnen nach Berlin kommen.

Die Alten sahen nun ein, daß ihr Sohn wirklich Karriere gemacht hatte und freuten sich. Aber in die Stadt mochten sie doch nicht ziehen, sie wollten lieber Bauern bleiben.

Meine Mutter, der die Geschichte von ihren Vorfahren erzählt worden ist, hat aber schon damals nicht erfahren können, um welche Familie es sich da gehandelt haben soll.

MASTHOLTE NOTIZ

249 SCHWANEWERT UND DER KÜSTER VON LANGENBERG

Aus der Wirtschaft ›Schwanenkrug‹ bei Delbrück soll Schwanenwert stammen, ein Werber des ›Soldatenkönigs‹, der allerdings nicht richtig geworben, sondern die brauchbaren Leute mit seinen Helfern entführt hat. Bei seinen Fahrten hatte er einen großen schwarzen Hund bei sich.

Nun hat in Langenberg ein baumlanger Küster ganz allein gewohnt; den hat er deshalb ohne Zeugen kidnappen können. Es war spät am Heiligen Abend, und da merkte niemand etwas davon.

Erst als es am Weihnachtsmorgen und Uchte (Frühgottesdienst am 1. Weihnachtstag) nicht läutete und die Kirche verschlossen blieb, merkten die Leute, was geschehen war. Sie hatten nämlich am Vorabend ein paar preußische Soldaten im Dorf gesehen. – Die Beschwerden beim König waren natürlich zwecklos.

LANGENBERG NOTIZ

250 SCHWANEWERT UND DER KÜSTER VON CLARHOLZ

Die alten Leute haben manchmal noch von Schwanewert erzählt, sagt meine Großmutter aus Clarholz.

Der ist mal als Frau verkleidet zum Küster gegangen und hat ihn aus dem Haus gelockt. Wie sie aber hinterm Haus über den Bach treten mußten – der Küster wollte sich ja nicht mit einer fremden Frau erwischen lassen – sah er, daß die Frau Männerhosen unterm Kleid anhatte. Da ist er ausgerissen, und Schwanewert hat ihn nicht einkriegen können.

251   SCHWANEWERT UND DER TISCHLER

In Gütersloh lebte einmal ein riesiger Tischlergeselle. Auf den war Schwanewert natürlich scharf. Er ging in die Werkstatt und bestellte einen besonders großen Sarg. Als er den mit seinen Gehilfen zusammen abholen wollte, fluchte er, daß der Sarg viel zu kurz wäre.
Der Tischler, der genauso wütend geworden war, sagte, da passe sogar er selber hinein und legte sich zum Beweis in den Sarg.
Da warfen Schwanewerts Kerle den Deckel drauf und schraubten ihn fest. Als sie nach ein paar Stunden nachsehen wollten, war der Tischler erstickt.

252   DIE NAPOLEONSKUHLE

Westlich von der Sankt Viter Kirche war ursprünglich ein großes Wasserloch. Da hatten die Bauern einmal einen Unterschlupf für sich und wohl auch für das Vieh in das Dickicht hineingegraben. Es hat ja so viele unruhige Zeiten gegeben, und von Räuberbanden wird ja auch viel erzählt, nicht nur von Kriegen.
Wenn nun in Kriegszeiten Soldaten oder Plünderer kamen, was ja das gleiche war, mußte der Bauer vom Hof Sieveke tüchtig drauflostrommeln. Dann waren alle Nachbarn gewarnt und konnten mit dem Vieh in das Erdloch flüchten.
Auch Napoleon soll auf seiner Flucht aus Rußland da noch übernachtet haben. Davon bekam der Unterschlupf den Namen ›Napoleonskuhle‹. Später lief er dann voll Wasser.

253 DER ›ROTE HANNES‹

Mein Großvater hat mir eine Geschichte aus der Zeit des Krieges zwischen
dem Bischof von Osnabrück und einem Grafen, den die Leute den ›tollen
Kord‹ nannten, erzählt. Er konnte mir aber die Zeit nicht angeben, wann
das gewesen sein soll. Damals soll die Gegend zwischen Rheda und Os-
nabrück nur ganz dünn besiedelt und ganz von Wäldern bedeckt gewesen
sein. Es habe nur wenige Wege gegeben. Das war ein guter Unterschlupf
für allerlei Räuberpack.

In der Nähe von Herzebrock hat ein Wirtshaus gelegen, dessen Besitzer mit den Räubern gemeinsame Sache machte. Er hatte auch eine
Dienstmagd, fast noch ein Kind. Die war ganz entsetzt, als sie langsam
die Wahrheit über das Haus herausbekam. Der ›rote Hannes‹, ein Bandit, hielt sich dort oft mit ein paar Gesellen auf.

Eines Tages hatte sich ein reisender Reiter, der nach Osnabrück wollte, zu dem Wirtshaus verirrt. Es war schon spät, und er mußte dort
übernachten. Es gelang der Magd, ihn vor dem Wirt und dem ›roten
Hannes‹ zu warnen. Dann entwischte sie zu einem Bauernhof, auf
dem es kräftige Knechte gab.

Der Fremde hatte sich in der Kammer, in der er schlafen sollte, einge-
riegelt und erwartete den Wirt. Der konnte die Tür geräuschlos öff-
nen, aber der Gast fesselte und knebelte ihn. Wenig später kam der
Bandit mit zwei Gesellen und wurde von dem Fremden niederge-
schossen. Die beiden anderen flüchteten. Sie wurden aber von den
alarmierten Knechten gefaßt und wenige Tage später zusammen mit
dem Wirt in Rheda hingerichtet.

Der Reisende, der sehr wohlhabend war, hat dann der Magd und ihren
Eltern das Gasthaus gekauft.

HERZEBROCK   NOTIZ

254 ›IRMONS JUNGEN‹

In Spexard hausten Banditen, die vor keinem Mord zurückschreckten.
Sie wurden ›Irmons Jungen‹ genannt und sollten aus Isselhorst stam-

men. Zwischen Gütersloh, Rheda, Wiedenbrück, in der Bürenheide, im Ohlbrock und in der Schiffheide trieben sie ihr Unwesen. Da fanden sie auch ausgezeichnete Verstecke; in der Bürenheide sollen sie sogar ein kleines Haus bewohnt haben. Sie haben reiche Kaufleute überfallen, aber auch Bauern und manchmal auch Weber.

Den Güterslohern ist es nicht gelungen, die beiden dingfest zu machen. Das gelang erst einem Grafen von Rheda-Bentheim. Dieser Graf wollte die Brüder allein überwältigen, er begegnete ihnen aber den ganzen Tag über nicht und wurde erst auf dem Heimweg aus dem Hinterhalt angerufen, er sollte sich ergeben, ›Irmos Jungen‹ wären da. Der Graf konnte es aber nicht mit ihnen aufnehmen und spornte sein Pferd an. Als die Räuber ihn bis an den Burggraben verfolgten, setzte sein Pferd hinüber und brach tot zusammen. Dessen Skelett soll heute noch im Schloßmuseum zu sehen sein.

Spexard   Notiz

255 DER ›WILDE AUST‹

Ich weiß nicht mehr, wo ich es gelesen habe – erzählt wird davon anscheinend nicht mehr – die Geschichte oder die Geschichten vom ›Wilden Aust‹.

Es ist auch nicht mehr feststellbar, wann er eigentlich gelebt hat – ich meine, das muß zur Zeit Friedrichs des Großen oder seines Vaters gewesen sein. Er hat sich in den Dörfern an der Haar umhergetrieben, vor allem in der Gegend von Büren und Geseke soll von ihm erzählt worden sein. Es heißt auch, daß er in Weine oder Eickhoff zu Hause gewesen ist. Man weiß nichts über seine Herkunft; ein Bauer soll ihn als kleines Kind aufgenommen haben, weil er dachte, er könnte ihn zum Hütejungen heranziehen. Er bekam den Namen August – Aust, sagt man bei uns.

Als er herangewachsen war und sich schon als reichlich kriminell erwiesen hatte, fiel er unter die Werber des Königs und machte Feldzüge mit.

Dann aber kam er ins Dorf zurück. Weil der Bauer ihn nicht wieder aufnehmen wollte, wurde er Gelegenheitsarbeiter; er soll auch gebettelt und gestohlen haben. Er kam in einen sehr schlechten Ruf – ganz sicher nicht zu unrecht.

In Weine hatte ein Bauer seiner Frau verboten, den Penner Aust auf den Hof zu lassen. Als er nun auftauchte, schickte ihn die Bäuerin weg; ihr Mann hätte es ihr verboten, ihn auf den Hof zu lassen. Aust muß wohl irgend etwas angedroht haben – der Bauer wurde nämlich mißtrauisch, als er von dem Besuch hörte, und setzte sich abends mit der Flinte in einen Busch und wartete auf ihn. Er hatte sie mit gehackten Schweineborsten und anderem geladen. Als Aust nun in der Dämmerung kam, brannte ihm der Bauer die Ladung auf, und das muß fürchterlich gejuckt haben. Er fand monatelang keine Ruhe infolge des Schusses und blieb nun von Weine weg, weil sich der Trick ja herumsprechen könnte.

Sein schlimmstes Verbrechen verübte er aber an einem jüdischen Trödler aus Haaren, der in Eickhoff am Teich rastete und dort sein Pferd grasen ließ. Aust wußte, daß der Händler manchmal am Teich übernachtete. Da schlich er sich nachts an den Karren mit Ware und tastete nach dem, was ihm am brauchbarsten zu sein schien. Der Jude hatte wohl einen leichten Schlaf – er wachte auf und schrie um Hilfe. Bei dem Handgemenge, das nun entstand, stieß Aust den Händler in den Teich, und der Jude ertrank.

Man konnte ihm nachweisen, daß er der Täter gewesen war, und vor Gericht gab er in Büren schließlich alle seine Diebereien in den Dörfern an der Haar zu. Er wurde zum Galgen verurteilt und soll der Letzte gewesen sein, der in Büren hingerichtet worden ist. Auf dieses Verbrechen führt man den Namen ›Jüendäik‹, das ist ›Judenteich‹, zurück.

Ob der ›Wilde Aust‹ eine historische Person ist, konnte ich nicht feststellen; Leute, die ich befragte, wußten auch nichts. Vielleicht ist alles eine Erfindung, oder man hat es heutzutage vergessen.

BÜREN   NOTIZ

256 DER WIRT VON BIELEFELD

Vor Zeiten lagen bei einem Bielefelder Gastwirt vier Soldaten im Quartier. Sie schienen nachts zahlreiche Geschäfte zu haben; denn gewöhnlich kamen sie erst beim Morgengrauen heim. Kurz, es waren vier Erzspitzbuben. Der Wirt merkte das auch bald. Weil er aber glaubte, wenig oder nichts zu gewinnen, wenn er sie anzeigte, schwieg er still. Er gab ihnen gar zu verstehen, daß sie von ihm nichts zu befürchten hätten.

Die Soldaten rückten ihm nun vertraulich näher und raunten ihm zu: »Wenn du bei unseren Streifzügen Wache stehst, sollst du ungeschmälert den fünften Teil der Beute haben.« »Ich will wohl mitgehen«, antwortete der habgierige, verschlagene Wirt, »allein, ich will selber nichts anfassen. Wenn ihr mir aber etwas schenken wollt, soll mir's recht sein, und ich will es nehmen«. So wurde der Wirt der Spießgeselle der vier Soldaten.

Eines Nachts aber wurde die ganze Gesellschaft gefangen genommen und ihr kurz darauf der Prozeß gemacht. Vor Gericht blieb der Wirt dabei, er habe nie etwas gestohlen, er wäre nur aus Gefälligkeit mitgegangen. Die Richter schwiegen dazu. Als sie aber das Urteil sprachen, da wurde der Wirt ebenso zum Galgen verurteilt wie die vier Soldaten. – Mitgegangen, mitgefangen, mitgehangen!

Seit dieser Zeit sagt man: »Er geht mit wie der Wirt von Bielefeld.«

BIELEFELD   schr.

257 DER SEKTIERER TSCHIRSKY

In dieser Gegend hat es viele Auseinandersetzungen um den rechten Glauben gegeben – um den evangelischen. Im vorigen Jahrhundert gab es ja hier die ›Erweckungsbewegung‹, und in der Zeit nach dem Zweiten Kriege gab es Ähnliches. Vielleicht hängt mit dieser mancherorts strengen Gläubigkeit auch eine Geschichte zusammen, die sich in und bei Vlotho abgespielt haben soll.

Ein junger Leutnant, Karl von Tschirsky-Boegendorff, kam wegen seiner Glaubensfragen mit seinen Vorgesetzten bei der Garde in Potsdam dauernd in Schwierigkeiten. 1832 wurde er sogar entlassen, weil er erklärte, er könnte keinen Eid ablegen. Außerdem hatte er sich über die verderblichen Predigten der Geistlichen beschwert, die er auf Befehl der höheren Offiziere anhören mußte.

Zu gleicher Zeit lebte in Potsdam Simon Vahrenbrink vom Bonneberg; auch der hatte sich gerade beim König beschwert, weil er sich in seinem Glauben eingeengt fühlte. Mit diesem Mann aus Ravensberg reiste der Leutnant nun nach Valdorf, weil er hoffte, unter den vielen Sektierern hierzulande Gleichgesinnte zu finden. Er nahm bei einem Bauern Dienst und heiratete eine junge Witwe aus Eidinghausen bei Oeynhausen, die eine Tochter hatte. Die junge Familie zog dann auf einen Hof in Wehrendorf. Überall auf den Höfen um Vlotho herum predigte er den rechten Glauben und gewann viel Zulauf, und die Leute brachten ihm allerlei Geschenke, weil er von seiner Landwirtschaft und durch sein Predigertum kaum etwas einzukommen hatte. Deshalb soll er sogar einmal wegen Bettelei angezeigt worden sein.

Tschirsky war so übereifrig, daß er sogar die öffentlichen Gottesdienste störte. Als einmal in der Valdorfer Kirche der Pastor seine Predigt beginnen wollte, sprang er auf und rief: »Euer Prediger ist ein falscher Lehrer, ein falscher Prophet!« Da gab es natürlich Unruhe, und ein paar Männer führten ihn gewaltsam aus der Kirche. Kurz darauf wurde er als irrsinniger Ruhestörer verhaftet und auf dem Amtshausberge eingesperrt.

In der Haft und unter den damaligen unwürdigen Bedingungen erkrankte er tödlich; vier Wochen später starb er und wurde auf dem Winterberg begraben. Seine Grabstätte ist erhalten; die Inschrift lautet:

»Hier ruht ein getreuer Knecht des Herrn /
der um Christi willen ins Gefängnis geworfen /
und dort gestorben ist. Karl von Tschirsky /
starb den 9. Juni 1833, alt 33 Jahr.«

Posthum gebar seine Frau eine Tochter, die spätere Mutter des Reichskanzlers Michaelis. Zum 100. Todestag soll dieser am Grabe eine Gedenkfeier veranstaltet haben, zu der sein Bruder aus Bielefeld, ein Pastor, die Gedenkrede gehalten haben soll.

VLOTHO   NOTIZ

258   IRRGLAUBE

Du, euer Opa hat mal sowas erzählt, da hatte ihn Pastor Pott nach den ›Aposteln‹ hingeschickt. Was, weißt du das noch?
Also da, als das anfing in Langern, mit diesen ›Aposteln‹, da hatte ihn Pott mal hingeschickt, er sollte da auch mal hingehen und mal zuhören, was das überhaupt wäre. Und euer Vater war hingegangen nach... War da bei H. gewesen! Und – als er die Klinke angepackt hatte – da hat er einen Schlag gekriegt wie unterm ... wie heute beim Elektrischen. Als wenn sie das als Spionieren aufgefaßt hätten, und er ist wieder zurückgegangen ... Ja, richtig – also so 'nen elektrischen Schlag. Und das hat er als Gotteszeichen aufgefaßt und ist umgekehrt, ist weggegangen.

LANGERN   mdl.

DAS MATERIAL

Die in diesem Bande vorgelegten Sagen werden, wie schon im Vorwort ausgeführt, zum größten Teil hier erstmals veröffentlicht; viele sind mir in Seminaren zum Thema Volksdichtung als schriftliche oder mündliche Belege zugegangen. Namentlich Karl-Heinz Grunwald (Gütersloh), Jürgen Motog (Bielefeld), Olaf Schirmeister (Bielefeld) und Hans-Christian Seele (Petershagen) waren bemüht, Beiträge zu liefern – die letzten wurden noch im Frühsommer 1986 aufgenommen. Ich habe diese Texte mit *Notiz* gekennzeichnet. Diese Beispiele sind ohne gemüthafte Anteilnahme allein aus wissenschaftlichem Anliegen zusammengetragen worden. Entweder erinnerten sich die Teilnehmer der Lehrveranstaltungen noch selbst der Inhalte, oder sie haben sie nur unter motivlichen Gesichtspunkten eingeholt. Ein Personalstil oder die Einstellung des Beiträgers zum Gegenstand lassen sich hier also nicht mehr ermitteln.

Am umfangreichsten ist jedoch die Anzahl der Sagen, die mittels Tonband oder Stenogramm oder auch aus der Erinnerung in Examensarbeiten vorgelegt wurden. Als Sammlerinnen sind insbesondere Regina Bogdanow, Friederun Buchmeier, Irene Flottmann und Toni Gnade zu nennen (im Quellennachweis sind sie als BO, BU, FL und GN abgekürzt).

Regina Bogdanow lieferte 1972 eine Sammlung aus Verl und angrenzenden Gebieten, die sich durch eine große Anzahl Sagen stark konfessionellen Charakters auszeichnet. Ein Zeichen des innigen Zugehörigkeitsgefühls zum Glauben liefern nicht nur die tatsächlich vorhandenen Heiligenhäuschen und Wegkreuze, sondern auch die Erzählungen von ihnen. Die Sammlerin ist manchmal in Erzählsituationen hineingeraten, hat sich aber auch angemeldet, und in diesem Fall scheuten manche Gewährsleute aus Angst vor einer Veröffentlichung ihrer Geschichte vor jeder Äußerung zurück. Fast immer waren große Hemmungen zu überwinden, da es den Erzählern unfaßlich erschien, daß sich jemand für *alte Geschichten* interessieren könnte. Tonbandaufnahmen und Stenogramme verwirrten manchmal einen Erzähler derart, daß die Sammlerin die Geschichten zu Hause nachschreiben mußte.

Der Anteil an Sagen beträgt in ihrer Sammlung nur ungefähr ein Drittel und bietet keine Beispiele für Hexen, Werwölfe, Freimaurer, Teufelsbündner und Riesen. Vermutlich hat sich der Einfluß einer aufgeklärten Geistlichkeit auf das Erzählgut ganz ungewöhnlich eindringlich ausgewirkt, so vor allem durch den Pfarrer Ferdinand Kühlmann (1842–1929), der schließlich zum Ehrendomkapitular von Paderborn und Geistlichen Rat ernannt wurde, der die Schulaufsicht ausübte und mehrere Jahre hindurch Rendant der örtlichen Spar- und Darlehenskasse war. – Unter den zahlreichen Schwänken ihrer Sammlung findet sich kein einziger erotischer Pfarrerschwank, die doch sonst in katholischen Gegenden sehr verbreitet und beliebt sind.

Die Vortragsweise reicht von der knappen Wiedergabe eines Ereignisses bis hin zur breiten Erzählung; dabei zeichnen sich Geschichten vom Zweiten Gesicht oder vom Spuk durch besondere Kürze aus – hier spielt die Scheu der Gewährsleute vor erfahrenen Tatsachen eine ebenso große Rolle wie die Einstellung, so etwas wie das Vorgesicht gebe es unzweifelhaft, und darum lohne es nicht, mit einem Fremden darüber zu reden. – Der Altersunterschied ihrer Erzähler ist beträchtlich: der jüngste war 1972 erst 22, der älteste 92 Jahre alt.

Friederun Buchmeier hat zwischen Petershagen und Stolzenau gesammelt; ihre Beiträge sind in den Jahren 1966 bis 1969 eingeholt worden, also in einer Zeit, in der der Handwerkerstand bereits stark zurückging. Die Männer waren gezwungen, in größeren Orten um Arbeit nachzusuchen, und auch die kleineren Bauern, die früher meist im eigenen Dorf bei einem größeren Landwirt einem Zuerwerb nachgingen, mußten in andere Berufe ausweichen. Industriell war das Gebiet damals bis auf ein Tonwerk kaum erschlossen; die übrigen Arbeiter waren entweder als Maurer tätig oder fuhren als Pendler nach Minden; und auch die Seeleute, die einst von Vegesack hinausfuhren, wurden seltener.

Die Erzähler dieser Sammlung trugen nur Geschichten vor, die sich an ihrem Wohnort oder in ihnen bekannten Dörfern zugetragen haben sollten: die überschaubare Welt des jeweils eigenen Ortes beschäftigte sie – alles andere geriet wieder ins Vergessen. Sie nennen nicht nur ihr Dorf und den Namen dessen, über den sie sprechen, sondern sie zeigen darüber hinaus eine ganze Kette verwandtschaftlicher Beziehungen auf; das bringt die jeweilige Geschichte dem Hörer näher und macht sie glaubwürdiger; es ist aber auch für den Vortragenden selbst eine Gedankenkette, an die er sich halten kann.

Stoffe, die nicht mehr geglaubt wurden, waren fast gänzlich untergegangen: Irrlichter, weiße Frauen, Hünen, Kobolde und Zwerge. Beliebte Sagenthemen waren hingegen Erklärungen von Ortsnamen, manchmal Historisches, oft Schwarzkünstler und Kundige, vor allem aber Hexen- und Geisterkatzen. Die Meinung über solche Menschen mit besonderen Fähigkeiten beginnt beim festen Glauben an die Möglichkeit dieser Begabung: »Aber daß so welche was hexen können, das glaube ich. Weißt du – so dir Schlechtes zuwünschen oder sowas daher, das glaube ich auch... So, also das ist furchtbar!« Der Glaube reicht über das Nicht-begreifen-können des Erlebten: »Aber er glaubte ja überhaupt nicht an sowas, unser Opa, nicht? Das glaubte er nicht. Aber *dies,* das hat er erlebt.« Er führt bis zum offenen Zweifel oder zur Überwindung des kurz zuvor noch für wahr Gehaltenen: der Heiler Kopmann forderte einen Jungen, den er behandelt hatte, dazu auf, an die Wirkung seines Tuns zu glauben. »Na, Kopmann, der macht seinen ganzen Sermon da und murmelt und murmelt, und als er fertig ist, sagt Krömers Ferdinand: ›Du, da glaube ich einen Schiet an!‹«

Trotzdem waren die Katzen von Hävern noch 1969 ein allgemein besprochenes Thema, mit dem sich sogar die Jugend beschäftigte. Jeder wußte, wem die Kunst des Verwandelns nachgesagt wurde, und warnte wieder die Nächsten vor dieser Person: »In Hävern war so 'ne Frau, die konnte sich verwandeln in 'ne Katze. Damals sagten sie, das wäre Böckerings Mutter, die könnte sich verwandeln in 'ne Katze.« Die *swarte Kunst* ist auf wenige Personen beschränkt. Ein Gewährsmann aus Hävern erzählte über *witte* und *swarte Kunst* und war fest davon überzeugt, daß manche Menschen durch Zauber anderen Böses zufügen können, glaubte aber auch daran, daß es noch Mächtigere gebe, die den Zauber so zurücksenden könnten, daß das Unheil den Absender selber treffe.

Gelegentlich läßt sich die Entwicklung eines Zyklus beobachten, und dafür möge eine historische Nachricht aus dem Jahre 1844 dienen, die sich auf den Aufseher Stello bezieht: »In der Nacht vom Juni auf d. 1. July wurde der Buhnenwärder Stello und sein Arbeitsmann Beckmann aus Heimsen in der Buchholzer Schlacht von ohngefähr 9 Eingesessenen aus Müßleringen, welche dort Weiden entwendeten, dergestalt mit langen Stangen mißhandelt, daß der Beckemeyer mehrere Löcher in den Kopf erhielt, wogegen der Stello mit schwarzen Flecken am ganzen Körper infolge der Schläge davon kam.« Wer Stello war, aus welcher Familie er stammte, beschäftigte die Sagenerzähler nicht mehr; lediglich zwei wußten noch anzugeben, er sei in Heimsen geboren. Nur die Erinnerung an die Härte gegenüber Dieben, wohl auch an seine diensteifrige Allgegenwärtigkeit, ist geblieben; so hat ein Anonymus dem allmählich entgeschichtlichten Stello die Gabe der Verwandlung beigelegt, und die Sage hat eine Schwundstufe erreicht, wenn ein Gewährsmann nur noch zu sagen wußte: »Freuher an de Wese' 'n Upseiher, dar säen se denn jo, de könn sich in 'n Wulf verwandeln.« Nicht einmal der Name ist mehr gesichert, sondern *Stello* wird zum Beinamen erklärt.

Irene Flottmann hat ihre Sagen, von Herford ausgehend, bis Bünde und Enger und bis an die niedersächsische Grenze im Osten aufgespürt. Ihr verdankt diese Sammlung die mündlich vorgetragenen Wittekind-Sagen, die sie übrigens nur von einem einzigen Gewährsmann gehört hat (der allerdings gerade an diesem Thema besonders interessiert war). Die übrigen Erzähler wußten nichts mehr vom Sachsenherzog zu berichten, obwohl doch noch heutigentags in Enger am 6. Januar, dem Todestage Widukinds, das ›Timkenfest‹ begangen wird.

Fast alle ihre Beiträge sind in plattdeutscher Mundart gehalten; manchmal wurde der Berichtsteil hochdeutsch vorgetragen, der Dialog jedoch in Mundart. Ich bedaure sehr, daß ich hier aus Platzgründen keine Sage wiederzugeben vermochte, die der Erzähler an verschiedenen Tagen vortrug, denn oft wurden in solchen Fällen Ort und Zeit des Geschehens verändert wie die benutzten Geräte, andere Personen wurden eingeführt, und manchmal fügte der Erzähler auch noch zusätzlich eine gruselige Episode ein – je nach der Stimmung der Zuhörerschaft.

Völlig verschieden von den anderen ist das Material, das *Toni Gnade* zusammengetragen hat: ihre Belege sind ausnahmslos mit *schr.* gekennzeichnet, also ›schriftlich‹. Sie hatte nämlich im Nachlaß ihres Vaters, der Rektor in Nettelstedt gewesen war, zwei Schülerhefte mit der Aufschrift »Geschichten und Lieder aus Nettelstedt« entdeckt, die 1938 von dreizehn- und vierzehnjährigen Schülern aufgezeichnet worden waren. Diese Beiträge, die von jeglicher Korrektur und Zensur verschont geblieben sind, waren als freiwillige Arbeiten angefertigt worden – vielleicht dachte der Lehrer daran, sie selbst einmal herauszugeben. Er muß den Kindern klargemacht haben, daß es nicht darum gehe, einen ›schönen‹ Aufsatz zu schreiben, sondern nur das Gehörte möglichst genau wiederzugeben. So sind die Belege ohne schmückendes Beiwerk geblieben und haben den Charakter von Tatsachenberichten behalten. Gewiß haben die Schüler die Sagen in der Mundart gehört, aber der Schulbetrieb forderte nun einmal den schriftdeutschen Text.

Toni Gnade verbürgt sich für die Echtheit des Materials, hat auch späterhin nach der Lebendigkeit der Erzählungen gefragt und das meiste als in der Erinnerung vorhanden bestätigen können. Aus ihren Nachforschungen geht jedoch hervor, daß die Erweckungsbewegung des 19. Jahrhunderts wahrscheinlich einen großen Teil überkommener Erzählstoffe hinweggefegt hat. So sprengte in Schnathorst der strengste Verfechter dieser Bewegung, der Pfarrer Heinrich Volkening (geb. 1796 in Hille), die Spinnstuben und ließ nur noch fromme Reden und Geschichten zu. Zu seinen Konfirmanden soll er einmal gesagt haben: »Kinder, ich wollte euch allen wohl gleich Särge machen lassen, wenn ich euch nur selig wüßte!«

In Nettelstedt hat zwar niemand die Spinnstuben aufgelöst, aber der gesamte ehemalige Kreis Lübbecke stand sehr stark unter dem Einfluß der Bewegung, die weniger die dichter besiedelten Orte, als mehr die Landgemeinden ergriff. Da alle Vorstellungen, die nicht eindeutig als christlich einzustufen waren, rationalistisch als übler Aberglaube abgetan wurden, nahmen in dieser Sammlung Teufelssagen einen so breiten Raum ein; vermutlich sind andere, ursprünglich dämonologische Berichte, etwa solche vom wilden Jäger, durch diese Gestalt verdrängt worden.

In den Städten wären keine Belege mehr zu beschaffen gewesen, hätte nicht eine Fachlehrerin für Deutsch an einem Bielefelder Gymnasium, *Frau Hars*, das Thema »Volksdichtung« behandelt, den Schülern Sagen erzählt und später mit ihnen eine Sammlung angelegt, die solche Stoffe – aus der Erinnerung wiedergegeben – enthält. Es schien mir doch sinnvoller, diese Texte, die wenigstens für eine kurze Zeitspanne noch einmal auflebten, wiederzugeben, statt auf die manchmal vollständigeren Fassungen in den älteren Büchern, die ohnehin immer wieder abgedruckt worden sind, zurückzugreifen.

Eine einigermaßen zufriedenstellende Klassifizierung der Volkssagen gibt es bisher nicht – lediglich Ansätze für eine Typisierung sind bisher gemacht. Da es sich hier um ein Vorstellen noch heute lebendiger oder doch in der Erinnerung gebliebener Sageninhalte aus einer bestimmten, wenn auch heterogenen Landschaft handelt, der Band sich auch zuvörderst an ein allgemein interessiertes Publikum wendet, glaubte ich auf eine zu enge Schematisierung verzichten zu dürfen, zumal damit allenfalls ein akademisches Bedürfnis befriedigt wäre. Die Sagenwirklichkeit sieht da oft anders aus. Es wurde bereits angedeutet, daß in unserem Sagengebiet der Werwolf weitgehend einem männlichen Aufhockerdämon entspricht, aber auch die Hexe oder ein Geistertier können als drückende Mahrt erscheinen. Die Gans unserer Sage Nr. 13 ist zwar ein (nicht eben häufiges) Geistertier, sie ist aber an einen bestimmten, unheimlichen Ort gebunden, von dem sie den nächtlichen Wanderer entrückt. Eine Einordnung in die Gruppe der Spukorte schien mir deshalb angebracht. »Die Katze als Aufhocker« in Nr. 128 ist aufs engste verwandt mit dem Hund als Aufhocker und dieser wieder mit der Werwolfsgestalt; gerade um die letztere einigermaßen abzuheben, wurde die für diese Gruppe unübliche Aufhockerkatze (von der aus sich wiederum Verbindungen zur Hexenkatze ergeben) unter die Geistertiere eingereiht. Im Ganzen habe ich mich bemüht, eine sinnfällige, aber nicht gar zu starre Gliederung (die überdies gar nicht möglich wäre) zu geben. Beim Ordnen kam es mir mehr auf die aus den jeweiligen Sagen ersichtlichen Schwerpunkte an.

DIE TEXTGESTALT

Es wäre reizvoll gewesen, alle Sagen in ihrer jeweiligen Mundartform zu bieten. Damit aber würden sie weiten Kreisen heute völlig unverständlich sein, da Platt nur noch in wenigen Familien verstanden, in noch wenigeren gesprochen wird. Auch sind die Dialekte des (ahistorischen) Sagenraums so sehr verschieden, daß die aus dem nördlichen Landesteil schwerlich im südlichen und die aus dem Niedersachsen zu gelegenen kaum an der Westgrenze verstanden würden. Zahlreiche ›Quetschlaute‹ und Tönungen, wie sie dem Ostwestfälischen eigentümlich sind, würden sich überhaupt nur in einer phonetischen Lautschrift wiedergeben lassen. Ich mußte daher sämtliche Texte ins Schriftdeutsche übertragen, schweren Herzens zwar, weil darin manche Redewendungen viel plumper erscheinen, als sie in der unmittelbaren Erzählung wirken. Das mußte um der Verständlichkeit willen in Kauf genommen werden. Ich habe mich indessen bemüht, doch zumindest den mundartlichen Tonfall durch den schriftdeutschen Text hindurchschimmern zu lassen und habe auch an manchen Stellen wenigstens die Dialoge in ihrer Dialektform belassen. Das war freilich nur in seltenen Fällen möglich. In den Quellenhinweisen habe ich die leider unumgängliche Umsetzung kenntlich gemacht. Gestik und Mimik der Gewährsleute ließen sich freilich überhaupt nicht wiedergeben, obwohl sie gerade bei Sagentexten, in denen das Numinose und Schauerliche spürbar sind, zur Einstimmung und zum Mitschwingen des Hörers gehören. Auch die Nachahmung von Geräuschen war im Schriftbild nicht möglich.

Regina Bogdanow hat Sagen in einer Hörerrunde von mehreren Beteiligten aufgezeichnet. Daraus können wertvollste Rückschlüsse über die Erzählsituation, den Vortragsstil, die Erzählerpersönlichkeit und das Leben des Inhalts in der zuhörenden Gemeinschaft gewonnen werden. Ein Anführen solcher Gespräche mit dem allmählichen Hinführen auf den eigentlichen Sageninhalt wäre aber schon aus Umfangsgründen nicht möglich gewesen. Ich führe, stellvertretend für andere, hier nur ein einziges derartiges Beispiel an, eine Tonbandaufnahme, die von Friederun Buchmeier in Buchholz vorgenommen wurde.

Friederun B.: Hast du all eis wat van 'er Häverer Katten (Katze) ehört?
Heinrich P.: De schall (soll) et jo egeben häbben. Aver mi is se nich begegnet.
Friechrich B.: Nie 'seihen (gesehen), nich? Na, denn bist du dar abends ok nich henegahn (hingegangen), wo dei was?

Heinrich P.: Dar hör'den wi jo jümmer van, darvan (deshalb) ging ick jo abends nah Hävern ok gar nich hen. Dar was ick bange vör.

Friedrich B.: Tja, un wat makeden de Deerns ohne di?

Heinrich P.: Tja.

Friederun B.: Tja, un wat vertell'den (erzählten) sick denn de Lüe (Leute) darvan, van düsser Katten?

Heinrich P.: Tja, dat de denn so... (macht hilflose Bewegungen, gebraucht die gleiche Gestik in der Erzählung noch häufiger) ...ich will mal säggen, nachts herümmeleipe (herumliefe) – un dat will mi jo denn ok nich ut 'n Koppe. Ick bin eis (mal) nachts dör Abenstehe (Ovenstädt) 'föhrt (gefahren), de ging denn ok außerhalb, de. Un dar kome ick denn dar bie Kinkelbur vorbie un föhre denn dar so nah Schalk hen, un dar, in de Midde dar, do sach ick, dat för mienen Rad jümmer sowat vorherleip (vorherlief), sowat Wittes (Weißes) – dat wören aver Tatsachen – wat Wittes vorherleip, so hen un her. Un mit eis (mit eins), wumps! Da knall'de mien Vörderrad. Platt! Dat Witte häve ick aver eseihen (gesehen). Do häve ick gliek – is mi de Häverer Katte! Nich? So, dat blivt mi in Erinnerunge, un dat will mi ut 'n Koppe nich herut.

Friederun B.: Putzig is dat jo.

Friedrich B.: Wie is denn dat woll averhaupt entstahen, düsse witte Katte? Dat mott (muß) doch ok irgenwie 'n Ursprung häbben, wo kummt dei her?

Friedrich P.: Ja, un sowecke (sowelche), die dat häbt un künnt (die das haben und können – das Sichverwandeln nämlich), de könt nich eder starven, de möt dat erst 'n andern averdrägen (übertragen).

Friederun B.: Tja, dat häve ick ok all ehört.

Heinrich P.: Ja.

Friedrich B.: Ja, un denn mößte et jetzt jo ok irgendwo wäsen (sein).

Heinrich P.: Tja, wat weit ick (weiß ich)?

Friedrich B.: Un wer?

Heinrich P.: Tja, dat weit ich nich.

An diesem Beispiel sieht man gut, daß der Erzähler nicht irgendeine Geschichte zum Besten gibt, sondern selbst an das Erzählte glaubt und davon bis ins Innere betroffen ist.

Absichtlich habe ich hier die Dialektform beibehalten und nur von

Fall zu Fall für den unkundigen Leser eine Erklärung in Klammern hinzugefügt. Um eine Vorstellung davon zu vermitteln, wie schwierig, ja beinahe unmöglich es ist, einen plattdeutschen Text in ein lesbares Deutsch zu transkribieren, lasse ich den Beginn einer Sage aus der Gegend um Bischofshagen folgen, die Irene Flottmann aufgenommen hat, bei der jedoch das gesprochene schon in ein geschriebenes Platt umgesetzt worden ist:

Weätheoben heddn just 'n nuiggen Peajungen krigen. Hoä was dat oäste Joah iuda Scheole. Dä ßoll niu buißoannas inne Buigen broacht waian. Oabba Käsken was nich bange! »Ett giff joa gakain Spöken!« Doa güng hoä nich vodänne.
»Watt, ett giff kain Spöken?!«
»Häß diu dänn näo nicks van dän gräoden Landmedaruin hoäat?«
»Oach, datt eß joa oalls Kwadaruigge!«
»Eck häbbe ßüms oänes Oahms dän gräoden Ruin mett dän haboöken Tähn oall ßoän!«
»Bui Duistan könns dui dä Tähne joa ganich ßoähn.«
»Häß diu dänn muinlibe näo nicks van 'n Wawulf, van Kochtwämsken oadda van 'n Lüttken Äoln ßüms hoäat?«
»Moä kömm ji nicks voküän! Eck ßinn doa nich fo bange!«
Oasse Käsken moall wia inne Schnuikahmen wesen und dänn Pean watt ingibn hadde, hadde intüsken oäna Gibuatsdagg krigen.

Ich habe diesen Auszug aus einer Sage nicht abgedruckt, da der Lüttke Äole hier nicht der echte Teufel ist, sondern ein Knecht spielte ihn und wurde vom furchtlosen ›Käsken‹ auf den Tod zugerichtet. Es handelt sich also um einen derben Schwank, der ähnlich öfter erzählt worden ist. Aber solche Erzählungen, in denen der echte Jenseitige nur von einem Hiesigen aus Schabernack gemimt wird oder in denen der nur vermeintliche Drübige Entsetzen erregt, hätten einen eigenen Band gefüllt. Ich wollte aber nur Beispiele aus der Welt zwischen Hüben und Drüben erbringen.

QUELLENNACHWEIS

In der Aufstellung folgt auf die jeweilige Sagennummer das Jahr der Aufzeichnung (soweit bekannt); mündliche Belege sind nicht gesondert gekennzeichnet, nur die Übertragung aus dem Niederdeutschen ist mit *ndt.* angegeben. Schriftlich zugekommene Belege sind mit *schr.*, Seminarnotizen mit *Notiz* vermerkt. Danach folgen die Kürzel der oben angeführten Sammlungen und ihnen die Namen der Gewährsleute (soweit bekannt bzw. sofern sie bereit waren, ihre Namen preiszugeben). Besonderer Dank gilt dem Zentralarchiv der deutschen Volkserzählung in Marburg/Lahn (ZA), dem Archiv der Stadt Paderborn (Pad.) sowie dem Verlag Aschendorff in Münster (für Gottried Henßen), die uns freundlicherweise den Abdruck von Texten erlaubten.

Spuk und Spukorte

1. 1972 BO: Maria Peterhanwahr, geb. 1922, Hausfrau – 2. 1972 ndt. FL: Heinrich Budde, geb. 1906, Arbeiter bei Flußregulierungen – 3. ndt. FL: Wilhelm Krüger, geb. 1893, Schäfer – 4. 1972 ndt. FL: Lisbeth Bartling – 5. Pad. – 6. 1969 ndt. BU: Wilhelmine Fehling – 7. 1972 ndt. FL: Gustav Wortmann, geb. 1918, Schäfer und Bauer; in Hävern wird erzählt, bei »Mettken Stein« an der Weser habe mal kurz vor Weihnachten ein Tannenbaum gebrannt – 8. ZA 30 391 (Zs.d. Ver. f. rhein. u. westf. Volkskde. 1913, 219 – 9. 1972 ndt. BO: Josef Echterhoff, geb. 1910, Schreiner – 10. 1986 ndt. Smlg. Seele: Karl Mahrwold, geb. 1909 – 11. 1972 BO: Christel Johanntocrax, geb. 1948, Studentin – 12. Kuhn, 262 – 13. Pad. – 14. 1986 Smlg. Seele: wie Nr. 10 – 15. 1972 ndt. FL: wie Nr. 3; die Erzähler sind oft völlig verstört, wenn sie sich in einer ihnen gänzlich vertrauten Gegend verirren:»Tja, wat dar ewäsen is, weit ick vandage (heute) noch nich« (Friedrich Böse, Buchholz) – 16. 1972 ndt., ebd. – 17. 1972 ndt. FL: wie Nr. 7 – 18. 1938 schr. GN: Hildegard Öwermann – 19. ZA 30688 (Heimatbl.. d. Roten Erde, 1.Jg., H.3, 1919) – 20. ZA 31284

Irrlichter und Wiedergänger

21. 1972 BO: Josef Pollmeier, geb. 1906, Landwirt und Viehhändler – 22. 1972 ndt. BO: Wilhelm Deppe, geb. 1902, Bauer – 23. 1972 ndt. FL: Erich Kleimeier – 24. 1969 ndt. BU: Karl Rodenbeck – 25. 1969 ndt. BU: Georg Maas, geb. 1900 – 26. Kuhn, 261 – 27. 1985 Notiz – 28. 1985 Notiz – 29. Jahresber. d.Hist. V.d.Grafschaft Ravensberg, 1913, 98f., vielfach werden historische oder namentlich bekannte Persönlichkeiten wegen ihrer bösen Taten zu Wiedergängern, so etwa der Rietberger Gutsverwalter Gehusen oder ein Stadtbaumeister von Wiedenbrück – 30. 1969 ndt. BU: Heinrich Fehling – 31. ZA

31227–32. 1985 Notiz – 33. 1985 Notiz – 34. 1969 ndt. BU: Johanna St., geb. 1911, Bäuerin und Hausfrau – 35. 1969 ndt. BU: Luise Waltemath; in Heimsen hat ein Verwandter dem Wiedergänger auf dessen Bitten hin helfen wollen: »Am anderen Morgen lag aber der Mann mit seinen Pferden tot auf dem Akker« FL. – 36. 1972 ndt. FL: wie Nr. 7 – 37. ndt. Jellinghaus, 51 – 38. 1985 Notiz – 39. 1985 Notiz – 40. schr. Gymn. Bielefeld – 41. 1985 Smgl. Schirmeister; nach ZA ist diese Sage weitgehend identisch um Bad Oeynhausen belegt – 42. 1985 Notiz. Nach ZA 31250 muß in Senne ein unkeuscher Tempelherr als Heidemann umgehen – 43. 1985 Notiz – 44. 1972 ndt. (gekürzt): BO: vgl. Nr. 1 und Albert Peterhanwahr, geb., 1920 Fleischbeschauer – 45. 1972 BO: vgl. Nr. 44 und Nr. 11 – 46. 1972 BO: wie Nr. 11 – 47. 1938 schr. GN – 48. ZA 31259

Frevel und Fluch
49. schr. Pad. – 50. schr. Urquell 6, 1896, 174 – 51. Kuhn, 421 – 52. 1969 ndt. BU: wie Nr. 30 – 53. 1972 ndt. BO: wie Nr. 1 – 54. 1969 ndt. BU: Fritz Schmidt, Mühlenbesitzer

Vorsehen, Zweites Gesicht
55. 1972 ndt. FL: Wilhelm Bartling, ehemals Gemeindearbeiter – 56. schr. ZA 31267 – 57. 1969 ndt. BU: Wilhelm Sander, geb., 1982, Bauer – 58. 1969 ndt. BU: wie Nr. 25 – 59. 1969 ndt. BU: Lina Berning und Luise Waltemath – 60. 1972 ndt. Fl: Paula Schnatsmeier (Schwester des Gustav Wortmann, wie Nr. 7) – 61. 1972 ndt. FL: beide wie Nr. 60 – 62. 1972 ndt. FL: wie Nr. 60 – 63. 1938 schr. GN – 64. 1972 ndt. FL: wie Nr. 7 – 65. 1972 ndt. BO: Maria Schwenke, geb. 1914, Hausfrau – 66. 1969 ndt. BU: August Schumacher, Bauer – 67. 1938 schr. GN – 68. 1969 ndt. BU: Lina Küster, geb. 1886, Hausfrau – 69. 1972 ndt. FL: wie Nr. 23 – 70. 1986 ndt. Smlg. Seele: wie Nr. 10 – 71. 1972 ndt. FL: wie Nr. 3 – 72. 1969 ndt. BU: wie Nr. 25. Der Vater von Paula Schnatsmeier, Schäfer in Bischofshagen hat »gesehen, daß der Himmel ganz in allen Farben geglänzt hat, in rot vor allen Dingen, richtig wie Blut... Und das hat den Krieg vorausgesagt.« – 73. 1972 ndt. FL: wie Nr. 23 – 74. 1972 BO: wie Nr. 9 – 75. aus: Die Warte 1985, Nr. 48 (gekürzt) – 76. 1972 ndt. FL: wie Nr. 7 – 77. 1938 schr. GN: wie Nr. 48 – 78. 1972 BO: Alois Hermwille, geb. 1882, Bauer – 79. 1972 BO: Hubert Echterhoff, geb. 1904, Bauunternehmer

Kundige Leute
80. 1985 Notiz – 81. Grässe Nr. 792 – 82. Gröneberger Heimathefte, Heft 1 – 83. 1972 ndt. FL: Heinrich Ottensmeier, geb. 1897, Lehrer – 84. 1972 ndt. FL: wie Nr. 55 – 85. 1972 ndt. FL: wie Nr. 7 – 86. 1972 ndt. FL: wie Nr. 61 – 87. Ra-

sche – 88. 1969 schr. BU: wie Nr. 34 – 89. 1938 schr. GN: Heinz Tiemann – 90. 1969 schr. BU: wie Nr. 34 – 91. 1972 ndt. Fl: wie Nr. 55 – 92. 1986 ndt. Smlg. Seele: Wilma S., geb. 1931 – 93. 1986 schr. Smlg. Seele: – 94. 1969 schr. BU: wie Nr. 34 – 95. 1985 Notiz – 96. 1972 ndt. FL: Anna Krüger, vgl. Nr. 3

Werwolf und Böxenwolf
97. 1969 ndt. BU: wie Nr. 6 – 98. 1969 ndt. BU: Rudolf Witte – 99. 1969 ndt. Bu: wie Nr. 57 – 100. Notiz – 101. ndt. Smgl. Seele: wie Nr. 10 – 102. 1985 ndt. Smlg. Schirmeister – 103. Zs.d. Ver.f.rhein.westf.Volkskde. 1913. 125 – 104. ebd. – 105. 1985 Smlg. Schirmeister – 106. ZA 30373 – 107. wie Nr. 103, 10. Jg., 126 – 108. 1969 ndt. BU: Wilhelm Koors, geb. 1927, Bauer und Arbeiter – 109. 1972 ndt. FL: wie Nr. 83 – 110. 1969 ndt. BU: wie Nr. 108 – 111. 1969 BU: wie Nr. 54 – 112. 1969 ndt. BU: Wilhelm Schmidt, geb. ca. 1904, Müllermeister; einer Notiz aus Holte zufolge soll Stello gleichzeitig auf beiden Seiten der Weser zu sehen gewesen sein – 113. 1969 ndt. BU: wie Nr. 25 – 114. 1969 ndt. BU: Marie Klußmeier, geb. ca. 1909 – 115. ZA 30374 (wie Nr. 103, 4. Jg. 1907, 223) – 116. ndt. Henßen Nr. 4 – 117. ndt. Henßen Nr. 6 – 118. ndt. Henßen Nr. 5 – 119. 1969 ndt. BU: Marie Stuck

Geistertiere
120. 1985 Notiz; Schwanewert soll als Sohn des Schwanenwirts in Oelde geboren sein; im Klosterbusch bei Herzebrock hätten ihn aufgebrachte Bauern erschossen. Mit einem Knüppel um den Hals soll er als schwarzer Hund (›Knüppelrüde, -rüe‹) umgehen. Bei Marienfeld soll der ›Bengelrüe‹, bei Kohlstädt und Schlangen der ›Bummelhund‹ gesehen worden sein – 121. 1985 Notiz – 122. 1985 Notiz – 123. schr. Pad. – 124. ndt. 1972 FL: wie Nr. 3 – 125. 1972 ndt. FL: wie Nr. 61 – 126. 1969 ndt. BU: wie Nr. 30 – 127. 1969 BU: wie Nr. 37 – 128. 1969 BU: wie Nr. 34; gerade aus Hävern gibt es eine Unzahl von Katzen (hexen)sagen, so daß die Häverner Katte (Katze) fast sprichwörtlich ist, vgl. auch S. 222 – 129. Kuhn Nr. 245; in Büren ist Pölterken ein Hund, von dem man sagt, »daß er sich sogar unter der Türschwelle herwälzen konnte« (Kuhn Nr. 244), in Bentorf fällt ein Sack durch den Rücken eines Schimmels hindurch (wie Nr. 103, 29. Jg., 295) – 130. 1972 ndt. FL: wie Nr. 3

Mahrt und Alp
131. 1969 ndt. BU – 132. ndt. Henßen Nr. 2 – 133. 1969 BU – 134. 1985 Smlg. Schirmeister – 135. 1938 schr. GN – 136. Zs. Hist. Ver. Grafsch. Ravensberg 1911, 100 – 137. 1938 schr. GN: Grete Hucke – 138. 1972 schr. GN – 139. 1969 ndt. BU: wie Nr. 25

Hexen und Hexer

140. 1986 Notiz – 141. 1972 ndt. FL: wie Nr. 3 – 142. 1986 Notiz – 143. 1969
ndt. BU: wie Nr. 6 – 144. 1985 Smlg. Schirmeister – 145. 1985 ebd. – 146. 1972
ndt. FL: wie Nr. 3 – 147. ndt. Henßen Nr. 8 – 148. 1986 Notiz – 149. ndt.
Henßen Nr. 3 – 150. 1985 ndt. Smlg. Seele: wie Nr. 92 – 151. 1970 ndt. FL:
wie Nr. 83 – 152. 1986 Notiz – 153. 1969 ndt. BU: wie Nr. 6 – 154. 1985 Smlg.
Schirmeister – 155. ndt. Osnabrücker Monatsblatt, 1905, Heft 8,88 – 156. 1972
FL: Herr Volmer, ca. 1902, Lehrer – 157. 1969 ndt. BU: wie Nr. 34; Wilhelm
Sander (wie Nr. 57: »Ick glöve, dat dei sogar mit 'n Pärhååre oder mit so 'n
Hååre flochten is, jå, richtig wie 'n Kranz... Un wenn du dei so in 'n Bedde
håst, denn håst du keinen Slåap« – 158. 1972 ndt. FL: wie Nr. 3 – 159.
1972 ndt. FL: wie Nr. 60 – 160. 1972 ndt. FL: wie Nr. 61 – 161. Kuhn
Nr. 248 – 162. 1972 ndt. FL: Schwiegersohn Hans des W. B. (wie Nr.
55) – 163. ZA 30618 – 164. 1972 ndt. FL: August Selberg, geb. nach
1900 – 165. 1986 ndt. Smlg. Seele; auch von Kopmann (vgl. Nr. 90)
wurde gesagt, er habe eine heiße Eisenstange ins Butterfaß gestoßen –
166. Rasche, 80 – 167. 1972 ndt. FL: wie Nr. 7 – 168. 1985 Smlg. Schirmeister – 169. ebd. – 170. ndt. Jellinghaus – 171. wie Nr. 103, 1913
126ff. – 172. 1969 ndt. BU: wie Nr. 25; von einer Frau, die sich in einen Hasen verwandelte, erzählt auch Heinrich Budde, Bünde – 173.
1969 ndt. BU: wie Nr. 35 – 174. ndt. Henßen Nr. 16

Teufel und Teufelsbündner

175. 1985 Smlg. Schirmeister – 176. 1938 schr. GN: Elise Kottkamp –
177. 1938 schr. GN: wie Nr. 48 – 178. wie 103, Jg. 3, 292 – 179. 1969
ndt. BU: wie Nr. 57 – 180. 1972 ndt. FL: wie Nr. 96 – 181. ndt. wie
Nr. 179 – 182. 1985 Smlg. Schirmeister – 183. wie Nr. 29, Seite 3 – 184.
Zs.f.dt. Mythologie 2, 1955, 431 – 185. 1972 ndt. FL: wie Nr. 96; nach
Rasche (72) ebenso zwischen Nettelstedt und Eilhausen; nach Henßen
Nr. 43a sind die »Kohlen« von Hexen gemachte Louisd'ors (Peckeloh)
– 186. 1986 Notiz – 187. 1986 Notiz – 188. 1982 schr. Gymnasium Bielefeld – 189. Kuhn, Nr. 283; Friedrich Böse erzählte das ähnlich in
Buchholz – 190. Smlg. Schirmeister – 191. ZA 33289 – 192. ZA 33206
– 193. ZA 31459

Die Wilde Jagd

194. 1969 ndt. BU: Heinrich Pohlmann – 195. 1938 schr. GN: Erwin
Mörschler – 196. 1969 schr. BU: wie Nr. 34 – 197. 1969 ndt. BU: wie
Nr. 30 – 198. 1985 Smlg. Schirmeister – 199. 1938 schr. GN: Lina
Kuhlmann

227

Riesen, Zwerge, Schreckgestalten

200. 1938 schr. GN: Wilhelm Aspelmeier (das wird auch vom Sparrenberg und vom Ravensberg erzählt) – 201. ndt. Henßen Nr. 85 – 202. ndt. ZA 30437; bei Henßen Nr. 81 (Peckeloh) hält der andere Riese das Kratzen am Hintern fälschlich für das Trogausschrappen; Riesen haben nur ein einziges Beil (Porta Westfalica) oder gemeinsam nur *ein* Messer (Altenhüffen) – 203. 1985 Smlg. Schirmeister; einen so gewaltigen Schmied kennt man auch in Nordhemmern – 204. Jellinghaus – 205. 1986 Notiz – 206. 1938 schr. GN: Karl-Heinz Lübbert – 207. 1986 Notiz – 208. schr. Pad. – 209. 1982 schr. Gymn. Bielefeld – 210. 1986 Notiz – 211. 1985 Smlg. Schirmeister – 212. 1969 BU: wie Nr. 34 – 213. schr. ZA 31340 – 214. 1982 schr. Gymn. Bielefeld – 215. Kuhn, Nr. 242 – 216. 1938 schr. GN: Annemarie Kölling – 217. 1938 schr. GN: Lina Tiemann

Schätze

218. 1985 Smlg. Schirmeister; dies ist die Geschichte AT 1645 (dort mit weiteren zahlr. Belegen) – 219. 1986 Notiz – 220. 1985 Smlg. Schirmeister – 221. schr. Pad. – 222. ebd. – 223. 1986 Notiz – 224. schr. Gymn. Bielefeld

Aus alter Zeit

225. 1985 Smlg. Schirmeister – 226. 1986 Notiz – 227. 1969 ndt. BU: wie Nr. 25 – 228. 1972 FL: wie Nr. 156 – 229. ebd. – 230. ebd. – 231. ebd. – 232. 1986 Notiz – 233. ebd. – 234. 1972 ndt. FL: wie Nr. 60 – 235. Redeker – 236. 1972 ndt. FL: wie Nr. 7 – 237. 1986 Notiz – 238. ebd. – 239. ZA 30211 (Heimatblätter der Roten Erde, 5. Bd., 1926, 493 – 240. schr. Pad. – 241. 1986 Notiz – 242. ebd. – 243. Seiler, 55ff. – 244. Seiler, 28ff. – 245. Grässe, 727 – 246. Seiler, 43f. – 247. mdl. 1987 – 248. 1986 Notiz (das ist eigentlich das Märchen AT 935, das fast in ganz Europa verbreitet ist und das hier zu Sage umgestaltet und in die dörfliche Umwelt eingefügt wurde) – 249. 1986 Notiz – 250. ebd. – 251. ebd. – 252. ebd. – 253. ebd. – 254. ebd. – 255. ebd. – 256. 1982 schr. Gymn. Bielefeld – 257. 1986 Notiz – 258. 1969 ndt. BU: Friedrich Buchmeier, Angestellter

ORTSREGISTER (nach Seitenzahlen)

Alverdissen 16, 97
Altenbeken 69, 185
Altenheerse 17
Altenhüffen 228
Aminghausen 96, 146
Asseln 113
Avenwedde 38

Bad Driburg 174
Bad Lippspringe 68, 136
Bad Oeynhausen 111, 126, 213, 225
Bad Salzuflen 20, 47
Barkhausen 158
Benhausen 69
Bentorf 111, 226
Bergkirchen 144
Bethel 86
Bielefeld 26, 39, 43, 71, 86, 112, 120, 159, 171, 186, 212, 214
Bischofshagen 14, 18, 20, 21, 27, 36, 60, 61, 62, 63, 65, 66, 68, 70, 83, 102, 115, 139, 145, 157, 225, 227
Blankenrode 184
Blasheim 195
Blomberg 45, 54
Bockhorst 196
Bonneberg 213
Bornholte 16, 25, 44, 48
Brackwede 39, 174, 191
Brake 14
Bremke 94
Brenken 158
Brinke 31
Brockhagen 134, 175
Buchholz 27, 29, 35, 51, 53, 59, 65, 85, 86, 90, 93, 104, 107, 122, 138, 178, 191, 224
Bückeburg 144
Bünde 11, 33, 47, 192, 194, 227
Büren 116, 158, 210, 226

Clarholz 207
Corvey 201, 203

Dankersen 127, 128, 152
Darlaten 32
Delbrück 207
Detmold 14, 29
Diethe 53, 64, 104
Donop 178
Drantum 76
Dreyen 136
Dringenberg 13, 47, 107
Druffel 112
Dübelsmühlensiek 164
Dünne 10
Düsseldorf 80

Edelborn 158
Eggeberg 183
Eickhoff 158, 210
Eickhorst 21, 175
Eidinghausen 213
Eilassen 166
Eilhausen 70, 227
Eldagsen 48, 115, 166
Enger 192, 193, 194
Essen 121
Esseröden 17

Falkendiek 12, 20, 60, 114
Frotheim 110, 170

Gehrden 199
Gernheim 192
Geseke 210
Gesmold 77
Greffen 40
Großenheerse 67, 93, 107, 116, 154
Gütersloh 26, 113, 130, 134, 177, 208, 210

Haaren 211
Hahlen 146, 184
Halle 31, 172, 183, 197
Harrienstedt 115
Harsewinkel 30
Hävern 13, 32, 51, 93, 102, 116, 118,
    127, 147, 224, 226
Häverstedt 118
Heerde 40
Hegensdorf 179
Heimsen 97, 102, 104, 225
Heisterholz 89
Henglarn 183
Herford 20, 70, 102, 114, 126, 156,
    196, 197
Herste 107
Herzebrock 40, 130, 149, 209, 226
Hille 21, 175
Hinnenburg 174
Holthausen 158
Horn 69
Hundingen 197
Husen 120, 121, 181

Ilse 18, 88, 96, 144
Ilserheide 15, 95
Ilvese 94
Isselhorst 209

Jenhorst 153
Jöllenbeck 120, 179
Jössen 15, 17, 74

Kaunitz 16, 26 42
Kirchlengern 128
Kleinenheerse 154
Kohlstätt 226
Kühlsen 17
Kutenhausen 145, 161

Lage 54
Lahde 151
Lämershagen 176

Langenberg 207
Langern 104, 214
Lemgo 14, 124
Levern 84Lippe 122, 124, 126
Lippinghausen 13, 54, 81, 86, 140
Loh 17
Löhne 12, 19, 60, 67, 80, 91, 114, 116,
    128, 134, 138, 154
Lothe 22
Loxten 109, 118, 131, 171
Lübbecke 70
Lüerdissen 147

Maaslingen 48
Marienfeld 31, 175, 197, 226
Mastholte 206
Melle 76
Minden 40, 53, 156, 160, 161, 183,
    191, 200, 206
Minderheide 97
Möllbergen 166
Mühlendamm 55
Münster 112, 191, 205

Nammen 155
Nettelstedt 45, 63, 65, 70, 85, 151,
    152, 165, 168, 180, 227
Neuenbeken 69
Neuenheerse 47, 113, 176
Neuenkirchen 33
Neuenknick 15, 100, 102
Nienhagen 133
Nordhemmern 228
Nordhorn 38
Nüven 77

Oberlübbe 175
Obernkirchen 144
Oelde 226
Oestereiden 158
Oesterholz 162
Oesterwiehe 64

Osnabrück 153, 193, 209
Ovenstädt 48, 148, 165, 192

Paderborn 20, 26, 39, 74, 98, 161,
    204, 205
Pavenstedt 177
Peckeloh 108, 227, 228
Petershagen 50, 66, 115, 145, 177
Pollhagen 55
Porta 190, 228

Quetzen 132

Raddestorf 35, 165
Raderhorst 66
Rahden 55
Randringhausen 10
Ravensberg 156, 213
Rehme 156, 194
Remse 175
Rheda 22, 197, 209, 210
Rietberg 33, 112, 199, 224
Rinteln 114, 124
Rosenhagen 66, 132
Rotehaus 107

Sende 71
Senne 25, 59, 225
Siddinghausen 116
Siebenstern 107
Sonneborn 157
Spexard 209
St. Vit 208
Sundern 130

Schildesche 86, 194
Schlangen 68, 161, 226
Schlangenbach 113
Schloß Holte 26, 34, 226
Schnathorst 151

Schwalenberg 23, 45
Schwarzenmoor 26, 197
Stadthagen 256
Stadtlohn 205
Steinhagen 37, 90, 147, 174
Steinhausen 158
Steinheim 140
Stemmer 146
Stolzenau 53
Stutenbrock 34

Talle 99
Tengern 81
Teutoburger Wald 176, 191
Timpen 45
Todtenhausen 135

Uchte 32, 59
Uffeln 119

Vahlhausen 33
Valdorf 213
Vehlage 145
Verl 10, 15, 26, 43, 44, 68, 71, 72
Verne 197
Versmold 196
Vlotho 126, 190, 200, 212, 213

Wallenbrück 76
Warburg 140, 198
Wegholm 206
Wehrendorf 213
Weine 210
Westereiden 158
Westerenger 192
Westerwiehe 33
Wiedenbrück 33, 185, 210, 224
Wietersheim 172
Windheim 13, 50, 66, 134, 151, 177
Wittel 143

LITERATURAUSWAHL

(Anonym): Heimatsagen aus der Grafschaft Schaumburg. Rinteln 1951

BAEHR, Paul: Chronik von Bad Oeynhausen. o.O., o.J.

(Bielefeld): Bielefeld Sagenschatz. Gesammelt und illustriert von der Quinta b des Helmholtz-Gymnasiums (maschinenschriftlich vervielfältigt). Bielefeld 1981

FÖHRWEISER, Georg: Das tausendjährige Wiedenbrück. Wiedenbrück 1952

GORGDORF, Joseph: Sagen des Paderborner Landes. Paderborn 1922

GRÄSSE, Johann Georg Theodor: Sagenbuch des Preußischen Staats. Bd.I. Glogau 1887

GRIMM, Brüder: Deutsche Sagen. 2 Bde. in einem Band. Vollständige Ausgabe nach dem Text der dritten Auflage von 1891 (Darmstadt 1960)

GRIMM, Brüder: Westfälische Märchen und Sagen aus dem Nachlaß der Brüder Grimm. Hrsg. von Karl Schulte Kemminghausen. In: Märchen aus deutschen Landschaften, unveröffentliche Quellen. Münster ²1963

GRIMM, Ferdinand: Der unbekannte Bruder Grimm. Deutsche Sagen von Ferdinand Grimm. Aus dem Nachlaß hrsg. von Gerd Hoffmann und Heinz Rölleke. Düsseldorf/Köln 1979

GRÖNEBERGER HEIMATHEFTE. Hrsg. vom Heimatverein des Kreises Melle. Heft 1: Sagen des Grönegaus. Bearbeitet von W. Heilmann, W. Fredemann, Heinrich Rahe. Melle 1955

HARTMANN Hermann–WEDDIGEN, Otto: Westfälischer Sagenschatz. Minden/Westf. ²1922

HENSSEN, Gottfried: Volk erzählt. Münsterländische Sagen, Märchen und Schwänke. Münster/Westf. 1954

JELLINGHAUS, Hermann: 700-Jahrfeier der Stadt Bielefeld. Bremen 1921

KISSING, Ewald: Görken Ginken – und andere Sagen, Legenden und Erzählungen aus Gütersloh und Umgebung. Gütersloh 1922

KISSING, Ewald–MEURIN, Ernst: Spökenkieker und Roupekerle, Sagen, Märchen und alte Überlieferungen aus Ostwestfalen und der Umgebung... Hrsg. von Karl Bertram. Rheda-Wiedenbrück 1983

KRÜGER, J(ohann): Westphälische Sagen und Erzählungen. Für Jung und Alt. Wiesbaden ²1855

KUHN, Adalbert: Sagen, Gebräuche und Märchen aus Westfalen... Leipzig ²1859

Meier, Karl Ernst: Der Hexenbürgermeister von Lemgo. Rinteln 1951

Norman, J(ulius): Herforder Chronik. Sagen und Geschichtsbilder aus der Vergangenheit von Stift und Stadt. Herford 1910

Paetow, Karl: Die schönsten Wesersagen. Hameln o.J.

Pöhler, Therese: Sagen und Legenden des Paderborner Landes. Paderborn ²1986

Rasche, K.: Beiträge zur heimatlichen Volkskunde. Minden/Westf. 1935

Redeker, Wilhelm: Westphälische Sagen meist aus mündlicher Überlieferung gesammelt und mitgeteilt. In: Westphälische Provinz-Blätter I. 4.Jg. Minden/Westf. 1830

Rölleke, Heinz: Westfälische Sagen. Köln 1981

Sauermann, Dietmar: Sagen aus Westfalen. Husum 1983

Sartori, Paul: Westfälische Volkskunde. Leipzig 1922

Schwanold, Heinrich: Das kleine Heimatbuch vom Lande Lippe. Detmold 1930

Schwanold, Heinrich: Alt-Salzuflen. Salzuflen 1913

Seiler, J(oseph): Volkssagen und Legenden des Kreises Paderborn. Cassel 1848

Teiwes: Die Sagen des Kreises Holzminden. Holzminden o.J.

Werhan, Karl: Westfälische Sagen. Leipzig 1934

Zaunert, Paul: Westfälische Sagen. Regensburg ²1967

ÜBERSICHT

Vorwort 5

SPUKORTE UND SPUK 9

1	Nächtlicher Geistertanz	10
2	Teike	10
3	Die Rache der jungen Hexe	12
4	Mit Bohnenstangen gegen Geister	12
5	Der laufende Busch	13
6	Dornhecke auf dem Hagen	13
7	Brennender Dornbusch	14
8	Die gläserne Kutsche	14
9	Tiere erkennen Frevelort	14
10	Der Schimmel ›sieht‹ etwas	15
11	Vergrabenes Kirchengut	16
12	Der Jungfernborn	16
13	Von einer Gans entführt	17
14	Am Misthaufen verirrt	17
15	Verbiestert	18
16	Die weiße Gestalt	20
17	Die schwarze Frau	20
18	»Ein feste Burg«	21
19	Die Rämmelkenbrücke	21
20	Das furchtlose Mädchen	22

IRRLICHTER UND WIEDERGÄNGER 24

21	Irrlichter bei Bornholte	25
22	Die Enkel sollen sich versöhnen	25
23	Das Irrlicht rächt sich	26
24	Der Großvater in der Mühle	27
25	Abgebrannte Lichter	28
26	Die weiße Frau zu Detmold	29
27	Abt Rulle wird gebannt	30
28	Abt Rulle in der Teufelskuhle	31
29	Droste auf Brinke	31
30	Der verbannte Leutnant	32
31	Der spukende Übeltäter	33
32	Das ›Hedamännchen‹	33
33	Der ›Roupekerl‹	34
34	Der Mann mit dem goldenen Bein	34
35	Pflügen bei Nacht	35

36	Der Wiedergänger mit dem Schimmel	35
37	Der Schnatstein	36
38	Der geizige Bauer	38
39	Der erlöste Dieb	38
40	Der Geist im Lutterkolk	39
41	Aelken Hans	40
42	Der unkeusche Priester	40
43	»Denk' an die Messe!«	40
44	Die Erpresserin	41
45	Das unerfüllte Gelübde	43
46	Das Sühnekreuz	44
47	Die Drohung des Ewigen Juden	44
48	Der Ewige Jude	45

FREVEL UND FLUCH 46

49	Die Strafe folgt sofort	47
50	Blutende Kindesleiche	47
51	Der Ring im Fische	47
52	Zechgelage nach dem Kirchgang	48
53	Falsche Anschuldigung	48
54	Fluch des Zigeuners	50

VORSEHEN, ZWEITES GESICHT 52

55	Eine hellseherische Frau	53
56	Hellseherinnen	54
57	Das Vorgesicht übertragen	54
58	Die Schichterin	55
59	Pate bringt Unheil	59
60	Krankenbesuch zu rechter Zeit	59
61	Der weiße und der schwarze Vorbote	60
62	Vorspuk ohne Kopf	61
63	Die vergebliche Flucht	62
64	Das weiße Rübenblatt	63
65	Versehen lassen	63
66	Leichenwagen fährt querfeldein	64
67	Den Leichenzug grüßen	64
68	Dem Leichenwagen ausweichen	65
69	Der Sturz von der Deichsel	65
70	Hund als Geisterseher	65
71	Leuchtkugeln künden den Krieg an	66
72	Licht verkündet Krieg	67
73	Bild zeigt Tod an	67

74 Der Heubrand 68
75 Der Lippspringer Mechanikus 68
76 Die neue Kirche 69
77 Die Eisenbahnlinie 70
78 Neumodische Fahrzeuge 71
79 Das Vorgesicht von der Autobahn 71

KUNDIGE LEUTE 73

80 Der kunstreiche Schnitter 74
81 Die Freischützen bei Paderborn 76
82 Tierarzt Blautenberg 76
83 Rolfs Wilhelm 78
84 Militärpferde heilen 80
85 Hilfe gegen Abgunst 81
86 Der Stotterer 82
87 Die mißgünstige Nachbarin 83
88 Der Gegenzauber der Frau Most 84
89 Pferdeherz gegen Spuk 85
90 Kopmanns Salbe 85
91 Krankheiten besprechen 86
92 Der alte ›Knickschröer‹ 87
93 Kundige Eichsfelder 89
94 Krankheit dem Toten mitgeben 89
95 Unverwest 90
96 Rückwärts lesen 90

WERWOLF UND BÖXENWOLF 92

97 Werwolf in den Zwölften 93
98 Den Werwolf verwunden 93
99 Bis unters Dach 93
100 Büchsenwolf als Laubbündel 94
101 Werwolf durch das 6. und 7. Buch Mose 94
102 Der Böxenwolf fürchtet das Wasser 96
103 Anfertigen eines Werwolfgürtels 96
104 Dem Böxenwolf die Kunst abnehmen 97
105 Der Böxenwolf in Minderheide 97
106 Werwölfe im Paderbornschen 98
107 Altes Weib als Werwolf 98
108 Leiden des Werwolfs 99
109 Kampf mit dem Werwolf 100
110 Stellos Name 102
111 Stellos Künste 102

112 Stello als Werwolf 104
113 Aufseher Stello 104
114 Stello als Hund 106
115 Der Werwolf stört beim Fischen 107
116 Der Werwolf frühstückt 108
117 Werwolf gegen Werwolf 108
118 Der Freier als Werwolf 109
119 Ein Knecht konnte sich verwandeln 110

GEISTERTIERE 111

120 Schwanewert als Hund 112
121 Der Geisterhund wächst 112
122 Der Hund am Schlangenbach 113
123 Geisterhund eingemauert 113
124 Der falsche ›Lux‹ 114
125 Der schwarze Hund 114
126 Der Geisterhund auf dem Bauernhof 115
127 Der gespenstische Hund 115
128 Katze als Aufhocker 116
129 Pölterken 116
130 Mäuse und Esel ohne Kopf 116

MAHRT UND ALP 117

131 Nachtmahrt holt etwas Weißes 118
132 Nachtmahr vertrieben 118
133 Die Maus als Alp 118
134 Spuk in Uffeln 119
135 ›Nachtmacht‹ mit Hufeisen 120
136 Spinnweib als Alp 120
137 ›Nachtmahl‹ 121
138 Hund als Alp 121
139 Nachtmahrt ist Berufskrankheit 122

HEXEN 123

140 Hexen in Lemgo 124
141 Der Hexenstein in Oeynhausen 126
142 Das Vergnügen der Hexen 126
143 Den Hexenflug sehen 127
144 Der Flug im Sieb 127
145 Die Hexe im Sieb 127
146 Die Hexe als Ziege 128
147 Der Ritt auf dem Ziegenbock 129

148	Der Geliebte der Hexek	130
149	Der Halfter	131
150	Die Hexe bannt Pferde	131
151	Die Hexe macht ein Gespann fest	132
152	Die Hexe bannt ein Pferd	134
153	Der Hexer verdirbt ein Gespann	134
154	Die ›Kaiersche‹	135
155	Die weiße Leber	136
156	Die hexerische Ehefrau	136
157	Die Federkränze	137
158	Heilung eines behexten Jungen	138
159	Der verhexte Schuljunge	138
160	Die Zigeunerin verursacht Krankheit	139
161	Hexe belauscht	140
162	Milch wird zu Blut	140
163	Die Buttersalbe	140
164	Mittel gegen die Butterhexe	142
165	Die tückische Nachbarin	143
166	Kohlköpfe als Gegenzauber	144
167	Der Hase als Melkerin	145
168	Der Hexenmeister als Hase	145
169	Der Mann in Hasengestalt	146
170	Kattrinkens Künste	146
171	Bequemer Heimweg in Tiergestalt	147
172	Die Hexenkatze auf dem Brunnen	147
173	Der Messerwurf	148
174	Die verhexte Mühle	148

TEUFEL UND TEUFELSBÜNDNER

		150
175	Der grüne Jäger	151
176	Ein unheimlicher Begleiter	151
177	Der Bräutigam mit den Pferdefüßen	152
178	Kartenspiel mit dem Teufel	152
179	Langwames	000
180	Langschwanz dient dem Lüttken Äolen	153
181	Langwames mit Feuer beschwören	154
182	Das gute Sonntagsessen	155
183	Langwames bringt Essen	155
184	Kortwämsken in Rehme	156
185	Kortwämskens Kohlen	156
186	Der Teufel überlistet den Müller	157
187	Der Teufelsbündner ertrinkt	158
188	Die Teufelskutsche	159
189	Der Teufel baut eine Scheune	160

190	Der Freimaurer als Teufelsbündner	161
191	Tod der Freimaurer	161
192	Dolchtod am Ordensfeste	161
193	Der Teufel holt einen Freimaurer	162

DIE WILDE JAGD 163

194	Der Wilde Jäger	164
195	»Ho-Hopp«	164
196	Hackelbergs Hund	165
197	Die Kätchenburg	165
198	Der Wilde Jäger in Möllbergen	166
199	Geister entführen den Wagen	168

RIESEN, ZWERGE, SCHRECKGESTALTEN 169

200	Riesen spielen Schlagball	170
201	Der Hüne als Knecht	170
202	Die ›Kahle Egge‹	171
203	Der Schmied von Wietersheim	172
204	Das Zwergenkind und seine Pflegemutter	174
205	Die Gaben der Zwerge	174
206	Ein Zwerg erscheint	175
207	Die Heidemännchen bei Brockhagen	175
208	Hilfe beim Holzdiebstahl	176
209	Das Bergmännchen im Mömkenloch	176
210	Das Frühstück der Hollen	177
211	Das Fräulein aus England	177
212	Schreckgestalten	178
213	Wasserjungfern töten junge Männer	178
214	Das Spinnweib	178
215	Das Spinnweibchen	179
216	Die faule Spinnerin	180
217	Dorliesken	180

SCHÄTZE 182

218	Der Traum vom Geld	183
219	Die Schatztruhe	183
220	Die Schatzgräber	184
221	Silber wird Blei	184
222	Der Schatz bringt Unglück	185
223	Goldene Herdkohle	185
224	Der Schatzhund	186

225 Die Entstehung der Westfälischen Pforte 190
226 Der rechte Glaube 190
227 Ortsnamen durch Karl und Wittekind 191
228 Wittekind prüft die Treue 192
229 Hufeisen verkehrt 193
230 Der Mohr als Baumeister 193
231 Der Hasenpad 194
232 Der Baum von Schildesche 194
233 Wittekind und die Babilonie 195
234 Die Stiftberger Kirche 195
235 Das Haus Halle und der Turm zu Bockhorst 196
236 Der Name Schwarzenmoor 197
237 Die Gründung des Klosters Marienfeld 197
238 Das Marienbild zu Verne 197
239 Die Irrglocke 198
240 Ungeweihte Glocke 199
241 Der Lohn der Verräterin 199
242 Die Raubritter von Vlotho 200
243 Die Lilie von Corvey 201
244 Der Hirsch von Corvey 203
245 Die Vernachlässigung des Liborius-Festes 203
246 Der Reliquienfrevel 204
247 Herr von Holle 205
248 Der Faule macht Karriere 206
249 Schwanewert und der Küster von Langenberg 207
250 Schwanewert und der Küster von Clarholz 207
251 Schwanewert und der Tischler 208
252 Die Napoleonskuhle 208
253 Der ›Rote Hannes‹ 209
254 ›Irmons Jungen‹ 209
255 Der ›Wilde Aust‹ 210
256 Der Wirt von Bielefeld 212
257 Der Sektierer Tschirsky 212
258 Irrglaube 214

Das Material 215
Die Textgestalt 220
Quellennachweis 224
Ortsregister 229
Literaturauswahl 232
Übersicht 234